TRINITY

Angelika Selina Braun

Finde deine eigene Medizin

Ein lichtschamanischer Wegweiser in die neue Zeit

TRINITY

Die in diesem Buch vorgestellten Informationen und Empfehlungen sind nach bestem Wissen und Gewissen geprüft. Dennoch übernehmen die Autorin und der Verlag keinerlei Haftung für Schäden irgendwelcher Art, die sich direkt oder indirekt aus dem Gebrauch der hier beschriebenen Methoden ergeben. Bitte nehmen Sie bei ernsthaften Beschwerden immer professionelle Diagnose und Therapie durch ärztliche oder psychotherapeutische Hilfe in Anspruch.

FSC www.fsc.org MIX Papier aus verantwortungsvollen Quellen FSC® C014889

1. Auflage
Originalausgabe

Umschlaggestaltung: Guter Punkt, München, unter Verwendung eines Motivs von © Lazybones/shutterstock
Satz: Danai Afrati, München
Druck und Bindung: Pustet, Regensburg
ISBN 978-3-95550-218-8

www.trinity-verlag.de

Inhaltsverzeichnis

Für Don José Ariza

1
Einleitung
Erkenne die Zeichen der Zeit

Wir stehen derzeit an einem besonderen Punkt in der Geschichte unseres Planeten – dem Wechsel in das sogenannte »Goldene Zeitalter«. Dieses Zeitalter zeichnet sich dadurch aus, dass unser Planet und all seine Bewohner wieder zu ihrem ursprünglichen Potenzial – in ihre wahre Kraft und Schönheit - zurückkehren werden. Zu dem, was wir wirklich und wahrhaftig sind und wozu wir ursprünglich einmal erschaffen wurden.

Vielen ist die große Besonderheit des jetzigen Moments noch nicht bewusst, obwohl er uns seit Jahrtausenden von unterschiedlichen Quellen prophezeit worden ist (zum Beispiel von Nostradamus oder den Mayas).

Im Jahre 2012 waren einige von uns sehr enttäuscht, da im materiell Sichtbaren der große Wechsel noch nicht erkennbar war. So mancher ging davon aus, dass wir hinters Licht geführt worden seien und alles einfach so bleiben würde, wie es gefühlt »schon immer« war. Nach meinen Beobachtungen und Kenntnissen trifft dies aber nicht zu. Mit achtsamem Auge können wir bereits heute feststellen, dass beinahe nichts mehr so ist, wie es einmal war! Fast alles ist im Wandel oder hat sich schon verändert:

Die Menschen sind viel offener als noch vor zehn Jahren. Sie sind wacher, intuitiver, sogar weiser und strahlender. Unsere Kinder sind auffallend kraftvoll und mit einem Wissen ausgestattet, über das man nur staunen kann. Auch die Pflanzenwelt hat die außergewöhnlichsten Farben, Größen und Formen entwickelt. Ist dir das auch schon aufgefallen? Das alles ist auf die neuzeitlichen Energien zurückzuführen, die seit einigen Jahren auf die Erde strömen und uns innerlich bereits sehr geöffnet und geweitet haben. Wir sind aufgerufen zu erkennen, dass wir viel mehr leisten können, als wir bisher angenommen haben. Und dass das Leben so viel genussreicher, bunter und schöner sein kann, als wir es derzeit noch empfinden. Denn wir alle sind bereits auf dem Weg, wieder zu unserer ursprünglichen Wahrheit und Natur zurückzufinden.

Oftmals fragen wir uns: »Wie sollen wir bloß all unsere globalen Probleme lösen?« Nach meiner Auffassung liegt unsere einzige Chance, unser aus seinen Fugen geratenes Außen wieder in den Griff zu bekommen, darin, es komplett loszulassen und uns nach innen zu wenden. Hier können wir an unser »göttliches Lösungsfeld« andocken, von dem wir in den letzten Jahrtausenden getrennt waren. Was hiermit genau gemeint ist, wirst du im Laufe dieses Buches besser verstehen.

Je mehr Menschen nun stehen bleiben und sich nach innen wenden, um an ihre ursprüngliche Wahrheit anzuknüpfen, desto schneller wird auch das materiell Sichtbare um uns herum beginnen, sich zum Guten hin zu verändern.

Dieses Buch möchte dich darüber informieren, auf welchen energetischen Gesetzmäßigkeiten das Goldene Zeitalter aufbaut, damit du die Zeichen und Wunder deines Alltags, die derzeit verstärkt und wegweisend auftreten, besser deuten und in sinnvolle Handlungen umsetzen kannst.

Ich möchte dich mit diesem Buch auf einen Weg zu deiner eigenen Medizin einladen. Denn wenn du die Zeichen der Zeit hörst, die dir dein Körper als Übermittler der Botschaften deiner Seele sendet, und du auf dir dienliche Art und Weise darauf reagierst, wirst du in den nächsten Monaten und Jahren zu deiner wahren Essenz und deiner Berufung in diesem Leben geführt werden. Warum dem so ist, wirst du besser verstehen, wenn du dieses Buch gelesen hast.

Zweifelt noch etwas in dir daran, dass wir uns derzeit in einem einzigartigen Moment hier auf Erden befinden, der eine komplette Neuausrichtung von uns fordert? Dann richte deinen Fokus doch bitte einmal auf all die Menschen in deinem Umfeld, die derzeit die größten Herausforderungen ihres Lebens zu bewältigen haben: Heftige Krankheiten, Unfälle, Trennungen, Kündigungen oder sonstige dramatische Schicksalsschläge treten momentan gehäuft auf, da sie uns aus den gewohnten Bahnen unseres bisherigen Lebens hinauskatapultieren wollen. Nach meiner Beobachtung bekommt jeder Mensch gerade den für ihn geeignetsten »Erwachensimpuls« vom Leben frei Haus geliefert. Auch eindrucksvolle Naturphänomene wie Sonnenstürme, rapide Temperaturschwankungen, Polsprünge und Erdbeben treten derzeit verstärkt auf. Das Leben und seine Kräfte machen eindrucksvoll auf sich aufmerksam, und wir bekommen Raum zur Neuorientierung. Warum dies notwendig und sinnvoll ist, wirst du ebenfalls im Verlauf dieses Buches verstehen.

Die gute Nachricht ist: Es ist möglich, wieder zu unserem Ursprung zurückzufinden. Und ich bin mir sicher: Du bist dafür schon am richtigen Ort und hast alles, was du brauchst bereits in dir. Denn in uns allen steckt ein/-e kraft- und machtvolle/-r Schamane/Schamanin, der/die derzeit noch schläft, doch sehnsüchtig darauf wartet, wieder von uns erweckt und aktiviert zu werden.

Bei dem Wort Schamane denken die meisten Menschen heutzutage an Rasseln, Trommeln, Räucherungen und Krafttiere. Ich verwende für meine Arbeit die Formulierung »Lichtschamanismus der neuen Zeit«, um zu verdeutlichen, dass Schamanismus noch viel mehr ist, als wir bisher glaubten. Für mich umfasst das Wort Schamanismus eigentlich alles, was uns dazu dienen kann, wieder zurück zu unserer Ursprünglichkeit, zu unseren Wurzeln zu finden. Durch unsere Verbundenheit mit allem, was lebt, mit Mutter Erde und dem Kosmos mit all seinen Dimensionen und Wesenheiten, tragen wir bereits alles in uns, was wir brauchen, um auf eine respektvolle und achtsame Art und Weise, bei der jedes Wesen dafür geliebt und geachtet wird, was es ist, gemeinsam das Paradies auf Erden zu erschaffen. Das macht für mich das Wirken eines Lichtschamanen der neuen Zeit aus.

Der Weg, den ich dir in diesem Buch vorschlage, ist nicht kompliziert, und du brauchst keine besonderen Voraussetzungen oder Talente. Das soll aber nicht heißen, dass er immer leicht und vergnüglich wäre. Wir alle haben uns auf diesem Weg mit vielen alten Mustern und Prägungen auseinanderzusetzen, die wir bisher unbewusst in uns getragen und die uns in Kleinheit, Abhängigkeit und Unfreiheit gehalten haben. Dass dies nicht immer angenehm sein kann, versteht sich von selbst.

Ich zeige dir in diesem Buch kraftvolle Rituale und Übungen, die große Veränderungen in dein Leben bringen werden, wenn du dies möchtest. Dabei gebe ich dir keine festgelegte Route vor, denn es ist dein persönlicher Weg der Neuen Zeit, der dich hundertprozentig in die Position des Verantwortlichen deines Lebens zurückruft. Denn nicht ich oder dieses Buch wird die Veränderung in dein Leben ziehen: Du selbst wirst es tun!

Es ist ein Weg für Abenteurer, und du brauchst für ihn Mut und Stärke. Aber die hast du, da bin ich mir sicher!

Nach meiner Auffassung sind die Zeiten, in denen uns andere Menschen gesagt haben, was wir zu tun oder zu lassen haben, nun endgültig vorbei. Heute geht es darum, uns zwar weiterhin vom Außen inspirieren zu lassen, dann aber nach innen zu blicken, um zu erkennen, dass alles bereits in uns ist, was wir wirklich brauchen, um zu wachsen und ein erfülltes und glückliches Leben zu führen. Auch in dir steckt so viel Weisheit und Wissen, und es ist an der Zeit, mit deinem inneren Schatz wieder in Verbindung zu treten.

Ich wünsche mir, dieses Buch möge einen Beitrag dazu leisten, dass immer mehr Menschen ihren persönlichen Weg der Veränderung gehen, um wieder zurück zu sich selbst und ihrer ursprünglichen Handlungsmacht zu finden. In Verbundenheit und Liebe mit allem, was lebt.

Nun wünsche ich dir viel Freude beim Lesen und bewussten Erfahren des Wiederanknüpfens an deine Ursprünglichkeit, in größtmöglicher Leichtigkeit.

Von Herz zu Herz
Angelika Selina Braun

TAGUARÍs Vermächtnis

»Und dann sprang ich!« Mit diesen Worten endet mein erstes Buch, *TAGUARÍ – Das Leben findet seinen Weg*, in dem es um die Ausbildungsjahre des kolumbianischen Schamanen Don José Ariza in den 20er-Jahren des letzten Jahrhunderts im Amazonasurwald geht. Der Leser erlebt darin gemeinsam mit Taguarí jede Menge magischer Momente der Verbundenheit. Er wird an das eigentliche Ausmaß des Lebens erinnert, das Menschen zuteilwerden kann, die ihr Dasein unter ursprünglichen Bedingungen führen. Er ist mit dabei, wenn Taguarí sich Schritt für Schritt der Natur des Waldes annähert und auf diese Weise seine eigene Verbundenheit mit allem, was ist, wiederentdeckt. Schon bald kommuniziert Taguarí mit Tieren, Pflanzen und Bäumen und erhält von ihnen immer tiefer gehende Schulungen und Einweihungen. Mithilfe seiner Krafttiere und seiner Verbündeten gelingt es ihm, allmählich wieder in Kontakt mit seinem wahren Potenzial zu treten.

Taguarís achtjährige Ausbildungszeit endet damit, dass er in einen 50 Meter tiefen Abgrund springt. Er überlebt diesen Sprung aufgrund seiner messerscharfen Geisteskräfte. Sein physischer Körper zersplittert zwar in tausend einzelne Fragmente, doch diese setzt er durch seine Geisteskraft wieder zusammen und kehrt stolz zu seinem Maestro zurück, der ihn bereits erwartet.

Was für eine abgefahrene Geschichte, oder? Ist das ein Märchen oder die Wahrheit? Was denkst du?

Wie kann ein Mensch so etwas überleben? Unser Verstand weiß darauf keine Antwort. Und doch können einige von uns im Herzen fühlen, dass es wahr ist. Dass alles wahr ist, was Taguarí an Erinnerungen mit mir geteilt hat. Aber auch nur, wenn wir bereits wieder in Kontakt mit unserem inneren Wissen stehen, dass das Leben hier auf Erden eigentlich eine viel größere Dimension hat, als wir es bis heute als unsere Realität angenommen haben.

Dieses Buch hat das Ziel, dich verstehen zu lassen, warum Taguarí zu so etwas imstande war. Es soll darin eine Brücke geschlagen werden von Taguarís Welt in die unsrige. Denn ich behaupte nach allem, was ich auf meinem Weg erfahren, fühlen und lernen durfte: Das, was Taguarí geschafft hat, ist für uns alle möglich. Wenn wir uns daran erinnern, wer wir wirklich sind, und in unsere naturgegebene Verbundenheit mit allem, was ist, zurücktreten.

Was uns derzeit fehlt, ist der direkte Kontakt zu unserer wahren Essenz und unserem natürlichen Lebensraum: zum Mond, zur Sonne, zu Mutter Erde. Wir leben seit Generationen einen sehr extravertierten Lebensstil, der sich an den Bedürfnissen anderer Menschen und Organisationen ausrichtet und uns vollkommen aus der Form gebracht hat. Wir brauchen dringend neue Rituale, die uns wieder in Kontakt mit uns und unserem Lebensraum bringen. Und so möchte ich dich mit diesem Buch in eine andere Welt einladen, in der du dich und dein Leben neu erfahren kannst. Weil du immer größer, klarer, wacher, kraftvoller, wissender und verbundener sein wirst.

Ausgangspunkt hierfür ist das Verständnis, dass wir Menschen Teil von etwas viel Größerem sind. Dass es hier auf Erden unsagbar viele, für das ungeschulte Auge unsichtbare Wesenheiten gibt, mit denen wir kommunizieren können. Wesenheiten, die voller Liebe und Hilfsbereitschaft für uns da sind, wenn wir ihnen Wertschätzung und Dankbarkeit für ihr Sein entgegenbringen. Wir haben nur vergessen, wie wir uns mit ihnen verbinden können! Sie sind voller Wissen und Weisheit und können uns viel kompetenter schulen und unterrichten, als ein Lehrer aus unserer zivilisierten Welt es jemals könnte. Ihre Wissensquelle umfasst die Geschichte unseres Planeten, unseres Universums und all seiner Seelenlichter, die hier zu Hause sind. Seit Anbeginn der Zeit.

Und all dieser Reichtum, diese Schönheit und diese Farbenpracht der Erde sind umgeben von universellen und kosmischen Gefilden, die aus ihrer übergeordneten Perspektive heraus und mit dem Wissen des Großen Geistes die Fäden des Lebens auf Erden in ihren Händen halten. Wenn wir uns dieser natürlichen Ordnung des Lebens wieder bewusst werden und unseren Platz einnehmen, der ursprünglich für uns gedacht war, dann können wir die Feier des Lebens endlich wieder spüren und bewusst an ihr teilhaben.

Worte können natürlich nur eine vage Annäherung an die ursprüngliche und fantastische Welt bewirken, an die uns die Geschichte von Taguarí wieder herangeführt hat. Sie reichen nicht aus, um derart großartige Zusammenhänge und Gesetzmäßigkeiten übergeordneter und uns innewohnender Kräfte zum Ausdruck zu bringen. Verbindest du dich aber mit der Energie, die sich hinter diesen Worten befindet, wirst du fühlen, worauf es an dieser Stelle ankommt.

Don José weilt übrigens weiterhin auf Erden. Er hat sich jedoch seit meiner Rückkehr nach Deutschland total zurückgezogen, empfängt keine Menschen mehr und ist über die bei uns üblichen Kommunikationsformen nicht mehr erreichbar. Und doch bewohnt er derzeit (Juni 2017) noch zum Teil seinen physischen Körper, der ihn direkt mit unserer hiesigen Dimension verbindet. Er kann auf diese Weise besser dafür sorgen, dass sein Werk auf Erden weitergetragen wird.

Für mich ist Taguarí ein Fackelträger, der uns durch seine Geschichte Bilder und Vorstellungen beschert hat, die uns auf unserem Weg zurück in das ursprüngliche Feld der Verbundenheit sehr dienlich sind. Denn Bilder und Vorstellungen sind wichtig, wenn wir uns zu einer noch ungewissen Veränderung aufmachen. Sie geben uns Orientierung und ein Fundament für unsere Träume, aus denen sich unsere neue Realität aufbauen wird.

Aber was ist dieses ursprüngliche Feld der Verbundenheit überhaupt? Es umschreibt den natürlichen Zustand des Lebens, den wir alle kennen, weil wir alle aus ihm heraus entstanden und Teil von ihm sind, zu dem wir aber aus verschiedenen Gründen schon lange den Zugang verloren haben. Die Realität hier auf Erden in ihrer modernen, industrialisierten Ausdrucksform ist von den ursprünglichen und natürlichen Bahnen des Lebens fast vollkommen abgetrennt. Seit Jahrtausenden galten bei uns die Gesetzmäßigkeiten der Dualität, die wir daher als normal und selbstverständlich angenommen haben. Dort, woher wir alle kommen und wohin das Rad der Zeit uns derzeit wieder zurückbringt, gilt die Gesetzmäßigkeit der ursprünglichen Einheit. Wenn du so willst, wurde hier auf Erden in der vergangenen Epoche eine künstliche Realität erschaffen, in der wir nur einen sehr kleinen Teil unserer eigentlichen Größe leben konnten. Denn wir lebten in Trennung – die Grundlage für die Dualität –, was unserem Verstand nicht vorstellbare Einbußen unserer Kraft, Größe und Kompetenz bescherte.

Schau dir den Asphalt unserer Städte an, diese hochgestapelten Wohnhäuser, in denen wir wie Ölsardinen eingepfercht und abgetrennt von unserem natürlichen Lebensraum hausen, die Fülle und Dramatik unserer Krankheiten, die Kriege und Auseinandersetzungen im Außen und im Innen, unsere industriell behandelte und somit vollkommen entkräftete Nahrung, die wir tagtäglich konsumieren. All das basiert auf der künstlich herbeigeführten Trennung unserer dualen Welt und kann uns jetzt als Andockpunkt dienen, um uns aufzumachen und unseren Weg zurück in das Feld der Ursprünglichkeit und zu unserer wahren Natur anzutreten.

Das, was Taguarí uns gezeigt hat, ist Folgendes: Die Ursprünglichkeit – so wie das Leben eigentlich gedacht ist – schwingt im Einheitsbewusstsein. Dieses basiert auf der Annahme, dass alles, was lebt, in Wahrheit EINS und miteinander verbunden ist. Und dass der einzig wirklich existente Webstoff des Lebens die Liebe ist. Erinnern wir uns wieder daran und treten bewusst aus dem Gefängnis der Trennung heraus, werden wir durch die gelebte Verbundenheit mit allem wieder zu unserer wahren Größe und Kompetenz zurückfinden.

Bei den Piapocos, dem indigenen Stamm, der Taguarí aufgenommen hatte, existierte beispielsweise kein Wort für »du« oder »ich«. Es gab nur ein »wir«, was ihr ursprüngliches Bewusstsein zum Ausdruck brachte, dass alles mit allem verbunden ist und dass alles, was ich nach außen abgebe, automatisch wieder zu mir zurückkommt. Jedes unfreundliche Wort, jeder Gedanke, jedes Gefühl, jede Handlung wirkt sich also auch auf mich selbst aus. Wir haben uns von dieser ursprünglichen Wahrheit so weit entfernt, dass sie uns fast absurd vorkommt. Doch in Wahrheit ist das, was wir gerade leben, absurd, da wir meilenweit von dem entfernt sind, was wir in Wirklichkeit leisten könnten.

Alles, was passiert ist, hatte einen höheren Sinn und diente uns und dem großen Ganzen über all die Jahrtausende. Wir alle sind viele Male hier auf Erden gewesen, um Erfahrungen in der Dualität, also der Welt der Trennung, zu sammeln. Sozusagen zu Schulungszwecken unserer Seele. Denn die Erfahrungen von Krankheit, Konflikt und Krieg sind im Feld der Ursprünglichkeit allesamt nicht möglich. Diese Phänomene existieren dort einfach nicht, da sie keinen Nährboden haben, der sie trägt. Denn dieser Nährboden heißt Trennung. Unsere derzeit noch als ganz normal empfundene Trennung voneinander – von Mensch zu Mensch, von Mensch zum Tier, zur Pflanze und zu allem, was lebt. Zuallererst aber die Trennung von uns selbst und unserer eigentlichen Wahrheit, die in diesem Buch besprochen und als Andockpunkt für einen lichtschamanischen Weg in die Neue Zeit genutzt wird. Denn nur so werden wir uns sanft und organisch aus der Trennung zu unserem natürlichen Lebensraum, dem Planeten Erde als Teil eines riesigen Universums, herausbewegen können.

Und für diesen Weg hat uns Taguarí Bilder und Vorstellungen beschert, denn das Leben, das er mit dem Stamm der Piapocos führen durfte, war wie eine kleine Insel der Ursprünglichkeit inmitten eines großen Meeres des Vergessens und der Trennung. Die Piapocos sind wie viele andere indigene Stämme nie ganz aus ihrer ursprünglichen Einheit mit sich und ihrem Lebensraum herausgetreten.

Ich möchte an dieser Stelle hervorheben, dass den Schamanen aller indigenen Völker unseres Planeten unsere tiefste Hochachtung gebührt. Und zwar dafür, dass sie über einen so langen Zeitraum hinweg die energetische Schwingung des alten Wissens gehütet und bewahrt haben. Es war eine sehr heilige und stets sehr gefährliche Aufgabe, die sie, wie auch die Priester und andere Auserwählte, oft unter äußerst schwierigen Bedingungen ausgeführt haben. Denn dieses Wissen durfte in der alten Zeit nicht nach außen gelangen, da es sonst in die falschen Hände hätte fallen und für Egobelange missbraucht werden können. Und so mussten sie sich verstecken und an weit abgelegenen Orten sehr zurückgezogen leben.

Es war wichtig für das große Ganze, dass diese Felder der Ursprünglichkeit auf Erden gehalten und behütet wurden, denn nur so war es energetisch vor Kurzem möglich, das Goldene Zeitalter zu eröffnen. Und so lade ich dich ein, hier einen Moment innezuhalten und diese große Leistung der Hüter und Wächter von Mutter Erde für dich im Stillen zu ehren und zu würdigen.

Mein eigener Weg

Die Ausführungen in diesem Buch beruhen auf den Erfahrungen und Erkenntnissen, die ich auf meinem eigenen Weg der Heilung und Bewusstwerdung in den letzten zwanzig Jahren gemacht habe. Sie geben wieder, was mich Schritt für Schritt zu mir zurückgeführt hat.

Seit ich denken kann, liebe ich es zu tanzen. Schon als Kleinkind tanzte ich oft für kranke und unglückliche Menschen, da ich intuitiv wusste, dass es ihnen dann besser geht und sie wieder lächeln können.

Als ich acht Jahre alt war, führte mich das Leben zum Leistungssport der Rhythmischen Sportgymnastik, den ich sechs Jahre lang voller Leidenschaft praktizierte. Mit 14 erlitt ich dann einen überaus schmerzhaften Bandscheibenvorfall, der mich sehr unsanft aus meinem bisherigen Leben warf. Ich erlebte ein mehrdimensionales Trauma und – wie ich es heute nenne – starb den ersten Tod meines derzeitigen Lebens. Denn mir wurde gesagt, dass ich nie wieder tanzen dürfe und meine geliebte Sportart von heute auf morgen an den Nagel hängen müsse. Ich hatte gerade die Einladung in die Nationalmannschaft bekommen und stand kurz vor der ersehnten Ernte nach Jahren harter Arbeit. Aber das war nicht alles, was meinen Schmerz ausmachte, denn ich begann zu fühlen, wie sehr meine damalige Identität mit dem Tanzen und Sich-Zeigen als Seelenausdruck verwoben war. Ohne ihn fühlte ich mich wie ein Niemand, wie ein unbeschriebenes Blatt.

Heute weiß ich, dass dieser Tod mitsamt seinem Schmerz wichtig und notwendig für mich war, denn er war der Initiator und Wegweiser, der mich auf den Weg brachte, der die Grundlage für dieses Buch darstellt. Im Endeffekt war es meine Liebe zum Tanz, die mich zurück zu der Ursprünglichkeit der Energien gebracht hat. Denn alles, was ich daraufhin tat, war von der Sehnsucht geprägt, verstehen zu wollen, warum mir dieses Trauma widerfahren war, was der Sinn meines Leidens und der tiefen Entwurzelung war, die ich durch das plötzliche Ende meines damaligen Lebens erlebte. Meine innere Stimme sagte mir immer wieder, dass dies alles einen tieferen Sinn habe und dass es nicht wahr sei, dass mein Körper fehlerhaft oder schwach sei. Oder dass das Leben schlecht und ungerecht sei. In mir war ein Feuer entfacht, das mir die Kraft verlieh, mich auf die große Suche nach der wahrhaftigen Essenz des Lebens und dem wahren Grund von Krankheiten zu machen.

Ich studierte zunächst Sportwissenschaften und Physiotherapie, was mir zwar viel Wissen über die Basisfunktionen des menschlichen Körpers einbrachte, mich aber nicht im Entferntesten zufriedenstellen konnte. Es fehlte etwas. Etwas Großes, so wie ich es fühlen konnte. Und dieses Etwas brachte mich dazu, bereits in den Jahren meines Studiums, sooft ich konnte, meiner großen Südamerika-Affinität nachzugehen. Südamerika – dem Kontinent der weiblichen Energie, wie ich heute weiß. Mein Forschergeist animierte mich dazu, herauszufinden, warum es den Menschen auf diesem Kontinent scheinbar so viel leichter fällt als uns, glücklich und mit Freude im Leben zu stehen.

Als ich mein zweites Studium beendet hatte, überkam mich das Gefühl, weit weg zu müssen. Ich konnte mir beim besten Willen nicht vorstellen, allein mit dem bisher Gelernten zu arbeiten. Denn ich wusste, dass mir der Großteil meiner Suche noch bevorstand. Und so nahm ich, ohne darüber nachzudenken, die Einladung meiner Freundin Alex an, für sechs Wochen mit ihr nach Kolumbien zu fahren. Und in dem Moment, als ich das erste Mal kolumbianischen Boden betrat, sagte mir meine innere Stimme: »Dies ist das Land, in dem du einige Jahre leben wirst!«

Auf diese Eingebung folgten sieben Jahre, die ich in Kolumbien verbrachte. Eine sehr wichtige Zeit für mich und die Entstehung dieses Buches. Denn in dieser Zeit wurden bisher schlafende Fähigkeiten der Sinneswahrnehmung in mir geweckt. So öffneten sich vor allem meine Kanäle der Hellfühligkeit und der Intuition, die es mir ermöglichten, Informationen aus anderen, höher schwingenden Dimensionen zu empfangen. Außerdem erhielt ich das große Geschenk, in Kolumbien wieder zum Tanz zurückzufinden, wobei ich immer mehr Informationen in Form von Eingebungen und Bildern aus anderen Zeiten und Welten gezeigt bekam. Mit der Zeit setzten sich diese in mir wie Puzzleteile zusammen.

Dies alles war ziemlich neu und herausfordernd für mich, da ich in Berlin in einer sehr weltlich orientierten Familie groß geworden war, in der Überirdisches oder Metaphysisches überhaupt keinen Stellenwert hatte. Aber ich bekam die Zeit, die ich brauchte, um mich an diese neuen Umstände zu gewöhnen. Im Jahre 2009 begann dann die segensreiche Zeit, die ich an der Seite von Taguarí verbringen durfte. Sie war für diesen bereits laufenden Prozess in mir und die Entstehung dieses Buches natürlich ebenfalls sehr förderlich.

Taguarí brachte mich in vielerlei Hinsicht auf meinen Weg: durch die Selbstverständlichkeit beispielsweise, mit der er sich mit mir auf Augenhöhe austauschte und mich in seine Geheimnisse und Lehren einweihte. Er gab mir nie das Gefühl, seine Schülerin zu sein, sondern stellte mich immer in eine ihm ebenbürtige Position. Mir wurde bewusst, dass Taguarí etwas in mir sah, was ich damals selbst noch nicht sehen konnte (und auch heute erst allmählich zu erkennen bereit bin). Er sah bereits mein eigentliches Potenzial, meinen Bewusstseinsgrad und ein Wissen, das in mir schlummerte und das dafür gesorgt hatte, dass ich zu ihm geführt wurde. Sein Glaube an mich und das Wissen um meine Seelenherkunft und -aufgabe in diesem Leben ließen nach und nach auch in mir den Glauben an mich wachsen. Und ohne diesen Glauben wäre ich den Weg, über den ich heute schreibe, bestimmt nicht gegangen.

Ich kann mich noch gut daran erinnern, wie er immer und immer wieder seine Erzählungen unterbrach, mich tief anblickte und fragte: »Angelika, was ist eigentlich dein Tanz?« Zum damaligen Zeitpunkt wusste ich noch nicht, was er meinte. Doch heute weiß ich, dass genau diese Frage von Don José meine Initialzündung für das Zusammenbringen aller Mosaiksteine dieses Weges war.

Dann kam irgendwann der Tag, an dem ich gewahr wurde, dass es nun an der Zeit war, nach Hause zu gehen. Von meinen Helfern aus der geistigen Welt wurde mir mitgeteilt, dass ich die

Menschen dort wieder zurück in die Ursprünglichkeit führen solle. Wie ich das aber genau anzustellen hatte, wurde mir zum damaligen Zeitpunkt leider noch nicht gezeigt. Dies erkannte ich erst nach und nach in Deutschland, als mein neues Ich auf mein altes traf und ich feststellte, dass sich in mir Türen zu einer längst vergangenen Zeit und ihrem Wissen geöffnet hatten.

Vor allem wenn ich tanzte, kamen immer mehr Bilder und Erinnerungen hoch, die sich gemeinsam mit all meinen wissenschaftlichen Studien und meinen Erlebnissen auf meinem Weg der Heilung zu einem großen Ganzen zusammenfanden. Ich begann, Seminare mit dem Titel »Wie finde ich meine eigene Medizin?« zu geben. Jedes Seminar war vollkommen anders, doch für alle Teilnehmer, auch für mich selbst, bereichernd und lehrreich.

Ich ließ mich einfach führen, von den Menschen, die zu mir kamen, und dem, was sie mitbrachten. Jedes Seminar klärte den Weg und ließ ihn immer mehr zu einem Ganzen werden. Die Mosaiksteinchen setzten sich nach und nach zusammen, und nur so war es mir möglich, irgendwann die Gesamtheit dieses Weges zu erfassen. Ich habe immer meiner inneren Stimme vertraut. Nicht zuletzt verdanke ich meinen Helfern aus der geistigen Welt das Erkennen dieses Weges, wofür ich tiefe Dankbarkeit und Demut empfinde.

Es gibt so viele Wege in die neue Zeit, und für mich ist es wichtig, dass du weißt, dass es nach meinem Empfinden keinen besseren oder schlechteren Weg gibt. Alle Wege haben ihre Berechtigung und sind für bestimmte Menschen genau richtig. Wenn mein Weg in die neue Zeit dir dienlich ist, freue ich mich sehr. Wenn nicht, bin ich mir sicher, dass du bald einen anderen, für dich dienlichen Weg zu deinem wahren Potenzial finden wirst.

Über dieses Buch

Die Sprache in diesem Buch ist eine sehr bildhafte. So ähnlich hat auch Taguarí damals mit mir gesprochen. Bilder vermögen unser Unterbewusstsein zu erreichen und hier Schlafendes zu neuem Leben zu erwecken. Ich persönlich habe mich in den letzten Jahren von der Wissenschaft weitestgehend abgewandt, da ich sie nicht mehr brauche, um zu wissen, ob etwas wahr ist oder nicht. Meine heute wieder intakten inneren »Fühler« und Wahrheitsmelder haben rationale Beweise im Außen unnötig werden lassen.

Trotzdem freue ich mich darüber, dass jahrtausendealte Wahrheiten und die Lehren vieler spiritueller Lehrer heute immer häufiger durch die Wissenschaft bestätigt werden. Für mich ist das ein weiteres Indiz dafür, dass wir derzeit an einem Punkt stehen, wo alles wieder EINS wird und sich die Kreise schließen.

Dieses Buch habe ich für Menschen geschrieben, die bereits darauf vertrauen, dass sie sich auf die Stimme ihres Herzens verlassen können, um zu wissen, was wahr ist und was nicht. Ich möchte mit meinem Buch niemanden von irgendetwas überzeugen, und daher verzichte ich weitgehend darauf, meine hier niedergeschriebene Wahrheit, die auf meiner eigenen Erfahrung beruht, mit wissenschaftlichen Studien zu belegen. Nur damit wir uns richtig verstehen: Ich habe nichts gegen die Wissenschaft. Sie ist nur für mich persönlich nicht mehr notwendig. Und auch dich möchte ich in diesem Buch dazu einladen, ganz bewusst wieder mit dem Wahrheitsmelder in dir selbst in Kontakt zu treten. Dieser Schritt ist sehr wichtig für das neue Zeitalter auf Erden.

An manchen Stellen werde ich auf Literatur verweisen, mit der du eine bestimmte Thematik vertiefen kannst, wenn du möchtest.

Abschließend möchte ich noch kurz darauf eingehen, dass dieser Weg auf dem Alten Wissen der Menschheit beruht, welches jahrtausendelang gehütet und nun wieder freigegeben worden ist. In den letzten Jahren hat es bereits viele Kanäle in Menschenform gefunden, um sich wieder auf Erden zu verbreiten. Ich freue mich darüber, dass vieles, was ich hier schreibe, nichts Neues ist. Ich möchte allen Autoren, die bereits über ähnliche Thematiken geschrieben haben, von Herzen für ihr Dienen danken. Für mich gehört dieses Wissen der gesamten Menschheit, und wir dürfen aufhören, uns im Sinne von »Das ist meins, das ist deins« trennende Gedanken zu machen, von denen letztendlich niemand profitiert. Wir ziehen alle am selben Strang und sollten uns gemeinsam wieder an das Wesentliche erinnern: das Erwachen der Menschheit zu unterstützen.

Dieses Buch lebt vor allem durch das Erfahrene und Erlebte. Es ist ein Abenteuerbuch, geschrieben für Abenteurer, die so mutig sind, zu vertrauen und sich auf die aufregendste Reise ihres Lebens zu begeben.

2
Vorbereitungen für deinen Weg

Mach dich bereit für dein bisher größtes Abenteuer

Dieses Buch möchte dich zurück zu deiner wahren Größe begleiten. Es möchte dich ermuntern, dich auf den Weg zu dir selbst zu begeben, sodass du immer mehr mit dem verschmelzen kann, was du wirklich bist; was deine ursprüngliche Wahrheit ist. Anschließend wird es darum gehen, dass du dein wahres Ich nach außen hin immer sichtbarer werden lässt und so Schritt für Schritt zu deiner Seelenaufgabe findest.

Bevor es losgeht, halte bitte kurz inne und mach dir bewusst, dass dies nicht von heute auf morgen geschehen kann. Dies würde eine komplette Überforderung für dich und dein integrales System bedeuten. Das komplette Ausmaß an energetischer Veränderung, das dieser Weg mit sich bringt, braucht seine Zeit, um sich in deinem System integrieren zu können. Es ist wie beim Suppekochen: Du gibst nach und nach alle Zutaten hinein, und dann wird der Deckel geschlossen, und die Suppe möchte in Ruhe gelassen werden, damit sie am Ende gut schmeckt. Also gehe deine Schritte in deinem ganz persönlichen Tempo und lass dir für alles ausreichend Zeit.

Mach dir anfangs bewusst, dass es *dein* Weg ist. Du bist Schöpfer/-in dieses Weges, und ich möchte dir lediglich dabei helfen, ihn selbstständig zu finden. Nimm also alles, was hier geschrieben steht, als Einladung, die du entweder ablehnen oder annehmen kannst. So wie es sich für dich richtig anfühlt. Deinen einzigartigen und persönlichen Wegweiser und Fahrplan darfst und kannst du dir nur selbst erschaffen.

Die Erkenntnis, dass du selbst die Verantwortung für dein Leben und dein Seelenwohl trägst, ist nach meinen Beobachtungen eine der wichtigsten Erkenntnisse zu Beginn dieses neuen Zeitalters. Sie verlangt von vielen von uns einen wahrhaften Quantensprung im Denken, so sehr ist diese ursprüngliche Wahrheit – dass wir selbst zu hundert Prozent Schöpfer unserer eigenen Realität sind – in der vergangenen Epoche in Vergessenheit geraten.

Dein heiliges Buch

Ich möchte dich dazu einladen, dir ein besonders schönes Tagebuch zuzulegen. Kaufe oder bastele dir eins. Es soll dein Reisetagebuch zurück zu deiner ursprünglichen Wahrheit sein, und aufgrund seiner Schönheit und seiner Besonderheit ein Gefühl der Heiligkeit in dir hervorrufen. Du solltest es gern bei dir tragen und zu deinem täglichen Begleiter und ersten Ansprechpartner werden lassen.

Das Buch darf ruhig etwas größer sein, mindestens DIN A5, denn es soll dir genug Platz bieten, um deine neuen Erkenntnisse und Wahrheiten niederzuschreiben. Schreibe darin auch die Essenzen und Denkanstöße nieder, die du in diesem Buch findest. Sätze, die wie Schlüssel etwas in dir öffnen, was du vielleicht noch nicht wirklich greifen kannst, die dir aber trotzdem wichtig erscheinen. Halte in deinem heiligen Buch auch deine Gedanken, Träume und Hoffnungen fest; die Sehnsüchte deiner Seele, die beim Lesen dieses Buches in dir hochkommen.

Auch deine Ängste und Sorgen kannst du in deinem heiligen Buch niederschreiben. Schreibe dir von der Seele, was auf ihr lastet – Dinge, die du schwarz auf weiß vor Augen hast, kannst du besser greifen und sie dir mit wachem Bewusstsein anschauen. Dies ist sehr hilfreich, um dir deine eigenen Glaubenssätze und Überzeugungen bewusst zu machen, die häufig die wahre Ursache für sich wiederholende Engpässe und Krankheiten in deinem Leben sind. Im Laufe dieses Buches lernst du, wie du diese unwahren Überzeugungen für dich erlösend und gewinnbringend umwandeln kannst.

Das heilige Buch kann aber noch mehr. Es schafft einen Raum, in dem du Aspekte deiner Seelenaufgabe, die sich noch im Prozess der Enthüllung befinden, festhalten und als Samen einpflanzen kannst. Diese Samen können dann gemeinsam wachsen und gedeihen und zum rechten Zeitpunkt zu Pflanzen werden, zu deinen eigenen Medizinpflanzen.

Deine Medizinpflanzen bringen deine eigene Wahrheit zum Ausdruck. Irgendwann wirst du die notwendige Kraft und das Vertrauen in dir finden, diese Wahrheit für alle sichtbar nach außen zu bringen. Bis es so weit ist, hast du dein heiliges Buch an deiner Seite, das nur dir selbst zugänglich ist.

Versuche, dein heiliges Buch so zu verwenden, dass dein Schreiben weniger vom Kopf und mehr aus deiner Intuition fließt. Mit der Zeit wird das automatisch so gehen, wenn du dir dies als Richtung vorgibst. Das bedeutet, dass du dich selbst oft überraschen wirst mit dem, was du aufschreibst, weil des Öfteren tiefe innere Wahrheiten zutage kommen werden, über die du dir noch gar nicht bewusst warst. Vertraue darauf und es wird so sein.

Das ist dein heiliges Buch: ein Zuhörer an deiner Seite, der dir dabei helfen wird, dich selbst immer klarer und deutlicher zu erkennen, um dein Leben Schritt für Schritt in deine persönliche Richtung zu wandeln und deine ursprüngliche Wahrheit wiederzufinden.

Die vier Entscheidungen

Bevor du dich nun auf deinen Weg machst, möchte ich dich einladen, vier essenziell wichtige Entscheidungen zu treffen. Sie verschaffen dir Zugang zum Weg zurück zu deiner ursprünglichen Anbindung. Denn das ist die eigentliche Funktion von Entscheidungen: Egal, ob wir sie bewusst oder unbewusst treffen – sie öffnen eine Tür, hinter der sich ein mit ihnen verbundenes Resonanzfeld aufbaut.

1. Der Glaube an eine uns übergeordnete Kraft, die uns unterstützt

Das energetische Resonanzfeld dieser Entscheidung kann man in Südamerika bereits heute sehr gut fühlen. Wenn ich an meine ersten Wochen auf diesem Kontinent zurückdenke, dann war es wohl die Energie dieses Feldes, die mich dazu veranlasste, eine Weile dort wohnen zu wollen. Denn dieses Feld verströmte eine Energie, die ich aus meiner gewohnten Welt nicht kannte.

Diese Energie entstand vor allem durch die Gelassenheit, mit der die Südamerikaner ihren Alltag bestritten. Sie schienen wie selbstverständlich zu akzeptieren, dass sie ihr Leben nicht unter Kontrolle haben. Dies gab ihnen eine Ruhe und Leichtigkeit, die mich faszinierte. Sie schienen Zugang zu einer Medizin zu haben, deren Quelle für uns Westeuropäer noch unentdeckt ist. Mit der Zeit erkannte ich, dass in den Menschen, die mich umgaben, ein tiefer Glaube verankert war, den ich in dieser Form von zu Hause nicht kannte: der Glaube an eine uns übergeordnete Macht, eine höhere Intelligenz, die stets über uns wacht und dafür sorgt, dass alles für uns in geordneten Bahnen läuft.

Und dieser Glaube existiert dort vollkommen unabhängig von Kirche und Religion. Es ist eine unbewusste Lebenseinstellung und innere Haltung, die den Menschen dort nach meinen Beobachtungen zu einer höheren Lebensqualität verhilft. Die katholische Kirche übt natürlich ebenfalls großen Einfluss auf die Bewohner dieses Kontinentes aus, doch er trifft auf eine vollkommen andere Basis, als dies bei uns der Fall ist:

Denn der Glaube an eine uns übergeordnete Macht – ob wir sie nun Gott, Großer Geist oder Leben nennen – verbindet uns mit dem Ort in uns, an dem wir spüren können, dass wir mit allem, was lebt, verbunden sind. Bei uns in Nordwesteuropa ist dieser Glaube seit vielen Generationen leider größtenteils verloren gegangen. Er wurde bei einigen von uns von einem christlichen Glauben an Gott, Jesus oder einen anderen Heiligen ersetzt, zu dem die Religion uns stets die Brücke der Erreichbarkeit schlägt und daher eine Abhängigkeit herstellt, die sich für manch einen nicht richtig anfühlt. Viele von uns haben sich daher vollkommen von ihrem Glauben an eine höhere Macht, die uns beschützt, führt und unterstützt, abgetrennt.

An die Stelle des Glaubens ist der Verstand gerückt, der versucht, das Leben unter Kontrolle zu halten. Dies ist nicht nur sehr anstrengend, sondern auch ein total hoffnungsloses, da unmögliches Unterfangen, was uns ständig Misserfolge beschert und somit für viel schlechte Laune in unserem Leben sorgt. Es ist zwar richtig, dass sich auch die klimatischen Umstände sehr auf unsere Stimmung auswirken, aber die Schamanin in mir möchte dich daran erinnern, dass unsere Stimmung das Klima unseres Landes direkt beeinflusst, ja dass unser Wetter ein direktes Produkt unserer Stimmung ist. Das innere Klima zeigt sich im äußeren Klima, was sich wiederum auf das innere Klima auswirkt.

Somit liegt es in unserer Hand, dafür zu sorgen, dass es auch hierzulande wieder wärmer und sonniger wird. Und zwar, indem wir uns auf das Experiment einlassen, zu lernen, unser Leben wieder mit anderen Augen zu betrachten. Mit unseren ursprünglichen Augen der Schamanin/des Schamanen, die/den wir alle in uns tragen. Es geht darum, sich wieder in den Strom des Lebens zu begeben und zu lernen, mit ihm zu schwimmen. So können wir wieder schöne und genussvolle Lebensinhalte kreieren, die uns glücklich machen.

Hierzulande sind wir sehr darauf trainiert, dem Verstand stets den Vortritt zu lassen und die Erscheinungen des Lebens zu beurteilen, zu bewerten und in vorgefertigte Schubladen zu stecken. Auch ich war noch vor zwanzig Jahren vollkommen getrennt von meinem ursprünglichen Glauben an eine höhere, mich liebende und beschützende Kraft. Meine Eltern brachten mir den kirchlichen Glauben nahe, der sich für mich aber niemals stimmig anfühlte. Als ich mit 14 dann mein großes Trauma erlebte, trennte ich mich vollkommen von der inneren Gewissheit ab, dass es da etwas gibt, etwas Übergeordnetes, was mich tatsächlich sieht, unterstützt, liebt und auf meinem Weg begleitet. Ich lebte in Berlin, einer Stadt, in der es wichtig war, »cool« zu sein, männlich unnahbar und individuell. Trotzdem begann das Leben irgendwann damit, mich in Situationen zu bringen, die mich auf die Präsenz einer mir übergeordneten Macht und Intelligenz hinwiesen. Es dauerte eine ganze Weile, aber irgendwann drangen diese Fingerzeige zu mir durch und berührten mein Bewusstsein. Dann begann ich mich zu fragen: »Ist es möglich, dass es da noch viel mehr gibt als das, was ich sehen kann?«

Heute kann ich erkennen, dass der Glaube an eine Welt der Verbundenheit, der Einheit und der göttlichen Ordnung den Ausgangspunkt für einen Weg zurück in unsere ursprüngliche Anbindung und Kraft bildet. Glaube kann man sich natürlich nicht mal eben an der Tankstelle kaufen. Es dauert seine Zeit, bis er in dir wachsen und dir neue Kraft und Weite schenken wird. Damit in dir ein neuer Glaube entstehen kann, hilft es, dir folgende Frage zu stellen:

Ist es möglich, dass es mehr gibt als das,
was ich bisher als meine Realität angenommen habe?

Mit der Zeit wird diese Frage und das Gefühl, was dadurch in dir entsteht, immer mehr Erfahrungen in dein Leben ziehen, die dir neue Bilder und Vorstellungen bescheren und so neue Bewusstseinsfelder in dir öffnen. Felder, in die sich dein Selbst hinein ausdehnen kann und wird.

Heute weiß ich durch eine Vielzahl von Erfahrungen zweifelsfrei, dass dies wahr ist. Dass ich und wir alle beschützt, geliebt, unterstützt und gesehen werden vom – wie ich ihn hier einmal nenne – Großen Geist. Durch ihn sind unendlich viele, machtvolle geistige Helfer rund um die Uhr an unserer Seite, die uns beschützen und begleiten. Sie sind in Notsituationen stets zur Stelle, um uns wieder auf den rechten Weg zu führen. Dies können sie noch viel deutlicher spürbar tun, und zwar wenn wir wieder dazu bereit sind, sie einzuladen, auf ihre Hinweise zu hören und sie umzusetzen.

Taguarí verkörpert das Verbundensein mit höheren Kräften natürlich in einem sehr hohen Maße. Dies ließ mich zunächst vermuten, dass sich nur einige besondere Menschen der Aufmerksamkeit der geistigen Welt erfreuen. Schamanen und spirituelle Lehrer sind aber Menschen wie wir alle und werden von den Wesenheiten der geistigen Welt nicht in besonderem Maße geliebt oder unterstützt. Den Unterschied macht lediglich die innere, gefühlte Selbstverständlichkeit aus, mit der sie bereit sind, die Unterstützung der geistigen Welt anzunehmen und auf diese zu vertrauen. Glauben wir nicht daran, unterstützt zu sein, dann sind wir es auch nicht. Zumindest nicht fühlbar. Denn »dir geschehe, wie du geglaubt hast«, so steht es bereits in der Bibel.

Je bewusster und achtsamer wir uns über all die kleinen Zeichen und Momente freuen, in denen wir gewahr werden, dass es da etwas gibt, was uns von höherer Perspektive aus führt und lenkt, desto mehr kann sich unser Glaube ausweiten. Und dann beginnt die geistige Welt immer mehr für uns und durch uns zu wirken und uns zu helfen und zu unterstützen. Sie erinnert uns daran, was unsere ursprüngliche Wahrheit ist. Dieser Prozess vermag uns aus der Illusion der Trennung herauszuheben, und wir kommen nach und nach wieder zurück in das Feld der Ursprünglichkeit, wo die Einheit, die Freiheit, die Glückseligkeit und die Freude zu Hause sind.

Das hört sich für dich wie ein Märchen an? Kann ich verstehen. Aber was kann dir schon passieren? Letztlich nur, dass es nicht funktionieren könnte, du dich nicht veränderst und dein Leben so bleibt, wie es war. Willst du es also riskieren? Dann möchte ich dich einladen, dich für deinen persönlichen Glauben zu entscheiden: die Möglichkeit zuzulassen, dass das Leben dir besser zeigen kann als bisher, dass du umgeben bist von einem unsichtbaren Sicherheitsnetz, durch das du Schutz und Führung erhältst. Die ganze Zeit. Tag und Nacht.

Warum der eigene Glaube so wichtig ist, durfte ich mehrfach auf meinem eigenen Weg erfahren. Mir wurde bildlich vor Augen geführt, dass wir nur auf diesem Weg das energetische Feld in uns finden können, durch das die geistige Welt einen Andockpunkt an unser Leben erhält, um dann wirklich drastisch mit höheren Kräften für uns zu wirken. Dieser Glaube ist der Nährboden für eine Energie, die maßgeblich daran beteiligt ist, uns wieder zu dem werden zu lassen, was wir ursprünglich gewesen sind. Ohne sie ist dieser Weg überhaupt nicht möglich. Die Energie, die ich meine, heißt Vertrauen. Das Vertrauen ins Leben als eine uns übergeordnete und unterstützende Kraft. Und hierfür brauchen wir diesen religionsunabhängigen Glauben in uns, weil sonst kein Raum in uns für das Vertrauen ist. Logisch, oder?

Was also brauchen wir, um den Glauben wieder in unser Leben einzuladen? Die Entscheidung dafür, dass wir dies wollen (Türöffner für neues Terrain) und bewusst erlebte Erfahrungen, die uns die Wahrheit unserer neuen Annahme spürbar werden lassen.

Eines meiner Schlüsselerlebnisse in Bezug auf den Glauben wurde mir bereits vor etwa zwanzig Jahren geschenkt, als ich im

Atlantik Wellenreiten übte. Ich war nie wirklich gut darin, aber mich faszinierte der direkte Kontakt mit den Kräften des Ozeans, des Himmels und der Elemente.

Eines Tages paddelte ich kurz vor Sonnenuntergang hinaus aufs Meer. Es war ein sehr stürmischer Tag, der den Wellengang zu etwas Unberechenbarem werden ließ. Nachdem ich die Farben des Sonnenuntergangs etwas genossen hatte, versuchte ich, eine größere Welle zu nehmen, um mich von ihr wieder zum Strand zurücktransportieren zu lassen. Ich war ziemlich alleine im Wasser, und der Horizont verdunkelte sich zunehmend. Ich erreichte meine Welle, stand auf, machte eine kleine, falsche Bewegung und stürzte in die Fluten. Mein Brett flog hoch in die Luft, und die Gewalt dieser Bewegung durchriss meine Leash (eine Leine, die den Knöchel des Surfers mit seinem Brett verbindet).

So war ich plötzlich ohne Brett vollkommen alleine mitten im Meer. Große Wellen brachen in unregelmäßigen Abständen direkt über meinem Kopf, ich tauchte unter und spuckte Wasser in alle Richtungen. Dieses Ereignis, das sei noch erwähnt, fand vor dem Beginn meines spirituellen Lebens statt. Ich glaubte zu diesem Zeitpunkt nur an das, was ich mir rational erklären konnte, und hatte nichts übrig für den Glauben an die übergeordneten Kräfte des Lebens. Demzufolge hatte ich in diesem Augenblick riesige Angst, und mein Verstand schaltete sich vollkommen aus.

Und dann erlebte ich, ohne darüber nachzudenken, wie eine mir übergeordnete Kraft die Kontrolle übernahm und mich zu lenken begann. Ich beobachtete mich dabei, wie ich plötzlich vollkommen unbeteiligt und ohne jegliche Emotion Dinge zu tun begann, die nicht von meinem Kopf aus gesteuert wurden. Immer wenn die turbulenten Wellen mich wieder losließen, legte ich mich vollkommen relaxt auf den Rücken und blickte in den Himmel. Ich unternahm keinerlei Versuche, an den Strand zurückzukommen, und bemühte mich auch nicht, mich dem Ozean zu widersetzen. Stattdessen gab ich mich vollkommen den Kräften um mich herum hin. Zeit und Raum verloren sich, und alles, was mich ausfüllte, war das tiefe Wissen und Vertrauen, dass alles gut ist, wie es ist. »Vollkommen verrückt«, hätte mein Verstand damals gedacht, wenn er funktioniert hätte. Schließlich glaubte ich zu diesem Zeitpunkt noch nicht einmal an Gott, das Trauma meines Bandscheibenvorfalls war noch vollkommen unbearbeitet in mir und gab für den Glauben an eine übergeordnete, mich liebende und für mich sorgende Macht keinen Raum frei. Irgendwann fand ich mich am Strand wieder. Dort ruhte ich mich noch etwas aus und ging dann nach Hause.

Was ist damals genau geschehen? Ich habe eine kraftvolle Einweihung des Lebens erhalten, das mir zeigen wollte, dass ich auf mir übergeordnete Kräfte vertrauen darf. Damals konnte ich das noch nicht verstehen, aber der Same dieser Erfahrung war in mein System gesetzt, und ich trug ihn viele Jahre lang mit mir herum, bis der Tag kam, an dem mir bewusst wurde, welche Kraft es gewesen war, die mich damals gerettet hatte.

Heute spüre ich eine unbändige Kraft, wenn ich mich hinstelle und sage: »Ich entscheide mich dafür, an eine mir übergeordnete Macht und Intelligenz zu glauben, die mich rund um die Uhr beschützt und dafür sorgt, dass ich alles bekomme, was ich für mein Leben derzeit brauche.«

Diese Entscheidung ist der erste machtvolle Türöffner, den ich dir vorschlagen möchte. Je öfter und je kraftvoller du dich für das, woran du wirklich glaubst oder glauben möchtest, entscheidest, desto deutlicher wird dir das Leben die Konsequenz dieser Entscheidung spiegeln.

Seitdem ich diese Entscheidung bewusst für mich gefällt habe, hat mein Leben einen Quantensprung in Sachen innerer Ruhe, Gelassenheit und Entspannung gemacht. Immer öfter ziehe ich nun Situationen an, in denen ich erfahren kann, dass für mich gesorgt wird. Dass schon alles da ist, was ich brauche.

Ich kann dir an dieser Stelle nur wärmstens empfehlen, dies

ebenfalls zu versuchen und die folgende Übung durchzuführen. Denn damit öffnest du dir eine Tür, die wieder zurück in das wirkliche Leben führt. In das, was das Leben ursprünglich einmal war. Du wirst es daran merken, dass du immer mehr Momente der Leichtigkeit und Freude erlebst, denn nun können die Wunder in deinem Leben Einzug halten. Das wirkliche, ursprüngliche Leben ist voller Magie.

Übung: Das Samenkorn der Geborgenheit

Räume deine Wohnung auf und entsorge die Dinge, für die du keine Verwendung mehr hast und die deswegen bereits seit vielen Monaten unberührt herumstehen. Mach es dir besonders schön. Initiiere eine äußere Neuordnung, damit sich daraufhin dein Inneres neu sortieren kann. Gehe hierbei intuitiv vor und lass dich von deinem Gefühl leiten. Erschaffe dir neuen Platz und neues Licht um dich herum, doch lass dabei ganz bewusst einen Teil deiner Wohnung noch unberührt. Dann komm langsam zur Ruhe. Setz dich auf deinen Lieblingsplatz und zünde dir eine Kerze an. Schau, dass deine Füße gut geerdet sind und stabilen Bodenkontakt haben. Nun beobachte deine Atmung und lass sie ganz ruhig und gleichmäßig werden. Stell dir das Bild eines Horizonts vor, lass bewusst alle Wolken – die deine Gedanken symbolisieren – vorbeiziehen und schau ihnen unbeteiligt hinterher, bis irgendwann der Himmel vollkommen klar, blau und frei ist. Dann gib folgenden Satz still in dein System hinein oder sprich ihn besser laut aus:

Ich bin jetzt dazu bereit, mich an die Situationen zu erinnern, in denen mir das Leben gezeigt hat, dass es mich versorgt, trägt und beschützt und dass ich ihm vertrauen kann.

Nun warte ab, was geschieht. Vielleicht kommen alte Erinnerungen hoch? Atme und lass es geschehen. Wenn du das Gefühl hast, auf diese Weise nicht weiterzukommen, dann widme dich dem noch unberührten Teil deiner Wohnung und räume auch hier auf. Lass deinen mentalen Fokus los und versuche, nichts Bestimmtes zu suchen. Miste auch hier aus und schau, welche Erinnerungen jetzt vielleicht hochkommen. Schreibe sie alle hintereinander weg in dein heiliges Buch auf.

Vielleicht brauchst du etwas Bewegung an der frischen Luft, damit die Erinnerungen hochkommen? Dann gehe aus dem Haus und bewege dich in der Natur. Behalte deine Schritte und deine Atmung im Fokus deiner Aufmerksamkeit und richte Gedanken der Wertschätzung und des Danks in Richtung der Bäume und der Pflanzen, der Sonne und der Tiere. Spüre den gleichbleibenden Rhythmus deiner Schritte, deines Atems, deines Herzschlags. Auf diese Weise öffnest du dich in die ursprüngliche Verbundenheit, und es kann vermehrt Hilfe aus der geistigen Welt zu dir kommen. Versuche auch hierbei, nichts Bestimmtes zu suchen, sondern deinen Weg als Ganzes zu betrachten.

Falls Bilder von einem Ereignis hochkommen, bleibe kurz stehen und schreibe sie ebenfalls in dein heiliges Buch. Wenn du wieder zu Hause bist, zünde deine Kerze an und lies dir eine Erfahrung nach der anderen durch. Nimm dir für jede dieser Situationen viel Zeit. Lass das damalige Erleben wieder ganz präsent und lebendig werden: Hole dir die Situation noch einmal vor dein inneres Auge und fühle, was du damals gefühlt hast. So gehst du jede Situation nach und nach durch und sprichst, wenn es sich für dich richtig anfühlt, Folgendes:

Ich bin jetzt dazu bereit, daran zu glauben,
dass das Leben mich trägt und mit allem versorgt,
was für mich wichtig ist.

Lege dich dann auf den Bauch und strecke alle viere x-förmig von dir. Dein Kopf liegt auf der Seite, so wie es für dich bequem ist. Fühle die gesamte Vorderseite deines Körpers und nimm wahr, wie Mutter Erde dich trägt; wie sie dir eine permanente Einladung sendet, loszulassen und dich tragen zu lassen. Verbinde dich bewusst mit deiner dir innewohnenden Fähigkeit des Loslassens und spüre, wie dein Körper immer tiefer zu sinken scheint. Genieße dieses Gefühl der Geborgenheit und sende es mit deiner Absicht in alle deine Zellen hinein. Wenn du keine Geborgenheit spüren kannst, dann rufe dir das Bild eines leuchtenden Samenkorns vor dein inneres Auge. Es befindet sich in deiner Körpermitte in etwa auf der Höhe deines Bauchnabels. Nimm Kontakt auf mit diesem Samenkorn, indem du in seine Richtung atmest. Es ist das Samenkorn der Geborgenheit, das du zum Wachsen und Sich-Ausdehnen bringen kannst, indem du atmest. Beobachte, wie es langsam größer wird, bis es deinen gesamten Körper als Lichthülle umgibt. Genieße das tiefe Gefühl der Geborgenheit und lade deine Zellen ein, diese Energie nun in sich aufzunehmen.

Dann rolle dich auf die Seite und komm hoch in eine bequeme Sitzposition. Lass deine Atmung ganz frei und gleichmäßig fließen und spüre in dich hinein, ob du nun dazu bereit bist, dem Leben wieder zu vertrauen. Wenn dem so ist, dann formuliere deine Entscheidung in deinen eigenen Worten und schreibe sie dir groß und schön verziert in dein heiliges Buch. Zum Beispiel könnte sie wie folgt lauten:

Ich glaube an eine mir übergeordnete Macht und Intelligenz, die mich rund um die Uhr beschützt und mit allem versorgt, was ich brauche.

Wenn du deine Entscheidung niedergeschrieben hast, sprich sie laut aus. Wenn du magst, kannst du dich nun etwas bewegen, oder du legst dich auf den Rücken und lässt alles Geschehene ausklingen.

Spüre nach und versuche alles Wollen loszulassen und deinem System einen Moment der Ruhe und Integration zu geben.

Wiederhole in den nächsten Stunden und Tagen diese Entscheidung so oft, wie es dir möglich ist, ohne dich dabei unter Druck zu setzen. Und dann lass dich überraschen, inwiefern das Leben dich deine Entscheidung erfahren lässt. Ich bin mir sicher: Es wird neue Unterstützung für dich sichtbar werden, in welcher Form auch immer. Es wird Schritt für Schritt leichter werden. Lass dich nicht entmutigen von Vorfällen, die dir das Gegenteil beweisen wollen. Erinnere dich: Manchmal muss die Affirmation deiner neuen Entscheidung oft wiederholt werden, um ein altes Muster langfristig umzuschreiben. Wiederhole kraftvoll deine neue Entscheidung und werde auch du zur Pionierin/zum Pionier der neuen Zeit auf Erden.

Lass dir einige Tage Zeit für diesen Schritt und gehe erst dann weiter, wenn du dich dazu bereit fühlst.

---

2. Die Entscheidung für das Vertrauen

Vertrauen ist das A und O für alles im Leben. Ohne Vertrauen kannst du nicht wirklich frei sein und selbstbestimmt dein Leben erschaffen. Vertrauen wir nicht, öffnen wir uns unbewusst für die Angst, die überall, wo zivilisierte Menschen sind, von den Medien und anderen Quellen geschürt wird. Die Angst nimmt uns unsere Macht und kürzt unsere Flügel. Sie beraubt uns unserer Freiheit. Denn wenn wir nicht vertrauen, befinden wir uns automatisch in Abhängigkeit von äußeren Instanzen: dem Ehemann, der Tafel Schokolade, dem Glas Wein am Abend, der Hausratsversicherung, dem Arbeitgeber … es gibt unendlich viele Möglichkeiten, uns an äußere Instanzen zu klammern, die wir unbewusst dazu nutzen, uns sicher und geborgen zu fühlen. Dies ist aber nur dann notwendig, wenn wir kein Vertrauen haben – was derzeit allerdings auf sehr viele Menschen zutrifft. Kein Wunder, schließlich wurde uns nie beigebracht, wie Vertrauen funktioniert und wie essenziell wichtig es ist. Unsere derzeit noch aktuelle Gesellschaftsform lebt im Gegenteil vom Mangel an Vertrauen. Nach all meinen Erfahrungen kann ich dir nur ans Herz legen, dich jetzt gleich, ganz offiziell, dafür zu entscheiden, zu vertrauen. Dies ist ein so machtvoller Schritt in Richtung Freiheit und Selbstbestimmung.

Aber wie funktioniert Vertrauen? Kann man es lernen?

Vertrauen ist eine weibliche Kraft, die hochschwingende Energien und Heilkräfte in sich trägt. Als Schöpfer unserer Realität können wir Vertrauen in unser Leben einladen, indem wir uns für diese Kraft entscheiden. In der Folge können wir uns dann den Gegenpol (Ursachen der Angst) ansehen, der sich durch unsere Entscheidung für das Vertrauen in nächster Zeit zeigen wird. Schreibe dir deine damit in Verbindung stehenden Erfahrungen und Erkenntnisse in dein heiliges Buch und ende mit dem Satz: »Derzeit glaubt es noch in mir, dass …«

Diese alten und überholten Glaubensmuster und Überzeugungen gilt es anzunehmen, denn das Wegstoßen und Nicht-sehen-Wollen bringt uns bekanntlich nicht weiter. Gehe also in gesunde Distanz zu dem, was in dir noch an der Angst festhält, und umarme auch diese Anteile von dir. Auch sie sind Teile deines derzeitigen Seins, und deshalb lass sie da sein. Umarme sie förmlich mit deinem Atem, der Ja sagt zu ihnen, und wiederhole anschließend deine Entscheidung zu vertrauen.

Die Energie des Vertrauens hat eine sehr viel höhere Schwingungsfrequenz als die Angst. Sie wird daher von Mal zu Mal mehr von dem auflösen, was dir nicht dienlich ist, und es in etwas Lichtes und Wahres umwandeln. Deine Entscheidung für das Vertrauen durchlichtet alle Schatten, die bisher die Tür zu dem Gewünschten verschlossen gehalten haben. Dies geschieht so lange, bis die Tür eines Tages, ganz ohne Widerstand und Anstrengung, einfach offen bleiben kann.

Nach meinen Erfahrungen ist die Entscheidung zu vertrauen mit das Machtvollste und Segensreichste, was wir überhaupt tun können. Denn jedes Mal, wenn wir uns für das Vertrauen entscheiden, öffnen wir uns für die Hilfe der lichten Wesen aus der geistigen Welt. Wir verstärken dadurch unsere Verbindung zu unseren geistigen Führern und erhalten fühlbar mehr Hilfe und Segnungen von ihnen.

Also fange am besten jetzt gleich an. Stelle dich hin, da, wo du gerade bist. Verankere deine Fußsohlen in der Erde und sage (oder denke, falls du nicht allein bist):

Ich entscheide mich zu vertrauen!

Entscheide dich ebenfalls dafür, darauf zu vertrauen, dass du schon jetzt alles in dir trägst, was du für den Weg zurück zu deiner wahren Größe benötigst. Und dass du all die in dir ruhenden Fähigkeiten wieder zum Leben erwecken kannst. Das sind große Worte, ich weiß. Doch obwohl ich dich nicht kenne, erlaube ich mir zu behaupten, dass sie wahr sind, weil ich darauf vertraue, dass dies auf alle Menschen zutrifft.

Aufgrund unserer Lebensgewohnheiten der alten Zeit gehen wir unbewusst davon aus, dass wir nicht vollständig sein können. Daher haben wir uns bisher bei einem Problem immer nach außen gewendet und versucht, dort die Lösung zu finden. Nun geht es darum, sich nach innen zu wenden und dort die Lösung für ein Problem zu finden. Dies ist etwas Neues für die meisten von uns und es wird seine Zeit dauern, bis wir das Vertrauen in uns selbst wiedererlernt haben. Die sich immer wiederholende Entscheidung für das Vertrauen in deine Wahrnehmungen und inneren Impulse sind hierfür Gold wert, das wirst du sehen.

Ich bin zutiefst überzeugt davon, dass wir alle jetzt schon vollkommen sind und alles in uns tragen, was wir für unser Leben in der neuen Zeit benötigen. Wir dürfen anfangen, die uns einengenden Muster in uns zu erkennen, zu erlösen und umzuwandeln. Es sind Muster, die unsere Konsumgesellschaft uns eingepflanzt hat, damit die Welt um uns herum existieren konnte. Frage dich also:

Was hat mich bisher daran gehindert,
mir selbst zu vertrauen?

Schreibe dir die aufkommenden Antworten in dein heiliges Buch. Denn diese Muster sind uns auf unserem Weg in die Freiheit natürlich alles andere als dienlich. Sie liegen wie Zwiebelschichten über deinem leuchtenden Wesenskern, wo deine wahre Größe verborgen ist.

Der Weg in die Neue Zeit ist ein Weg, der ein immer größer werdendes Vertrauen in uns selbst von uns verlangt. Er ist, wenn wir so wollen, eine Liebeserklärung an uns selbst. An den Experten, der wir jetzt schon sind und der uns unersetzbar macht, hier und jetzt auf Erden. Denn wir alle sind vom Leben zum Experten für unseren Seelenauftrag ausgebildet worden, meist ohne dass uns dies bewusst ist. Ergänze deine Entscheidung für das Vertrauen also zum Beispiel folgendermaßen:

Ich entscheide mich für das Vertrauen!
Ich bin jetzt dazu bereit, mir selbst und meinen inneren
Wahrnehmungen wieder vollkommen zu vertrauen.
Denn ich habe mich daran erinnert, dass ich alles in mir trage,
was ich brauche, um zu meiner wahren Größe zurückzufinden.

Formuliere auch hier meine Worte bitte so, dass sie deine Wahrheit widerspiegeln, und schreibe dir diese Entscheidung in dein heiliges Buch.

Du kannst die Entscheidung von nun an gar nicht oft genug wiederholen, denn sie ist maßgeblich daran beteiligt, dass die Neue Welt Einzug hält in deinem Leben.

Es kann gut sein, dass sich alter Zweifel und Ängste daraufhin immer mal wieder einschleichen, weil sie dich zur Wiederbelebung deiner Entscheidung einladen möchten. Die Energie des Vertrauens schwingt sehr hoch und transformiert nach jeder bewusst formulierten Entscheidung deine Ängste und Zweifel aus alten Tagen. Und dann öffnen sich vollkommen andersartige, weite Räume in dir, in denen deine Intuition und deine ursprüngliche Verbundenheit mit allem, was lebt, wiederbelebt wird. Von hier aus wirst du nach und nach erkennen, dass du geführt wirst und alles bereits da ist, was du brauchst. Dass das Leben auf deiner Seite ist, dich liebt, unterstützt, trägt und dir alles bringt, was du benötigst.

3. Der Glaube an deinen Weg zurück zu dir und deiner ursprünglichen Größe

Ausgangspunkt für diesen Weg ist die Erkenntnis, dass du viel mehr leisten kannst, als du es bisher in deinem Alltag tust. Du trägst in dir das Potenzial eines göttlichen Wesens mit grenzenloser Schöpferkraft, und es wartet darauf, wiedererkannt, reaktiviert und bewusst gelebt zu werden. Du hast dein volles Potenzial in einer längst vergangenen Zeit gelebt, und die Erinnerung an diese Tage in paradiesischen Gefilden ist in dir (zum Beispiel in deinen Körperzellen) gespeichert. Deine Seele weiß über deine ursprüngliche Größe Bescheid und wartet nur darauf, diese hier auf Erden wieder sichtbar zu machen. Durch rituelle Schritte, auf die du dich jetzt vorbereitest, kann dieses ursprüngliche Potenzial in dir wieder reaktiviert werden. Glaubst du daran, dass dies auch für dich möglich ist?

Unsere größte Angst ist nicht, unzulänglich zu sein.
Unsere größte Angst ist, grenzenlos mächtig zu sein.
Unser Licht, nicht unsere Dunkelheit, ängstigt uns am meisten.
Wir fragen uns: Wer bin ich denn, dass ich so brillant sein soll?
Aber wer bist du, es nicht zu sein?

Du bist ein Kind Gottes.
Es dient der Welt nicht, wenn du dich kleinmachst.
Sich kleinzumachen, nur damit sich andere um dich herum
nicht unsicher fühlen, hat nichts Erleuchtetes.
Wir wurden geboren, um die Herrlichkeit Gottes,
der in uns ist, zu manifestieren.
Er ist nicht nur in einigen von uns, er ist in jedem Einzelnen.
Und wenn wir unser Licht scheinen lassen, geben wir damit
unbewusst anderen die Erlaubnis, es auch zu tun.
Wenn wir von unserer Angst befreit sind, befreit unsere
Gegenwart automatisch die anderen.

MARIANNE WILLIAMSON

Diese wundervollen Worte von Marianne Williamson, die erst durch eine Rede Nelson Mandelas so richtig bekannt wurden, möchten dich daran erinnern, dass es okay ist, wenn sich Angst in dir zeigt. Denn es ist wahr: Es ist unsere Größe, die uns am meisten Angst einjagt. Aber es ist an der Zeit, dass wir die Welt hier auf Erden wieder zum Leuchten bringen, und wir können dies nur erreichen, wenn wir uns selbst wieder zum Leuchten bringen. Und deswegen ist es nötig, unserer größten Angst Paroli zu bieten und nicht länger vor ihr wegzulaufen. Du hast Zeit, es gibt keine Eile. Mach dir an dieser Stelle aber bewusst, wie wichtig es ist, daran zu glauben, dass dieser Weg zurück in dein ursprüngliches Feld auch für dich möglich ist. Denn wenn du nicht daran glaubst, dass dies wahr ist beziehungsweise wahr sein könnte, hat es für dich absolut keinen Sinn, dieses Buch zu lesen. Dein Glaube ist für dich machtvoller, als meine Worte es jemals sein könnten.

Also ist es essenziell, dass du dir jetzt Zeit dafür nimmst, in dich zu gehen und herauszubekommen, ob es einen Teil in dir gibt, der daran glaubt, dass dies auch für dich möglich sein kann. Du musst nicht vollkommen davon überzeugt sein, aber einen kleinen Funken des Glaubens an die Wahrheit meiner Worte brauchst du, damit dieser Weg auch für dich funktionieren kann. Dann kannst du dein Vertrauen und deinen Glauben an diesen Weg Schritt für Schritt ausbauen und erweitern. Daher gehe nun in dich und frage dich: In welchen Momenten hat das Leben mir bereits einen Hinweis auf mein wahres Potenzial gegeben?

Jeder von uns wurde in jüngster Vergangenheit vom Leben in Situationen gebracht, in denen er angefangen hat, sich zu wundern. Zu wundern und zu vermuten, dass da doch noch viel mehr sein muss als das, was wir bisher gelebt und als unser Potenzial erkannt haben: Anrufe von Menschen, an die wir gerade dachten, die Begegnung mit Menschen, die mehr von uns zu wissen schienen, als sie hätten wissen können. Und auch dieses Buch würdest du nicht in deinen Händen halten, wenn in dir nicht das Samenkorn des Glaubens an ein vollkommen anderes Leben, an ein vollkommen anderes Erfülltsein existieren würde.

Vielleicht ahnt es in dir auch bereits, dass du enorme Wissensschätze und ein großes Potenzial in dir trägst, die darauf warten, wiedergefunden und reaktiviert zu werden. Falls du *TAGUARÍ* gelesen hast und Zeuge seiner Fortschritte in der Kommunikation mit Bäumen und Tiere wurdest: Was ist da in dir vorgegangen? Kamen da vielleicht Erinnerungen hoch? Träume? Oder Vermutungen, dass dies auch für dich wahr und real sein könnte?

Wenn du dies nur mit einem vagen »Ja, vielleicht« beantworten kannst, möchte ich dich dazu einladen, dich ganz bewusst für den Glauben daran zu entscheiden, dass die Reaktivierung deines wahren Potenzials und inneren Schatzes für dich möglich ist. Und dass dies nicht sonderlich schwer oder langwierig ist. Denn dann vergrößerst du die Wirkkraft des von mir vorgeschlagenen Weges um ein Vielfaches. Wähle auch hierfür deine eigenen Worte:

Ich bin jetzt dazu bereit, daran zu glauben,
dass für mich ein leichter Weg zur Reaktivierung meines
wahren Potenzials möglich ist!

4. Deine Absicht, jeden Tag für deinen persönlichen Wandel dein Bestes zu geben

Dieses Buch ist ein Praxisbuch, das dich in Aktion bringen möchte. Es ist kein Buch, das du einfach konsumieren sollst, um es dann wieder ins Regal zu stellen. An deine Ursprünglichkeit kannst du nur wieder anknüpfen, wenn du dich aktiv dafür einsetzt und deine dir nicht mehr dienlichen Verhaltensmuster veränderst. Deine neuen Entscheidungen müssen sich in deinem Alltag niederschlagen und ihn stellenweise umstrukturieren, nur so können sie auch langfristige Veränderungen hervorrufen. Zum Beispiel kannst du ein persönliches Morgenritual in deinen Alltag integrieren (siehe: Das Morgenritual, Seite 151).

Um dies mit relativ wenig Kraftanstrengung realisieren zu können, musst du eine tiefe Absicht fassen, ein starker Wille hilft hier nicht weiter. Der Wille kommt nämlich aus dem Verstand, und die Absicht kommt aus dem Herzen. Sie verknüpft die Kraft, die uns nach vorne bringen will, mit Weisheit und einer übergeordneten Sichtweise der Seele. Der Wille kann uns auch mit größter Kraftanstrengung niemals so weit voranbringen wie die Absicht unseres Herzens, da hier Energien fließen, zu denen der Verstand keinen Zugang hat.

Wir können uns zwar etwas vornehmen und uns entscheiden, es zu tun. Steht diese Sache aber nicht im Einklang mit unserem Herzen und seiner Wahrheit, bleibt unser Wille im Vergleich zu den Kräften unserer Absicht relativ wirkungslos. Verstehst du den Unterschied?

Du wirst nicht ausreichend Kräfte für diesen Weg zur Verfügung haben, wenn du dich lediglich vom Verstand her dafür entscheidest, ihn einzuschlagen. Deshalb ist es so wichtig, dieses Buch mit dem Herzen zu lesen und mit wachem Körperbewusstsein die Übungen zu erfahren. Denn nur wenn du dich von meinen Worten im Herzen berühren lässt und dazu bereit bist, zu fühlen, was sie in dir auslösen, wirst du die übergeordneten Kräfte deiner Absicht spüren und auskosten können. Denke daran: Auf die Resonanz meiner Worte kommt es an; es geht darum, deine eigene Herzenswahrheit auszuwickeln und zu reaktivieren.

Deine Entscheidung wird zur Absicht, wenn du mit dem Herzen dabei bist und dich von ihm vertrauensvoll und mit Zuversicht führen lässt. Entscheidest du dich wiederholt dafür, dies zu tun, wird es auch geschehen, selbst wenn es sich am Anfang vielleiht etwas ungewohnt anfühlt. Wir alle sind wie schon gesagt als verstandeszentrierte Wesen erzogen worden.

Wozu brauchst du diese große Kraft der Absicht? Wenn du dich für diesen Weg entscheidest, musst du dir darüber im Klaren sein, dass er nicht immer leicht sein wird. Es wird immer wieder Momente geben, in denen du scheinbar den Boden unter den Füßen verlierst. Momente, in denen dir deine alten Muster bewusst werden, die dich bisher daran gehindert haben, wirklich frei und selbstbestimmt dein Leben zu leben. Manchmal wirst du dich auch im Chaos, in der Angst, im Zweifel und im Nebel wiederfinden, was zweifelsfrei dazugehört, bevor ein Neuanfang initiiert werden kann. Das alles ist nicht unbedingt angenehm, aber es ist notwendig. Denn nur, indem du dir deine alten Gefängnisse bewusst machst, kannst du dich wirklich langfristig aus ihnen befreien. Kannst du das nachvollziehen?

Für diese Momente brauchst du die geballte Kraft deiner Absicht, um mutig deinen Weg fortzusetzen. Du kannst dich immer und immer wieder dafür entscheiden, dir selbst zu vertrauen – dem Leben, deiner Herzensweisheit und diesem Weg. Und du darfst dich daran erinnern, dass du in Momenten der Dunkelheit um Hilfe bitten kannst: Rufe deine Helfer aus der geistigen Welt, um dir in schwierigen Momenten beizustehen. Wende dich auch an Therapeuten oder Coaches deines Vertrauens und lass dir helfen. Vergiss niemals, dass diese Momente dazugehören und dass du alles in dir trägst, was du brauchst, um aus der Konfrontation mit alten, nicht mehr dienlichen Mustern am Ende gestärkt und klarer herauszugehen. Denn auch du bist ein zutiefst geliebtes Wesen und wirst rund um die Uhr geführt und beschützt. All die Herausforderungen, die du auf deinem Weg antreffen wirst, sind Wachstumsimpulse und wichtig für deine Rückverbindung mit deinem wahren Potenzial.

Dieses Buch ist mit dem Ziel geschrieben worden, in deinem Leben eine 180-Grad-Wendung zu initiieren, und das kann nur mit deiner Mithilfe und vor allem deinem tagtäglichen Tun und Umsetzen meiner Einladungen funktionieren. Denn es wird niemand kommen und für dich die neue Welt auf Erden erschaffen. Das wirst du (werden wir) selbst tun müssen.

Wenn du bereit bist, dann entscheide dich in deiner eigenen Wortwahl hierfür:

Ich entscheide mich jetzt dafür, verbunden mit den Kräften und der Weisheit meines Herzens, alles mir Mögliche zu geben, sodass ich den Weg zurück zu meiner Ursprünglichkeit erfolgreich und in größtmöglicher Leichtigkeit meistern kann. Ich bin mutig, denn ich trage die tiefe Absicht, meine inneren Schätze wieder auspacken und reaktivieren zu wollen.

Diese vier Entscheidungen sind ein sehr kraftvoller Auftakt, wie du wahrscheinlich schon spüren kannst. Nimm dir für sie bitte ausreichend Zeit. Ich empfehle dir, aus meinen Worten deine eigene Formulierung entstehen zu lassen. Das gilt auch für den Rest des Buches. Denn durch das »Zueigenmachen« erhält deine Formulierung eine noch viel größere Manifestationskraft in deinem Leben. Es ist gut und hilfreich, diese vier Entscheidungen auf deinem Weg immer mal wieder hervorzuholen und gegebenenfalls umzuformulieren. Du kannst sie hervorragend auch als allmorgendliches Mantra nutzen, was eine sehr große, lichte Kraft in dein Leben ziehen wird. Sie können dir in dunklen Momenten helfen, wieder das Licht zu erkennen und dich entsprechend auszurichten. Schon allein durch diese vier Entscheidungen kannst du sehr viel an Klarheit, Licht und Zuversicht gewinnen.

Wiederhole sie immer dann, wenn du spürst, dass dein Energielevel sinkt und deine Ausrichtung diffus oder schwerfällig wird. Schreibe dir deine vier Entscheidungen nun übersichtlich in dein heiliges Buch. Mögen sie dich von nun an tagtäglich begleiten und dir Kraft geben für deinen Weg.

3
Das Goldene Zeitalter
Eine Einladung zurück zur Ursprünglichkeit

Viel wurde bereits zu diesem Thema geschrieben, und auch ich möchte hier erneut einige Zeilen dieses Buches darauf verwenden, meine persönliche Perspektive auf den großartigen Zeitpunkt, den wir derzeit erleben, in Worte zu fassen. Wir stehen am Beginn des Goldenen Zeitalters, auf der sogenannten Nulllinie. Auf materieller Ebene lässt sich noch nicht viel Neues erkennen, auf energetischer Ebene hingegen beginnen die Gesetzmäßigkeiten der ursprünglichen Einheit schon wieder zu wirken. Die neuzeitlichen Energien strömen zurzeit immer deutlicher fühlbar zu uns, und das Leben lädt uns durch sie immer drastischer dazu ein, stehen zu bleiben, den markanten Wendepunkt der Energien zu erkennen und einen wahrhaften Neuanfang in unserem Leben zu initiieren. Tun wir das nicht, sind Chaos, Erschöpfung, Krankheit oder eine sonstige Krise vorprogrammiert. Sie geschehen, bis wir uns entscheiden, stillzustehen und zu erkennen, dass eine umfassende Veränderung unseres Lebensstils vonnöten ist. Wir sind kollektiv dazu aufgerufen, uns daran zu erinnern, wer wir wirklich sind, und uns tagtäglich für das Neue auf Erden, das Einheitsbewusstsein, zu entscheiden. Denn das ist der Weg, um Schritt für Schritt zu erkennen, welche großen Schätze wir in uns tragen und ins Hier und Jetzt mitgebracht haben.

Ich erhalte von der geistigen Welt immer folgendes Bild hierzu: Das große, sich drehende Rad des Lebens wurde zu Beginn des Goldenen Zeitalters angehalten und hat nun langsam und gemächlich damit begonnen, sich in die andere Richtung zu drehen. Früher, im Zeitalter der Trennung, bewegte sich dieses Rad so, dass es, gleich einem Wasserrad, äußere Vorkommnisse einsammelte und zu uns brachte. Das wiederum rief in uns eine Reaktion hervor, welche wir dann nach außen als Handlung sichtbar machten. Nun dreht sich das Rad wieder in die andere, die natürliche und ursprüngliche Richtung. Das bedeutet, dass wir jetzt aufgefordert sind, aus dem Reagieren auf äußere Reize ganz bewusst auszusteigen, unser Zepter als Schöpfer unseres eigenen Lebens wieder in die Hand zu nehmen und das Leben, das wir uns wünschen, aktiv zu kreieren. Aus uns und unseren tiefsten Sehnsüchten und Wünschen heraus.

So wie in Michael Endes wundervollem prophetischen Roman *Die unendliche Geschichte*, den er bereits in den 1970er-Jahren geschrieben hat. Hier finden wir ein Bild, das uns die Metapher des oben erzählten Rades gut begreifen lässt: Bastian, der Protagonist, erhält von der kindlichen Kaiserin den Auftrag, mithilfe seiner Wünsche, Hoffnungen und Sehnsüchte das Land Phantasien wiederaufzubauen. Erinnerst du dich?

Das Goldene Zeitalter möchte sich derzeit aus denselben Fäden unserer Sehnsüchte und Träume aufbauen. Wie der kleine Bastian Phantasien Realität werden lassen soll, sind nun auch wir an der Reihe, die neue Welt auf Erden zu erschaffen. Recht schwer vorstellbar für dich? Das ist okay, lies einfach weiter, wenn es in deinem Herzen danach ruft.

Wahrscheinlich wirst du dir an dieser Stelle darüber bewusst, dass es hierfür erst einmal wichtig ist, stehen zu bleiben und nach innen zu horchen, um dich an deine Träume und Sehnsüchte zu erinnern. Denn wer hatte in der alten Zeit schon Gelegenheit dazu, mit seinen Träumen und Sehnsüchten in Verbindung zu bleiben? Die allerwenigsten von uns. Doch genau dies wird jetzt von uns verlangt, und es ist daher wesentlich für uns alle, wieder mit uns und unserer Essenz in Verbindung zu treten. Um überhaupt wieder spüren zu können, was wir uns wirklich zutiefst für unser Leben wünschen.

Worum soll sich unser Leben drehen? Nach was sehnt es sich in uns wirklich? Nach meiner Beobachtung ist die bewusste Auseinandersetzung mit diesen Fragen derzeit das Allerwichtigste für uns (leider wurde diese Information bisher noch nicht in der Tagesschau gebracht …). Und so gibt es sehr viele Menschen, die ihren alten, extravertierten Lebensstil weiterführen und durch eine Vielzahl von ablenkenden Tätigkeiten und/oder der Vernebelung ihres Geistes versuchen, am Gewohnten festzuhalten.

Eine der wichtigsten Aufgaben zu Beginn des Goldenen Zeitalters besteht darin, dass wir uns unserer natürlichen Schöpfernatur bewusst werden und lernen, sie als machtvolles Instrument des Erschaffens tagtäglich zum Wohle aller Wesen einzusetzen. Denn unsere Manifestationskraft hat bereits ein neues Rekordtempo erreicht, was bedeutet, dass unsere Gedanken, Gefühle und Worte sich derzeit direkt nach außen projizieren und unsagbar schnell materiell sicht- und erlebbar werden. Deswegen werden wir ja auch vom Großen Geist derzeit so vehement dazu aufgerufen, stehen zu bleiben und nach innen zu gehen. Achtsamer zu werden. Wir sollen uns darüber bewusst werden, was es in uns denkt und fühlt, da es das ist, was die Realität um uns herum erschafft. Nur so werden wir gemeinsam mit anderen Mitschöpfern zum aktiven Teil des derzeitigen Transformationsprozesses auf der Erde werden. Hierbei ist es wichtig zu beachten, dass die Energie unserer Aufmerksamkeit folgt. Deswegen ist es von so großer Bedeutung, dass du deinen Fokus immer und immer wieder auf das richtest, was du dir wünschst und herbeisehnst. Verharre nicht bei den

Dingen, die dir deinen Weg erschweren, denn so gibst du ihnen deine göttliche Macht, und sie werden größer.

Dieser Prozess der Bewusstwerdung und Umsetzung darf nach und nach geschehen, schließlich haben wir alle eine sehr lange Epoche des unbewussten Erschaffens durchlebt. Sei also nachsichtig mit dir und erinnere dich immer wieder daran, dass es okay ist, wenn es nun nicht von einem auf den anderen Tag klappt, ein zu hundertprozentig konstruktiver Mitschöpfer der Neuen Zeit zu sein. Auch du darfst Fehler machen und hin und wieder in alte Muster fallen. Das ist okay und gehört dazu.

Nach meiner Erfahrung kommt ein längerer Weg des Erkennens auf uns zu, wenn wir uns entschieden haben, zum aktiven Mitschöpfer der Neuen Welt zu werden. Denn das Leben zieht nun Situationen und Menschen in dein Leben, die dir dabei helfen, viele deiner dir noch unbewussten Muster ans Licht zu holen, damit du sie erkennen kannst. Nicht um dich zu strafen, sondern damit du dich neu entscheiden kannst, ob du weiter an ihnen festhalten möchtest oder nicht. Das bringt so einiges an innerem Chaos mit sich, denn das Chaos ist das notwendige Vorstadium einer Neuordnung. Und wer im Chaos steht, der macht auch »Fehler«.

Ohne zu streng zu uns zu sein, müssen wir uns nun aber tagtäglich an unsere Eigenverantwortung erinnern. Wir sind zu hundert Prozent dafür verantwortlich, wie unser Leben derzeit aussieht, schließlich projiziert es sich aus unserem Feld heraus. Dies ist nicht als Kritik gemeint, denn alle Engpässe und Schwierigkeiten des jetzigen Augenblicks sind helfende Boten, die uns auf unbewusste Muster in uns aufmerksam machen wollen, damit wir uns von ihnen verabschieden können. Dies ist ein revolutionärer Prozess, da wir alle es gewohnt sind, im Außen nach Schuldigen für die Engpässe unseres Lebens zu suchen.

Die neuen energetischen Gesetzmäßigkeiten auf Erden sorgen dafür, dass wir einige Dinge nicht mehr tun können, die früher für uns selbstverständlich waren, wie zum Beispiel unsere Zeit mit Dingen oder Personen zu verbringen, die nichts mit uns und unserem wahren Sein zu tun haben. Früher war das kein Problem, so viele Menschen lebten ein Leben, in dem sie lediglich die Erwartungen ihrer Nächsten erfüllten und sich selbst dabei vollkommen vergaßen. Dies wird schon sehr bald aufgrund der energetischen Gesetzmäßigkeiten der Neuen Zeit nicht mehr möglich sein. Wir alle können dies schon jetzt an vielen Stellen bemerken, denn es fällt uns von Tag zu Tag schwerer, Aufgaben zu erfüllen, die uns zwar zur Gewohnheit geworden sind, deren Sinn wir aber nicht verstehen. Auch Freundschaften und Partnerschaften aufrechtzuerhalten, die nicht mehr stimmig sind, fällt uns immer schwerer.

Das Wiederanknüpfen an unsere ursprünglichen Fähigkeiten ist hierbei von zentraler Bedeutung. Denn die Energien der Jetztzeit ziehen uns ganz automatisch zurück ins Feld der Ursprünglichkeit, und so werden wir wieder mit unseren ursprünglichen Fähigkeiten verbunden: dem Hellsehen, Hellfühlen, Hellhören, der Telepathie und der Intuition. Sie alle gehörten schon immer zu uns, und nun fangen sie an, sich bei vielen von uns wieder bemerkbar zu machen. Wie genau das Goldene Zeitalter später aussehen wird, steht noch in den Sternen. Die Bücher der Neuen Zeit sind noch leer, da wir uns kollektiv gerade erst darauf vorbereiten, sie zu schreiben.

Die Machthaber der alten Gesellschaftsform versuchen derzeit mit aller Kraft, das bestehende System aufrechtzuerhalten und den natürlichen Strom der Veränderung aufzuhalten. Aus diesem Grund will uns eine große Informationswelle daran hindern, stehen zu bleiben und uns des Moments bewusst zu werden. Hier in Berlin habe ich des Öfteren das Gefühl, dass diese manipulative Welle, die uns über Smartphones, Werbung und Nachrichtensendungen in Angst halten möchte und uns ständig das Gefühl vermittelt, immer beschäftigt und in Eile sein zu müssen, gerade auf ihrem Höhepunkt angelangt ist.

Aber mein innerer Wahrheitsmelder weiß: Es ist nur noch eine

Frage der Zeit, bis diese Welle an Kraft verlieren wird. Denn der energetische Strom des Lebens ist weder aufhaltbar noch manipulierbar. Die ursprüngliche Kraft des Lebens ist kraftvoller als alles andere! Lass dich also nicht von dieser Welle entkräften, sondern bleibe bei dir und deiner Wahrheit. Werde dir bewusst, dass es momentan noch wichtig ist, dass wir uns immer wieder einmal nach außen hin abgrenzen, um bei uns und unserer Wahrheit anzudocken.

Die Strukturen der alten Gesellschaftsform werden in sich zusammenfallen, da sie den neuen Gesetzmäßigkeiten, die auf Authentizität, Wahrheit, Liebe, Freiheit, Gleichberechtigung und Verbundenheit beruhen, widersprechen. Dies alles sind energetische Felder, die sich mit unbändiger Kraft ausdehnen und viele Veränderungen in unser Leben ziehen werden. Irgendwann wird es nicht mehr möglich sein, gegen sie zu arbeiten, zum Beispiel Mutter Erde weiterhin zu beschmutzen und auszubeuten. Die Antworten auf diese Taten werden die Verursacher direkt und erbarmungslos zu spüren bekommen, sodass sie daran gehindert werden, ihr Tun weiterzuführen.

Auch für unseren Körper ist dieser Moment ein besonderer. Und zwar, weil wir als Seele den Prozess des Aufstiegs nun zum ersten Mal gemeinsam mit unserem physischen Körper erleben können. Nach meiner Überzeugung sind wir, wenn wir am Ende einer Inkarnation gestorben sind, bereits viele Male »aufgestiegen«, also aus der hiesigen, künstlich inszenierten Dualität wieder in die All-Einheit – unsere Ursprünglichkeit – zurückgegangen. Nur haben wir hierbei immer unseren Körper zurückgelassen. Diesmal werden wir diesen Prozess also erstmalig *mit* unserem Körper durchlaufen. Die Voraussetzung ist, dass wir das wollen und sich unsere Seele dazu entschieden hat.

Denn jeder, der heute einen physischen Körper hier auf der Erde hat, ist dazu eingeladen, das Neue mit zu erschaffen. Da wir dem Gesetz des freien Willens unterliegen, sind wir zunächst dazu aufgerufen, uns für dieses aufregende Projekt »Aufstieg mit physischem Körper« auf Seelenebene zu entscheiden. Nach meiner Meinung bekommen unsere Seelen hierfür in den Nächten diverse Möglichkeiten. Verlassen sie im Schlaf unsere Körper, werden sie des Öfteren gefragt: Bist du bereit? Möchtest du mitziehen? Und natürlich dürfen sie auch Nein sagen, denn wir werden zu nichts gezwungen.

Mein Wahrheitsmelder sagt: Alle Seelen, die für den Aufstieg im physischen Körper hier auf der Erde noch nicht bereit sind, werden den Planeten im Laufe der nächsten Jahrzehnte verlassen und an einem anderen Ort weiterleben. Denn hier auf der Erde wird eine völlig neue Gesellschaftsform entstehen, in der jeder in vollkommener Verbundenheit mit seinem wahren Potenzial und seiner Essenz, der Liebe, agiert und seinen spezifischen Beitrag zum Wohle des großen Ganzen leistet. Und das kann nur funktionieren, wenn der Großteil der Menschheit aus erwachten und bewussten Schöpfern besteht, die die Verantwortung für ihr Leben wieder in die eigenen Hände genommen haben.

Für den derzeitigen Neubeginn ist ein vollkommenes Umdenken in vielen Bereichen unseres Lebens vonnöten, auch in Bezug auf unseren physischen Körper. Er wurde in den letzten Epochen sehr vernachlässigt und hat daher im Moment eine enorm niedrige Schwingung. Er braucht unsere Hilfe, um mit aufsteigen zu können, und ruft deswegen so vehement nach unserer Liebe und Aufmerksamkeit. In diesem Buch erhältst du viele Anregungen, um deine Beziehung zu deinem Körper in vollkommen neue Bahnen zu lenken.

Wir alle tragen das Wissen um die Wahrheit in uns. Wenn wir nun bewusst aus unserem Verstand heraustreten, der uns einreden möchte, dass dies alles Unsinn sei, und unser Bewusstsein auf unsere Herzebene verschieben, werden wir fühlen können, dass es die Wahrheit ist. Dies kann uns in Momenten der Dunkelheit und Angst sehr dienlich sein, da wir uns für unser Herz und die hier fühlbare Wahrheit entscheiden können und somit die Dunkelheit ihren Andockpunkt in uns verliert.

Unvorstellbar viele und sehr machtvolle Wesen der geistigen Welt halten rund um die Uhr ihr wachsames Auge auf den Planeten Erde, und das bereits seit vielen Jahren. Sie sorgen von ihrer übergeordneten Perspektive aus dafür, dass hier alles seine gewünschte Entwicklung nimmt. Und dafür, dass die Menschen, die derzeit auf der Erde sind, die notwendige Zeit bekommen, um sich des Wechsels der Energien und ihrer Gesetzmäßigkeiten bewusst zu werden und sich auf sie einzustellen. Denn es gilt, viele Gewohnheiten abzulegen und dafür andere, sinnvollere Lebensweisen in unseren Alltag zu integrieren.

Das ist auch der Grund, warum das in spirituellen Kreisen sagenumwobene Jahr 2012 nicht wirklich etwas Drastisches an Veränderung aufweisen konnte. Energetisch ist zwar unsagbar viel geschehen, aber das konnten zu jenem Zeitpunkt nur sehr wenige Menschen bewusst wahrnehmen. Denn der Bewusstseinsgrad der Menschen und auch des Planeten hebt sich zu Beginn des Neuen Zeitalters erst langsam an, ansonsten wäre es ein sehr unangenehmer Prozess, der viele Seelen geistig und körperlich überfordern würde.

Es ist wichtig, sich klarzumachen, dass es immer das Licht ist, das die Dunkelheit transformiert, niemals andersherum. Denn das Licht schwingt hochfrequenter als die Orte, an denen noch Unbewusstsein herrscht. Manchmal poppt bei diesem Vorgang etwas Dunkles nach oben, und es scheint, als würde diese Energie dabei größer werden. In Wahrheit aber rückt diese Information nur in den Scheinwerfer deines Bewusstseins, damit du dich für das sich darunter befindende Licht entscheiden kannst. Denn die Energie folgt deiner Aufmerksamkeit.

Warum ist es so wichtig, sich dies immer wieder vor Augen zu führen? Je öfter sich jeder einzelne Mensch auf der Erde dafür entscheidet, zu vertrauen und sich neu auszurichten, desto schneller wird der Wandel ins Neue auch in der Materie sichtbar werden. Denn jeder Mensch, der aus dem Zweifel und der Angst heraustritt und mit Zuversicht und Vertrauen seinen Blick in Richtung des Neuen richtet, wird den Erwachensprozess auf der Erde beschleunigen und unterstützen. Dies ist derzeit sehr wichtig, denn wir bekommen tagtäglich Situationen vom Leben zugespielt, die uns bewusst dazu einladen wollen, den alten Kampf und die Angst loszulassen und uns für das Neue zu entscheiden. Es geht hierbei um ein bewusstes Aussortieren von Strukturen und Mustern der Trennung, da sie dem Einheitsbewusstsein immer noch entgegenwirken.

Jedes einzelne Mal, wenn wir uns für das Neue entscheiden, tun wir das nicht nur für uns selbst, sondern auch für unsere Mitmenschen. Denn über das von Rupert Sheldrake entdeckte morphische Feld sind wir alle miteinander verbunden. Und jede bewusste Entscheidung, den Weg des erwachten Menschen der Neuzeit einzuschlagen, gibt einen Impuls ins morphische Feld und erhöht die Schwingungsfrequenz unter uns Menschen.

Deshalb dürfen wir nun gemeinsam lernen, unsere Verantwortung dem Leben und der Liebe gegenüber ernst zu nehmen. In den Momenten, in denen wir wieder in Strukturen der Angst und des Zweifels zurückfallen, können wir uns bewusst für das Vertrauen entscheiden. Denn das Neue Zeitalter baut sich auf dem Fundament unseres Vertrauens auf.

Das hört sich für dich alles an wie ein Fantasyroman? Das kann ich gut nachfühlen. Ich möchte dich aber dennoch einladen, diese Worte in den nächsten Wochen und Monaten noch einige Male auf dich wirken zu lassen. Denn sie sind die Wahrheit und werden umso mehr Manifestationskraft gewinnen, je mehr Menschen sie als Wahrheit erkennen und annehmen. Bastian, jener Held aus der *Unendlichen Geschichte,* brauchte ziemlich viel Zeit, Mühe und Kraft, um ganz Phantasien allein neu zu erschaffen. Gemeinsam aber werden wir dies in Freude und Leichtigkeit tun können.

Gründe für die Trennung von unserem wahren Potenzial

Wir befinden uns hier auf einem Planeten, auf dem vor sehr langer Zeit ein kosmisches Experiment gestartet wurde, das sich Dualität nennt. Genaue Zeitangaben dazu gibt es nicht, weil unsere lineare Zeitrechnung in Wirklichkeit nicht existent ist, sondern lediglich ein Produkt unseres »Dualitäts-Egos«, das versucht, Dinge zu kontrollieren, zu ordnen und zu beherrschen. Wichtig für das Verständnis unserer Gegenwart ist, sich bewusst zu machen, dass das, was nun hinter uns liegt, bewusst vom Großen Geist initiiert wurde. Damit das Experiment Dualität Bestand haben konnte, war es über den gesamten riesigen Zeitraum seines Dauerns wichtig, dass wir Menschen nicht in der Blüte unseres wahren Potenzials standen. Das Experiment ist nun zu Ende, und deswegen werden wir Menschen derzeit so nachdrücklich dazu aufgefordert, einen Strich unter das alte Kapitel unseres Lebens zu ziehen und neu anzufangen.

Das Wort »neu« ist in diesem Zusammenhang natürlich nicht ganz richtig, denn das Neue des jetzigen Augenblicks ist in Wirklichkeit etwas sehr Altes. Es ist unsere Ursprünglichkeit. Es ist das, was wir alle bereits kennen, da wir dort zu Hause sind. Es ist wichtig, dass du verstehst, dass das, was in der Welt da draußen normal oder natürlich scheint, in Wirklichkeit nicht natürlich ist: Um die Dualität zu initiieren, wurden energetische Portale geschlossen, das Wissen um die Wahrheit und Ursprünglichkeit in den Hintergrund gedrängt und Werte, Normen und Gesellschaftsstrukturen aufgebaut, die es dem Menschen unmöglich machten, seine Wahrheit und Natur zu erkennen und zu leben.

Doch all das hatte einen höheren Sinn, denn wir durften sehr viel durch die duale Welt lernen und erfahren. Das ist wichtig zu erkennen, damit wir in den Frieden kommen mit dem, was war. Das Neue Zeitalter steht im Zeichen des Friedens und kann auch nur aus diesem heraus geboren werden. Dem Frieden, den jeder von uns nun innerlich mit sich selbst und mit allem, was lebt, schließen darf. Denn nur so werden wir wieder in den großen kosmischen Strom eintreten können, der die Kräfte der ursprünglichen Gesetzmäßigkeiten des Lebens nutzt und uns wieder dahin bringt, wohin wir eigentlich gehören.

Derzeit wachen immer mehr Menschen auf und bemerken durch plötzliche Eingebungen oder Träume, dass irgendetwas nicht stimmt. Dass es da noch viel mehr geben muss als das, was sie als Realität angenommen haben und leben. Um den Weg zurück in unsere Ursprünglichkeit gut erkennen zu können, ist es hilfreich, noch einmal genau hinzuschauen, in welcher Dynamik wir alle aufgewachsen sind und welche Realität uns geprägt hat. Doch nun richte deinen machtvollen Fokus wieder auf das Neue und lerne kennen, wie sich Einheit anfühlt.

Übung: Das vereinigte Chakra

Diese Übung befähigt dich dazu, das Einheitsbewusstsein fühlen zu lernen, da sie dich energetisch für einen Moment aus der Trennung herausnimmt und in die Vereinigung befördert. Du kannst die Übung in deinem Alltag immer wieder ausführen, wenn du dich allein, entmutigt oder hoffnungslos fühlst.

Schließe dazu deine Augen und atme einige Male ganz ruhig und tief. Fasse die Absicht, dass der Fokus deiner Aufmerksamkeit sich nun auf deinen Körper richtet, während dein Atem weiterfließt, seiner eigenen Intelligenz folgend. Fühle deinen Körper und nimm wahr, an welchen Stellen du derzeit Enge, Spannung oder Druck spürst. Bleibe mit deinem Fokus bei diesen Stellen und entscheide dich dafür, nichts dagegen zu tun. Versuche, diese Phänomene einfach zu beobachten, ohne sie zu bewerten oder beseitigen zu wollen. Lass deine Atmung frei fließen und bleibe für einige Momente in dieser wachen Haltung der Achtsamkeit. Beobachte deine Gedanken und lass sie weiterziehen, beobachte die Enge und alles andere, was sich zeigt.

Dann fasse die Absicht, dein inneres Auge zu öffnen und deine sieben Hauptchakren zu visualisieren. Diese Energieräder drehen sich und strahlen alle in unterschiedlichen Farben aus deiner zentralen Achse heraus: Beckenboden, Nabelgegend, Solarplexus, Herz, Hals, Stirn und Scheitelpunkt. Die Farben musst du nicht kontrollieren, lass sie einfach so, wie sie sind. Und nun formuliere geistig die Absicht, alle Chakren zur Vereinigung zusammenzurufen, und beobachte dann, wie sie sich alle nach vorne beugen, um sich vor deinem Herzzentrum zu einem großen vereinigten Chakra zusammenzufinden.

Hier entsteht jetzt eine Art regenbogenfarbene Seifenblase, die du mithilfe deiner Absicht und Atmung immer größer und größer werden lässt, bis dein vereinigtes Chakra so groß ist, dass du und dein dich umgebender Lichtkörper vollkommen von ihm umfasst seid. Bleibe nun in der inneren Wahrnehmung und nimm dir einige Augenblicke Zeit, um die andere Qualität dieses Augenblicks zu fühlen. Was spürst du? Was hat sich verändert? Wie geht es deinem Körper?

Das vereinigte Chakra, das ich durch Sabine Sangitar Wenig kennenlernte, kannst du jederzeit wieder aufbauen und genießen. Es hilft dir zum Beispiel in Momenten der Einsamkeit oder Angst, denn mit ihm erlebst du die Energien der All-Einheit wie Zuversicht, Liebe, Geborgenheit, Frieden.

Formuliere immer, wenn du daran denkst, die Absicht, dass die Zellen deines Körpers diese Energien aufnehmen in der Art und Weise, wie dies derzeit für dich richtig ist.

4
Die Erfahrung als Werkzeug
Was wir für den Eintritt ins neue Zeitalter brauchen

Dank unseres physischen Körpers können wir in der hiesigen Welt Erfahrungen machen, die unserer Seele den notwendigen Raum dafür geben, sich auf Erden auszuprobieren, zu erkennen und auszudrücken. Und es sind auch unsere Erfahrungen, die uns durch den derzeitigen Übergang wieder zurück nach Hause bringen werden, da sie uns auf eindrucksvolle Weise zeigen, wer wir sind und wer wir nicht sind.

Über körperliche Erfahrungen lernen wir weitaus tiefgehender und umfassender als lediglich über rein geistige Informationen. Bist du zum Beispiel in deiner Essenz ein Heiler, Lehrer oder Berater, kannst du natürlich zur Vorbereitung auf deine Aufgabe viel lesen über die Fülle an Krankheiten, Problemen und Therapiemöglichkeiten, die es derzeit auf der Erde gibt. Aber zum wirklichen Experten wirst du erst dann, wenn du selbst es bist, die/der derartige Krisen durchläuft, deine eigenen fühlbaren Erfahrungen hierzu macht und aus eigenen Kräften auch wieder aus ihnen herausfindet. Alle großen Heiler und Schamanen, die ich kenne, sind selbst durch tiefe Täler der Enteignung, der Krankheit und des Traumas gegangen. Ich glaube, dass erst dadurch die wirkliche

Einweihung, Befähigung und Schulung des Lebens stattfindet, die dir das mitgibt, was du später brauchst, um andere Menschen durch ihren Krisenmoment zu führen.

Lass dich also von den Dramen und Krisen deines derzeitigen Lebens nicht entmutigen. Du machst nichts falsch! Du bist auf dem Weg, wieder zu dir und deiner Meisterschaft zurückzufinden. Häufig vollzieht sich das durch Erfahrungen, die dich zunächst fühlen lassen, was du alles nicht bist und was nicht zu dir gehört. Dies ist ein wichtiger Schritt auf dem Weg der Erkenntnis, wer du in Wirklichkeit bist.

Den Weg zurück in die Ursprünglichkeit kann dir niemand erklären; du bist einfach irgendwann dort. Allerdings bedarf es hierfür deines aktiven Tuns und des Sammelns von (körperlichen) Erfahrungen. Und so möchte ich dich mit all den Übungen in diesem Buch dazu ermuntern, selbst aktiv zu werden. Denn die Inhalte dieses Buches oder anderer Bücher nur rein geistig aufzunehmen reicht nicht aus, um dein dir innewohnendes, ureigenes Potenzial anzuzapfen. Es bedarf hierfür zweierlei: der klaren, geistigen Absicht, dass du nun dazu bereit bist, und deiner gezielten Handlungen, die deinen physischen Körper mit einbeziehen. Er dient hier gleichermaßen als großes Wahrnehmungsorgan und als Sammler von Erfahrungen.

Daher ist dein Weg auch kein festgelegter Weg, den du genauso umsetzen solltest, wie ich ihn beschreibe. Dieses Buch darfst und solltest du dir als Modell zu Herzen nehmen, als Vorschlag, durch den du anfängst, Entscheidungen und Handlungen in dein Leben zu ziehen, die Veränderungen einleiten. Tue das bitte ganz in deinem eigenen Rhythmus und deinem eigenen Stil, denn dann werden die Erfahrungen, die du machst, genau die richtigen für dich sein.

Und höre auf, dir darüber den Kopf zu zerbrechen, was richtig und was falsch für dich ist. Stehe einfach auf und sammle deine Erfahrungen. So wirst du auf mühelosere Weise bald wissen, was zu dir gehört und was nicht. Doch bleibe verantwortungsbewusst. Stürze dich nicht kindlich-kopflos in große Risiken hinein, sondern entscheide dich für Unternehmungen mit kalkulierbarem Risiko und dann gehe los! So wirst du deinem Ziel, nämlich dir selbst, ein entscheidendes Stück näher kommen.

Als ich erkannte, dass jeder Weg individuell ist und aus einem selbst heraus geboren werden muss, habe ich verstanden, warum Don José Ariza nie mein Lehrer oder Meister in klassischer Sicht gewesen ist. Dabei hätte ich mir damals so sehr gewünscht, einen Lehrer zu haben, der mich an die Hand nimmt und zu dem alten Wissen führt. Heute ist mir klar, warum dies vom Leben so nicht vorgesehen war: Nur ich selbst konnte den Weg in mir selbst finden. Und zwar auf meine ganz eigene Art und Weise. Es ist die eigene Erfahrung, die uns zur wahren Meisterschaft bringt. Wir können andere Menschen auf ihrem eigenen Weg hin zu den ihnen innewohnenden Schätzen nur begleiten und unterstützen.

All die Entscheidungen, die wir auf unserem Weg treffen, alle euphorischen Momente der Erkenntnis und Freude, aber auch all die tiefen Täler der Orientierungslosigkeit, Einsamkeit, Verzweiflung und Ohnmacht, aus denen wir eigenständig wieder herausgefunden haben, sind ein wichtiger Bestandteil unseres Weges, da sie uns tagtäglich aufs Neue die Kraft und die Größe geben, um das Alte hinter uns zu lassen und bei uns und unserer Wahrheit anzukommen. Unsere Entscheidungen lassen uns Erfahrungen machen, die unser System in die Lage versetzen, alte Überzeugungen über den Haufen zu werfen und sie durch neue Wahrheiten zu ersetzen.

In der alten Zeit wurde uns dies sehr oft abgenommen – hatten wir ein Problem, gingen wir zu einem Schamanen, Heiler oder Arzt, der sich unser Symptom (ob nun körperlich, geistig oder seelisch) ansah, um es dann mit seinen eigenen Kräften zu lindern oder zu beseitigen. Wir gelangten so in eine Beziehung der Abhängigkeit und Unfreiheit, weil wir selbst nichts zu der Beseitigung des Problems beitrugen. Die Erfahrung des Weges, der uns zur eigenständigen Lösung des Problems befähigt, ist ein meisterschaftliches Ereignis, was unsere Seele dazu bringt, sich Körper und Geist anzunähern, und die Veränderung der ursächlichen Thematik in die Wege leitet. Und dafür braucht es die körperlich-geistige Erfahrung.

Und noch etwas kommt hinzu: Lassen wir uns von einem anderen Menschen unser Symptom abnehmen, lösen wir die zugrunde liegende Disharmonie nicht auf und der Konflikt wird sich schon sehr bald auf einer anderen Ebene in unserem Leben zeigen. Außerdem berauben wir uns der Möglichkeit, durch das eigenständige Lösen des Problems zu wachsen und somit Stärke und Selbstvertrauen zu gewinnen.

Erfahrungen setzen neue Samen in unser integrales System. Häufig geschieht dies unbewusst. Wird uns aber bewusst, welcher uns innewohnender Glaubenssatz von diesem Samen infrage gestellt wird, bekommen wir die Möglichkeit, eine neue Entscheidung zu treffen, die den alten, überholten Glaubenssatz transformiert.

Wichtig ist hierbei zu erkennen, dass erstens der alte Glaubenssatz so lange schöpferisch in uns wirkt, bis wir ihn bewusst vor Augen haben. Denn nur so können wir ihn greifen und uns neu entscheiden. Und zweitens ist die Erfahrung als Same notwendig, damit die neue Entscheidung in uns einen Nährboden erhält. Habe ich noch nicht erfahren, dass das Leben mich trägt, kann das tausendfache Affirmieren von »Das Leben trägt mich!« nicht den gewünschten Effekt erzielen!

Einige Glaubenssätze sitzen sehr tief, weil sie über viele Generationen hinweg weitergetragen und gelebt wurden. In so einem Fall müssen wir uns immer wieder für das neue Glaubensmuster entscheiden. Nach meiner eigenen Erfahrung ist es von Mensch zu Mensch und von Thema zu Thema sehr unterschiedlich, wie oft man die Entscheidung für das neue Muster wiederholen sollte, damit eine wirkliche Umprogrammierung des alten Musters vonstattengeht. Es hängt von der Tiefe des jeweiligen Glaubenssatzes und der Manifestationskraft deiner neuen Entscheidung ab.

Probiere es einfach selbst aus. Du wirst merken, wenn du ein Muster vollständig aufgelöst hast. Ob dein altes, unbewusstes Glaubensmuster von einem bewussten, neuen ersetzt wurde, erkennst du daran, was das Leben dir als Erfahrung zuspielt. In meinem Fall war es so, dass ich noch einige Male nach dem Erkennen meines Glaubenssatzes »Das Leben ist gefährlich« mit gefährlichen Situationen des Lebens konfrontiert wurde. Sie kamen zu mir, um mich daran zu erinnern, dass es wichtig ist, meine Entscheidung »Ich darf dem Leben vertrauen, denn es liebt und trägt mich« noch einmal zu bekräftigen.

Angst oder Vertrauen? Wofür entscheidest du dich?

5
Das Feld der Ursprünglichkeit
Endlich wieder zu Hause ankommen

Unser duales Leben in der alten Zeit war nicht nur auf Unwahrheiten aufgebaut, sondern zeichnete sich auch durch eine drastische Unausgewogenheit und Einseitigkeit aus. Nun möchten das Leben und die derzeit einströmenden Energien auf der Erde uns mit geballter Kraft zur ursprünglichen Wahrheit und in die Balance zurückrufen, zurück in die goldene Mitte und somit in unser ursprüngliches Gleichgewicht. Dorthin, wo alles zu Hause ist, was Mutter Erde entspringt und unserem gesamten Universum; wo Yin und Yang sich gegenseitig aufheben und eins sind. Wo Entspannung, Gesundheit, Harmonie, Lebensfreude und Glückseligkeit zu finden sind.

Wir alle leben im Moment noch ein sehr einseitiges Leben, durch das wir von unserem wahren Potenzial getrennt werden. Das ist nicht unsere Schuld, denn die Gesellschaftsform, die seit Langem hier auf der Erde herrscht, hat uns entsprechend geprägt und ausgebildet. Du kannst es dir wie eine Kinderwippe vorstellen: Dort, wo die Wippe durch die ausgewogene Länge beider Seiten gehalten wird, ist das Feld der Ursprünglichkeit, unsere goldene Mitte. Die Dualität hat uns aber mit der Zeit zum radikalen

Rechts- oder Linkssitzer ausgebildet. Nach meiner Beobachtung sind wir an einem finalen Extrem angekommen. Dies ist auch sinnvoll, denn nur so kann uns unsere Einseitigkeit bewusst werden (fast schon fallen wir herunter!).

Alles, was lebt, sucht derzeit noch nach einem Gleichgewicht der Polaritäten. Ich schreibe »noch«, weil wir uns ja bereits in einer Phase befinden, in der die Dualität dabei ist, sich aufzulösen.

Für den Weg zurück ins Feld der Ursprünglichkeit ist es sehr hilfreich, Folgendes zu verstehen: Finden wir in unser inneres Gleichgewicht zurück, wird auch das äußere Gleichgewicht wiederhergestellt, wodurch wir vollkommen mühelos wieder zu dem werden, was wir ursprünglich einmal waren. Logisch?

Finden wir Menschen den Weg zurück aus der Trennung, aus der Einseitigkeit und hinein in unsere innere Balance, dann werden das Leben und seine Kräfte aufhören, an uns zu »ziehen«. Dann sind wir wieder zu Hause – in unserer ursprünglichen Verbundenheit mit allem, was ist.

Die Einseitigkeit und Unausgewogenheit unseres Lebens in der dualen Welt der Trennung kann man am besten mit dem uralten Symbol von Yin und Yang verdeutlichen, das vor vielen Jahrtausenden aus Naturbeobachtungen heraus entstanden ist:

Yang und Yin – männliche Energie, weibliche Energie. Tag und Nacht, Hell und Dunkel, Sonne und Mond, Geist und Körper. Das Symbol hält uns vor Augen, dass Yang (also die männliche Energie) und Yin (die weibliche) eigentlich zusammengehören, was durch den verbindenden Kreis verdeutlicht wird. Beide Pole enthalten das Samenkorn des jeweils anderen Pols bereits in sich. Dieses Bild lädt uns dazu ein, zu verstehen, dass in jeder dunklen Nacht (Yin) ein Funken Licht enthalten ist (zum Beispiel die Sterne), welcher durch die aufgehende Sonne verstärkt wird, bis das Licht vollkommen den Tag ausfüllt. Aber auch der Tag beinhaltet seine Schatten (zum Beispiel unter jedem Blatt eines Baumes), wodurch uns vor Augen geführt wird, dass auch im größten Ausmaß des Pols Yang ein Funke von Yin bereits enthalten ist.

Ein Leben in Balance ist ein Leben als Tanz zwischen den beiden sich ergänzenden Polen. Jetzt – zu Beginn des Goldenen Zeitalters – können wir wieder in die Ursprünglichkeit, die goldene Mitte, zurückfinden.

Einseitigkeit bedeutet Trennung, und eine Trennung ist dort am stärksten, wo wir ein Extrem von eigentlich zwei sich ergänzenden und zusammengehörenden Polen leben. Wir können die Trennung dadurch aufheben, dass wir unsere einseitige Lebensweise erkennen und uns dem Gegenpol zuwenden, an ihn andocken und die dort auf uns wartende Kraft einsammeln. Denn dann wird es ein leichtes und sanftes Unterfangen sein, gemeinsam mit dem Fluss des Lebens wieder in unsere innere Balance zurückzufinden.

Unsere Lebensinhalte, Verhaltensweisen und Eigenschaften sind derzeit (zumindest bei den meisten von uns) alles andere als ausgewogen. Das kommt daher, dass wir wie bereits erwähnt in einer dual geprägten Gesellschaft groß geworden sind, die uns nur einseitig geschult hat: Die zivilisierte westliche Welt ist sehr vermännlicht und weist einen extremen Yang-Überschuss auf. Unsere gesamten Bildungs- und Erziehungsmaßnahmen treiben uns von klein auf in ein einseitiges Yang hinein: Wir sollen ständig in Bewegung und aktiv sein, auf äußere Reize reagieren und fremde Erwartungen erfüllen. Uns allen wurde schon im Kindergarten beigebracht, in den Kopf, also den Verstand, zu kommen und jenen am laufenden Band und für alle Sachverhalte des Lebens einzusetzen. Das sind nur einige wenige Beispiele für unseren extremen Yang-Überschuss, der nach einem neuzeitlichen Ausgleich ruft. Wir werden später noch darauf eingehen, warum das so passiert ist.

Die Yin-Qualität, also die weibliche Energie, ist bei uns allen derzeit sehr verkümmert: also unsere Fähigkeit, nach innen zu gehen, zuzuhören, geschehen zu lassen, zu empfangen, zu ruhen, zu fühlen, intuitiv zu wissen. Wir brauchen aber unsere sogenannte Mondkraft, um wieder zu dem zu werden, was wir eigentlich sind.

Was bedeutet das für deinen Alltag?

Vielleicht leuchtet dir das gerade Gesagte zwar irgendwie ein, doch du fragst dich, was das nun mit dir und deinem Leben zu tun hat. Wie kannst du diese jahrtausendealte Theorie nun ins Hier und Jetzt ziehen, um deinen Alltag erfolgreich danach auszurichten? Wenn das schon sonnenklar ist für dich, dann überspringe bitte dieses Kapitel und lies im nächsten weiter. Wenn nicht, dann schau dir bitte zunächst einmal die folgende Übersicht über die Yin- und Yang-Qualitäten in unserem Leben an:

YANG	YIN
Sonne	Mond
Tag	Nacht
Licht	Schatten
Reden	Zuhören
Unternehmung	Ruhe
Tun	Geschehenlassen
Denken	Fühlen
Hell	Dunkel
Trocken	Feucht

Sehen	Hören
Geben	Empfangen
Verstand	Intuition
Verstandesbewusstsein	Herzensbewusstsein
Geistige Aktivität	Körperliche Aktivität
Verantwortung	Vertrauen
Spannung	Entspannung
Geradlinigkeit	Kurven, Kreise
Ordnung	Chaos
Zielgerichtetheit	Spiel / Ziellosigkeit
Aufmerksamkeit geht nach außen	Aufmerksamkeit geht nach innen
Handeln	In die Tiefe sinken lassen
Fortbewegung	Stehenbleiben
Aktivität der Einatmung	Passivität der Ausatmung

Bitte sei dir darüber im Klaren, dass es nicht darum geht, die einzelnen Sachverhalte zu bewerten. Nichts ist hier schlecht oder gut. Weder die Dunkelheit oder die Passivität ist schlecht, noch ist das Stehenbleiben gut. Es gehört alles zum Leben dazu, und beide Seiten haben ihre Daseinsberechtigung.

Die derzeitigen Dramen in unserem Leben sind also als Einladung zu verstehen, das Leben wieder in seiner Gesamtheit anzunehmen und zu akzeptieren. Yin und Yang möchten wieder miteinander tanzen und gemeinsam atmen, denn sie brauchen sich gegenseitig, um vollständig zu funktionieren. Atme ich nicht richtig ein, kann ich auch nicht richtig ausatmen. Bleibe ich nicht hin und wieder stehen, ist meine Fortbewegung oft nicht gut ausgerichtet und wird fahrig.

Sei dir bitte auch bewusst, dass das Zeitalter der Weiblichkeit nicht bedeutet, dass nun alle Yang-Qualitäten plötzlich schlecht sind oder ausrangiert gehören. Oder sogar die Männer. Nein!

Sowohl Männer als auch Frauen sind Träger von Yin und Yang. Beide müssen im Feld der neuzeitlichen Ursprünglichkeit für ein neues inneres Gleichgewicht dieser Pole sorgen. Auf diese Weise nähren sich Ying und Yang gegenseitig und bauen aufeinander auf.

Viele Menschen, gerade in spirituellen Kreisen, haben in der letzten Epoche gelernt, dem Leben zu vertrauen, sich hinzugeben und mit dem Strom des Lebens mitzufließen. Das ist sehr wichtig. Ebenso wichtig ist jedoch auch der Gegenpol des Vertrauens, nämlich unsere Eigenverantwortung, unsere Kräfte und Potenziale auch anzuwenden, damit es uns gut gehen kann. Würden wir diese nicht leben, würden wir uns abhängig machen von einem äußeren Yang-Pol, der die Verantwortung für uns übernähme. Es geht darum, uns neu zu entscheiden, unsere Verantwortung für uns und unser Lebensglück nicht abzugeben, sondern in unseren eigenen Händen zu behalten. Denn es ist unser Leben, und wir dürfen mit unserem wachen und bewussten Geist eine Richtung vorgeben, bevor wir uns vertrauensvoll zurücklehnen und die Resonanz des Lebens erwarten. Sonst sind wir wie eine Feder, die vom Wind hin und her gepustet wird. Und sieht so neuzeitliche Freiheit aus? Wohl eher nicht.

Vielen Menschen wird, da sie so beschäftigt sind, gar nicht bewusst, dass sie immer wieder Personen anziehen, die ihre Grenzen überschreiten und sich in Dinge einmischen, die sie eigentlich nichts angehen. Bis diese Menschen sich eines Tages dafür entscheiden, die Verantwortung für ihr Leben wieder selbst zu übernehmen.

Je besser wir freiwillig und selbstbestimmt für eine neue Ausgewogenheit von Yin und Yang in unserem Leben sorgen, desto weniger Dramen werden sich in unserem Leben vollziehen und desto freier und unabhängiger werden wir werden. Denn diese neue Ausgewogenheit vermag es, uns aus alten Abhängigkeiten von äußeren Instanzen zu befreien.

Das wirst du an späterer Stelle sicherlich noch besser verstehen. Sowohl Frauen als auch Männer brauchen also weiterhin die Yang-Qualitäten, aber auf einem höheren Niveau, als wir sie derzeit einsetzen. Denn unsere Yang-Kraft ist durch die jahrtausendelange Unterdrückung der Yin-Energie vollkommen vernebelt und entkräftet, da ihr über diesen langen Zeitraum der sie nährende und entlastende Gegenpol gänzlich gefehlt hat. Somit starten die meisten von uns mit einer sehr verminderten Yang-Kraft ins neue Zeitalter und einer komplett schlafenden Yin-Kraft.

Unser Ziel heißt also: durch das Wiedererwecken der weiblichen Kraft in eine neuzeitliche Ausgewogenheit von Yin und Yang zurückzugelangen, wodurch beide Pole eine immense Aufwertung und Stärkung erfahren.

Übung: Die Nasenwechselatmung (Nadi Shodhana)

Die Nasenwechselatmung des Yoga ist eine uralte Atemübung, die von körperlicher Ebene aus unser Bestreben bekräftigt, Yin und Yang in unserem Leben auszugleichen. Es ist eine wundervolle Übung, bei der du eigentlich nichts falsch machen und die du zu jeder Tageszeit durchführen kannst. Immer wenn du dich unausgeglichen, gestresst, gereizt oder außer dir fühlst, empfehle ich dir diese Atemtechnik. Setze dich aufrecht hin und halte mit dem rechten Daumen dein rechtes Nasenloch zu. Atme durch das linke Nasenloch vollständig ein, schließe dann mit dem Ringfinger derselben Hand dein linkes Nasenloch und atme durch das rechte Nasenloch vollständig aus. Atme dann wieder durch das rechte Nasenloch ein, schließe mit dem Daumen das rechte Nasenloch zu und atme durch das linke Nasenloch wieder aus.

Du wechselst die Seite also immer nach der Einatmung, und nach der Ausatmung bleibst du auf derselben Seite. Versuche, die Einatmungs- und die Ausatmungsphase maximal lang und gleichmäßig sein zu lassen. So gut, wie dein Körper dies heute umzusetzen bereit ist. Mit der Zeit wird es dir möglich sein, sowohl nach der Ein- als auch nach der Ausatmung eine kurze Pause zu machen. Richte dich dabei nach deinem Körper. Ich persönlich zähle nicht während der Atemphasen, sondern gehe nach meinem Gefühl. Aber wenn es sich für dich besser anfühlt zu zählen, damit du kontrollieren kannst, ob Einatmung und Ausatmung gleich lang sind, dann zähle mit. Höre auf deinen Körper und lasse ihn das so ausführen, wie es sich gut anfühlt.

Was müssen wir Westeuropäer also tun, um ins Feld der Ursprünglichkeit zurückzufinden? Tun? Eigentlich nicht viel! Die neuzeitlichen Energien auf der Erde sorgen bereits dafür, dass dies geschieht. Außerdem sind die meisten von uns sowieso viel zu beschäftigt und zu sehr in ihrem Yang-Pol. Es ist für uns eher an der Zeit zu lernen, unser Tun auch mal sein zu lassen, damit die hochfrequenten Energien, die uns derzeit zurück in die Ursprünglichkeit tragen wollen, überhaupt zu uns durchkommen und wir die Einladungen und Geschenke des Lebens wahrnehmen können.

Wir sind also aufgerufen, stehen zu bleiben und nach innen zu schauen. So können wir dafür sorgen, dass der Übergang ins Goldene Zeitalter so sanft wie möglich für uns wird. Denn nur so können wir uns orientieren, wo wir derzeit stehen und wohin wir wollen. Hierfür ist ein achtsames Wahrnehmen und Erkennen unserer unbewusst gelebten Unwahrheiten und Unausgewogenheit von uns gefordert. Das wird uns nicht gelingen, wenn wir nicht ganz bewusst das Tempo unserer Handlungen drosseln und uns Momente der Stille und der Innenschau schaffen. Und außerdem ist dies die Voraussetzung dafür, dass ein Prozess vonstattengehen kann, den die neuen Energien derzeit immens vorantreiben: die Erweiterung und Ausdehnung unseres Bewusstseins.

Diese Bewusstseinserweiterung kann nach meiner Beobachtung aber nur zu uns »durchdringen«, wenn wir uns ausreichende Phasen der Muße gönnen. Denn nur in diesen Momenten können wir bewusst wahrnehmen, was in uns und um uns herum gerade geschieht. Da viele von uns das nicht wissen und in pausenlosem Tun und Schaffen gefangen sind, wird das Leben hierbei auf zum Teil recht unschöne Weise nachhelfen, wie zum Beispiel durch Schlafstörungen, Krankheiten oder Unfälle. Das ist natürlich sehr unangenehm, doch es ist notwendig, weil wir sonst die notwendige Bewusstseinserweiterung – also die Erweiterung der Perspektive unserer Wahrnehmung – nicht erreichen. Das kann vor allem dann passieren, wenn wir aus Angst an alten Gewohnheiten festhalten, obwohl sie sich nicht mehr gut anfühlen. Wir sehen vielleicht die Zeichen des Lebens, vertrauen ihnen aber nicht genug, um das Alte loszulassen und uns in den Strom des Lebens zu begeben. Hierfür ist es notwendig, anzuhalten und loszulassen, denn nur so können die hochschwingenden Energien uns dabei helfen, Altes, was uns nicht mehr dienlich ist, auszurangieren.

Übung: Dein Wochenplan

Nimm dir ein großes Blatt Papier und zeichne dir einen Wochenplan. Mit welchen Tätigkeiten beschäftigst du dich die Woche über? Schreibe alles in eine Tabelle, mit den genauen Uhrzeiten. Und jetzt finde Möglichkeiten, um an jedem Tag zweimal 15 Minuten der Stille und Innenschau einzuplanen. Nimm dir vor, von nun an zwei dieser Räume täglich zu realisieren, auch wenn es manchmal nicht 15, sondern nur fünf Minuten sein können. In diesen Ruhemomenten ist es wichtig, rein gar nichts zu suchen oder zu machen. Leg dich einfach auf deine Couch und genieße das Bei-dir-Sein. Lausche der Stille und verbinde dich mit ihr.

Dein Wochenplan ist von nun an ein sich wandelnder Begleiter für dich. Schau ihn dir immer wieder an, überprüfe, ob deine Tätigkeiten weiterhin sinnvoll für dich sind, streiche dir nicht Dienliches heraus und bringe Neues hinein, was dir im Laufe der nächsten Wochen womöglich sinnvoller erscheinen wird.

Das ist wichtig: Wir finden wieder zurück in das Feld der Ursprünglichkeit, wenn wir vorhandene Ungleichgewichte ausgleichen, indem wir an den zugehörigen Gegenpol andocken und indem wir Unwahrheiten und andere Altlasten aus dem Zeitalter der Trennung loslassen und transformieren. Dann bringen uns die neuzeitlichen Energien mit ihrer puren und freischwingenden Lebenskraft ganz sanft wieder nach Hause, in das Feld der Ursprünglichkeit. Hierfür können wir uns von unseren momentanen Herausforderungen führen lassen, da sie uns auf genau jene Muster und Prägungen hinweisen, die es nun zu verändern gilt. Um zur wahren Ursache deiner derzeitigen Engpässe und Herausforderungen zu gelangen und den Weg einer langfristigen Auflösung zu erkennen, möchte dir das nun folgende Kapitel dienen.

6
Wandlung und Heilung
Und was uns das alte Wissen darüber lehrt

In der vergangenen Epoche haben wir global gesehen recht wenige Erfahrungen mit wirklicher Wandlung oder Heilung gemacht. Wir haben meist durch von außen kommende Maßnahmen und Informationen Symptome der Trennung unterdrückt, bekämpft oder umgelenkt, wodurch unser Körper langfristig gesehen immer kränker und schwächer geworden ist. Selbst die Einnahme von pflanzlichen Arzneimitteln bewirkt keine wahrhaftige Heilung. Wirkliche Heilung gemäß dem alten Wissen wird immer vom mentalen Feld eingeleitet, da nur so die wahrhaftige Ursache des Problems verändert werden kann.

Früher, als das alte Wissen noch gelebt wurde, wurde in Momenten der Krise oder Krankheit ein tiefer Trancezustand hergestellt und dafür genutzt, um die wahre Ursache einer Krankheit zu erkennen, und daraufhin von einer gezielten, mentalen Neuausrichtung aus der Weg der Heilung eingeleitet. Während eines Trancezustands tritt der Verstand zur Seite, und das Herzensbewusstsein übernimmt, wodurch die Quelle des Wissens angezapft werden kann, um die wahre Herkunft der Krankheit tief im Unbewussten zu erkennen. Es gibt verschiedene Möglichkeiten, einen Trancezustand hervorzurufen, etwa durch Töne, bestimmte Rhythmen oder den Tanz. Auch in der Natur stehen uns hierfür machtvolle Kräfte zur Verfügung, die uns zur Wurzel des derzeitigen Engpasses führen können, damit wir anschließend Heilung im ursprünglichen Sinne bewirken können.

Krankheit ist nach altem Wissen immer ein Symptom der Trennung, im Feld des Einheitsbewusstseins und der Verbundenheit existiert keine Krankheit. Wenn ein Mensch krank ist, verweist die Tatsache, dass er ein machtvoller Schöpfer seiner Realität ist (selbst wenn er sich dessen nicht bewusst ist), auf unbewusste Glaubensmuster in seinem spirituellen Körper, die ihn getrennt halten und die Krankheit hervorgerufen haben. Daher suchte man früher die wahre Ursache einer Krankheit stets im spirituellen Körper des Kranken, dort, wo seine Überzeugungen und Glaubenssätze gespeichert sind. Sie bewirken, dass ein Mensch bestimmte Gedanken und Gefühle hat, die seine äußere Realität bestimmen. Zur äußeren Realität gehören der physische Körper eines Menschen und seine Lebensumstände.

Zur Verdeutlichung dieser Zusammenhänge zeige ich meinen Klienten gern das Vier-Körper-Modell.

Hierzu ein Beispiel: ein kleines Mädchen wächst in einer Familie mit vielen Geschwistern auf und erlebt in ihren ersten Jahren ihre Mutter als vollkommen überlastet und mit vielen Sorgen behaftet. Die Mutter hat nicht viel Hilfe und leidet spürbar unter ihrer ständigen Überforderung. Dieses Umfeld könnte die Überzeugung »Frausein ist nicht leicht« oder »Frauen sind traurig und überlastet« im spirituellen Feld des kleinen Mädchens erzeugen, denn die eigene Mutter ist für ein kleines Mädchen die absolute Repräsentantin des Frauseins.

An diesem Beispiel können wir gut erkennen, wie Gedanken aus dem mentalen Feld die Macht besitzen, unsere tief sitzenden

DAS VIER-KÖRPER-MODELL

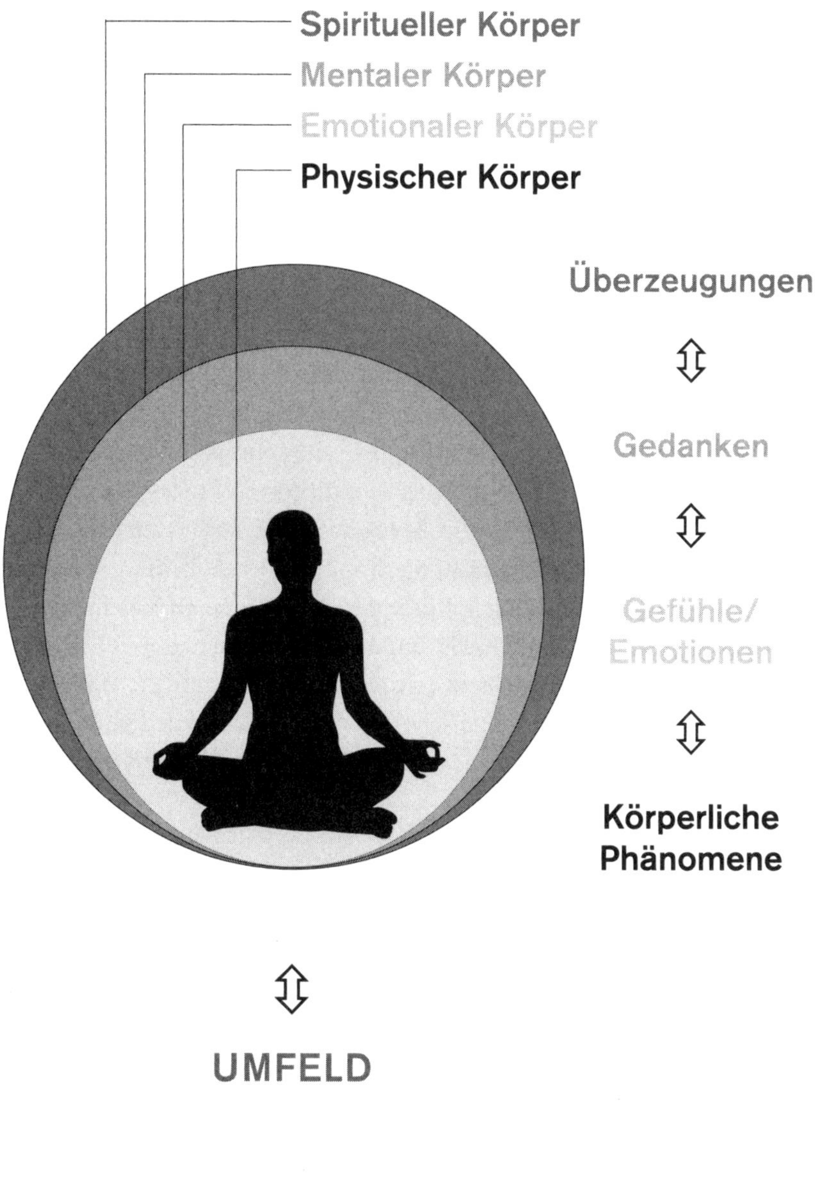

Überzeugungen zu beeinflussen. Und hat sich eine Überzeugung erst einmal in unserem spirituellen Körper eingenistet, hat sie dauerhaften Charakter und wirkt sich als geistige Information über das Mental- und Emotionalfeld bis auf die materiellen Schichten unseres Umfelds aus: auf unseren physischen Körper, unsere Finanzen und viele andere Lebensbedingungen. Dies bleibt so lange bestehen, bis wir uns eines Tages, ausgehend von der mentalen Ebene, bewusst für eine neue Realität entscheiden. Denn als Schöpfer/-in unserer Realität haben wir die Macht, auf geistigem Weg unser Schicksal gezielt umzuformulieren.

Was würde in unserem Beispiel dem kleinen Mädchen passieren? Wahrscheinlich bekäme es auf körperlicher Ebene eine Tonuserhöhung der ventralen (also der sich auf der Vorderseite befindenden) Schultergürtelmuskulatur und langfristig einen hieraus resultierenden Rundrücken, der sich einige Jahrzehnte später zeigen wird. Denn Überzeugungen haben wie gesagt dauerhaften Charakter und zirkulieren so lange in unserem spirituellen Körper, bis sie eines Tages »entdeckt« und umgeschrieben werden. Der negative Glaubenssatz in Bezug auf das Frausein äußert sich also langfristig in einer Haltung des »Brustversteckens« (weibliches Organ) oder in einer Tonuserhöhung der unteren Bauchmuskulatur sowie des Zwerchfells, um den Kontakt zu den weiblichen Organen des Unterbauchs zu vermeiden. Hieraus wird ersichtlich, dass unseren Körper »keine Schuld« trifft, sondern er lediglich auf die auf ihn einwirkenden geistigen Informationen reagiert und sie sichtbar und fühlbar macht.

Manuelle Techniken wie Massagen, die auf eine verspannte Muskulatur einwirken, rufen also keine wirkliche Heilung hervor, denn der Körper hat immer einen tieferen Grund für die der Symptomatik zugrunde liegende Tonuserhöhung. Und diese Ursache lässt sich durch bloße mechanische Einwirkung nicht langfristig heilen. Wir müssen bis zu der allem zugrunde liegenden Überzeugung des spirituellen Körpers vordringen, um diese daraufhin durch eine gezielte mentale Intervention umzuprogrammieren. Hierdurch kann unter bestimmten Bedingungen (siehe Zyklus der Wandlung) die Unwahrheit, die dem zugrunde liegt, umgeschrieben werden, und der Körper kann sein Symptom loslassen.

Früher war es oft der Schamane, der aus seinem mentalen Feld den Glaubenssatz mithilfe eines Gebets umprogrammierte. Geschieht dies aber ohne bewusste Anteilnahme des Klienten, verliert sich die dadurch entstandene neue Richtung mit der Zeit, und der Klient braucht nach einer gewissen Weile den Schamanen erneut, um sich wieder auf den rechten Weg zurückbringen zu lassen.

Denn nur wenn ich selbst auf mentaler Ebene eine neue, bewusste Entscheidung treffe und mein Verhalten dementsprechend ändere, kann die wahre Krankheitsursache, die im spirituellen Körper als unbewusste Überzeugung oder Glaubenssatz zu finden ist, längerfristig umgeschrieben und behoben werden.

In diesem Zusammenhang spreche ich von der neuzeitlichen Eigenverantwortung, die wir uns wieder anzueignen haben, nachdem wir lange Zeit unsere Verantwortung über unser Wohlergehen abgegeben hatten. Denn nur so funktioniert echte Heilung und Veränderung gemäß dem alten Wissen. In der neuen Zeit sind wir dazu aufgerufen, an unsere ursprünglichen Fähigkeiten wieder anzuknüpfen, um wahrhaftige Heilung in uns möglich zu machen. Es wird schon bald gang und gäbe sein, im Falle einer Krankheit mit Wesen aus anderen Dimensionen oder auch direkt mit unseren Körperzellen zu kommunizieren und durch sie zum wahren Grund der Krankheit zu gelangen. Denn unser Körper kennt die Ursache unserer Krankheit. Hierfür dürfen wir lernen, unseren Verstand zeitweise auszuschalten, denn nur dann funktioniert diese Form der Kommunikation. Mit meinen Klienten nutze ich hierfür einen Tanz namens AVATARA FLOW, worauf ich später noch näher eingehen werde.

Wir sind also dazu aufgerufen, uns wieder selbst um unser Wohlergehen zu kümmern. Viele Menschen haben sich bereits von der klassischen Schulmedizin abgewandt und sind dabei, die Verantwortung für ihre Gesundheit wieder in die eigenen Hände zu nehmen. Und das ist auch gut so, denn wenn wir nicht bewusst mit in die richtungsändernde Maßnahme mit einbezogen werden, kann sie auch keine langfristige Wirkung auf uns haben. Kein Arzt, kein Therapeut, kein Schamane, keine Pflanze, kein Computerprogramm und kein Baum können wahre Heilung in dir bewirken. Sie können dir nur als Boten und Helfer auf deinem Weg dienen, die wahre Krankheitsursache in deinem System zu erkennen. Wahrhaftige Heilung braucht deine Entscheidung, die du nur selbst treffen kannst.

Und ja: Du kannst es! Du kannst den Weg deiner Heilung gehen. Es ist heute leichter als jemals zuvor. Die aktuell vorherrschende energetische Versorgung ermöglicht es uns, auf relativ einfachem Weg zur verborgenen Ursache unserer Krankheit vorzustoßen. Ich werde dir hierfür einige Techniken zeigen, die du leicht wiedererlernen kannst. Denn auch sie sind nicht neu, und du trägst die Erinnerung an sie bereits in dir.

Übung: Skizze der wahren Heilung und Wandlung

Das alte Wissen um Heilung und Wandlung möchte in dir verstärkt wiedererwachen. Es wäre schön, wenn du dir in deinen eigenen Worten die wichtigsten Punkte hierzu in dein heiliges Buch notieren oder dir eine Skizze machen würdest, wie wahre Heilung und Wandlung geschehen kann. Verinnerliche dieses Wissen, indem du es jemand anderem laut erklärst. Wenn niemand da ist, sprich in ein Diktiergerät. Gib dir in den nächsten Tagen viel Zeit zum Nichtstun und Verdauen dessen, was du hier erfahren hast.

Der Zyklus der Wandlung

Der Zyklus der Wandlung umfasst vier Schritte, die dir auf deinem Weg in die neue Zeit helfen werden, unbewusste Muster in dir langfristig zu transformieren und loszulassen. Es sind unwahre Glaubenssätze, die dir nicht mehr dienlich sind, da sie dir ein einseitiges, unausgewogenes Leben beschert haben. Viele der derzeitigen Krisen und andere Herausforderungen beleuchten diese Glaubenssätze und holen sie an die Oberfläche unseres Bewusstseins. Jetzt können wir sie erkennen und umschreiben, wobei wir die Tür immer ein Stück weiter öffnen, um wieder zu unserer ursprünglichen Verbundenheit zurückzukehren. Denn Unwahres hält uns in Trennung zu uns, unserem wahren Ich und der Welt. Durch die regelmäßige Anwendung des Zyklus der Wandlung erreichst du eine kontinuierliche Schwingungserhöhung deines Systems, da du alte, unwahre und somit niederfrequente Strukturen loslässt und so immer leichter und freier wirst. Lass dich von deinen eigenen Lebenserfahrungen führen und wisse, dass das Leben dir immer alles zukommen lässt, was es derzeit für dich zu bearbeiten gibt. Vertraue und handele situationsbezogen, je nachdem, was dein Leben dir zeigt.

Was ich damit meine? Alles, was derzeit in deinem Leben ist, hat einen tiefen Sinn und hat mit dir zu tun. Ich durfte auf meinem Weg verstehen und erleben, dass das Leben mich liebt und mir mit allem, was es mir zeigt, helfen will, mich wieder an das Wahre und Wesentliche zu erinnern. Daher möchte ich dich heute dazu einladen, ganz wach dein Leben und die Situationen, die sich zeigen, zu beobachten: Was ziehst du immer wieder an? Welche Herausforderung kommt immer und immer wieder zu dir zurück?

Das alles darf in Mühelosigkeit und Entspanntheit geschehen, denn du brauchst dich nicht anzustrengen oder irgendetwas zu suchen. Alles, was jetzt von dir verändert werden soll, das bringt das Leben zu dir.

Schritt 1: Die zur Transformation freigegebenen Muster erkennen

Werde dir zunächst über einige Zusammenhänge deines derzeitigen Lebens bewusst, und zwar von einer erhöhten Perspektive aus. Wie bereits geschildert, zeigt dir dein Leben in unangenehmen Situationen die noch in dir vorhandenen, unbewussten Glaubenssätze, die darauf warten, aufgelöst zu werden. Auch die Symptome deines Körpers sind dazu da und weisen auf ein bestimmtes Thema hin. Es gibt wunderbare Lexika der Körpersprache, die du konsultieren kannst, um von betroffenen Organen auf bestimmte Glaubenssätze schließen zu können – ich empfehle zum Beispiel *Mein Körper: Barometer der Seele* von Jacques Martel.

Es kann keine tief gehende und langfristige Veränderung stattfinden, bevor wir das, was jetzt ist, nicht erkannt und somit greifbar gemacht haben. Dies ist als erster Schritt bei allen Prozessen der Veränderung notwendig, obwohl es natürlich nicht unbedingt angenehm ist und auch Erinnerungen an altes Leid in uns hochkommen können. Aber Schmerzen wollen noch einmal kurz gefühlt werden, damit sie gehen können. Dies gehört einfach zum Weg der Ganzwerdung dazu, damit wirkliches Wachstum und langfristige Veränderung möglich sind. Zumindest für kurze Zeit, da wir ja mittlerweile in das Zeitalter der Leichtigkeit eingetreten sind und »langatmiges Wabern in altem Leid« nicht mehr nötig ist.

Mach dir in dieser Phase noch einmal klar, dass das, worauf du deinen Fokus lenkst, wächst und stärker wird. Es geht hier wirklich nur um ein kurzzeitiges Andocken und Fühlen von alten Mustern, denn die neuzeitlichen Energien helfen dir, wenn du sie einlädst, das darunterliegende Muster zu transformieren und es aus deinem System zu verabschieden.

Schritt 2: Annehmen und Akzeptieren der Muster

Dieser Schritt wird des Öfteren übersehen oder falsch verstanden, dabei ist er für die Veränderung sehr wichtig. Wir neigen alle dazu, unangenehmen Dingen den Rücken zuzukehren, damit wir sie nicht anschauen müssen. Doch so heften sich diese alten Muster noch viel fester an uns und ziehen immer mehr Situationen in unser Leben, die mit ihnen in Resonanz gehen.

Es ist wichtig zu verstehen, dass annehmen und akzeptieren hierbei nicht bedeuten, gutzuheißen, was passiert ist. Es geht vielmehr darum, aus einer übergeordneten Perspektive heraus auf eine vergangene Situation zu blicken und zu erkennen, dass alle Erfahrungen, die dieses Muster zu uns gebracht hat, für unsere Seelenentwicklung wichtig waren. Nicht unbedingt angenehm, aber wichtig. Dass es damals, als du dieses Muster verinnerlicht hast, sinnvoll war und du außerdem keine Wahl hattest, weil du noch ein kleines Kind warst. Dich trifft also keine Schuld. Schließe Frieden mit deinen alten Dämonen und akzeptiere sie, so wie sie sind, als das, was sie sind: alte Teile von dir, die es nun in Ehre und Würde zu verabschieden gilt.

Meines Erachtens geht es derzeit in vielschichtiger Weise darum, den alten Kampf sein zu lassen und das zu akzeptieren und anzunehmen, was da ist. Wollen alte Dinge von uns abfallen, weil sie nicht mehr zu uns passen, dann sollten wir nicht mit aller Kraft versuchen, sie entweder festzuhalten oder loszuwerden. Beides sind Muster des Kampfes aus der alten Zeit, die lediglich dazu führen, dass du müde wirst und das, was du eigentlich loswerden möchtest, sich noch viel fester an dich heftet. Oder auch dass das, was du festhalten willst, doch irgendwann geht und du dich umsonst abgekämpft hast.

Indem wir eine innere Haltung der Akzeptanz für das, was da ist, einnehmen, geben wir unseren Segen dazu, dass der Wandel der Jetztzeit Einzug halten kann. Egal, was es ist, was sich aus deinem Leben verabschieden möchte: Tritt einen Schritt zurück und erkenne, dass dies ein Teil von dir war und dass er dir und deiner Seele in der Vergangenheit gedient hat. Auch wenn er wehgetan hat, war er wichtig für dich, um heute genau da zu stehen, wo du stehst. Sonst wäre er schlichtweg nicht in deinem Leben gewesen. Schließe Frieden mit allem, was sich nun in deinem Leben zeigt und verabschiedet werden möchte. Es wird gehen, indem du es annimmst und fürsorglich »umliebst«.

Schritt 3: Die Entscheidung für die neue Richtung

Nachdem wir unsere alten Muster erkannt und akzeptiert haben, ist es ratsam, dass wir uns auf das Neue, das wir uns wünschen, ausrichten. Sind wir uns beispielsweise einem Muster der Verstrickung bewusst geworden, welches uns in Unfreiheit gehalten hat, werden wir nun vom Leben eingeladen, uns bewusst für die Freiheit zu entscheiden. Formuliere deine neue Entscheidung also zum Beispiel wie folgt:

Ich entscheide mich für die Freiheit!

Das gesprochene Wort erschafft unsere Realität als Schöpferwesen, die wir sind, und je mehr Gedanken und Worte wir darauf ausrichten, was wir uns wirklich wünschen im Leben, desto wahrscheinlicher ist es, dass wir dahin kommen, wohin wir möchten. So war es schon immer, nur ist derzeit die Manifestationsgeschwindigkeit um ein Vielfaches höher als noch zu Taguarís Zeiten. Das ist dir in deinem Alltag bestimmt schon aufgefallen, oder?

Mittlerweile wurde durch viele Studien wissenschaftlich belegt, dass die Worte, die wir benutzen, unser Gehirn langfristig verändern. Ich verweise an dieser Stelle auf den Neurowissenschaftler Dr. Andrew Newberg und den Kommunikationsexperten Robert Waldman, die in ihrem gemeinsamen Buch *Die Kraft der mitfühlenden Kommunikation* ihre Untersuchungsergebnisse zu diesem Thema in etwa so wiedergeben: Durch intensives Wiederholen positiver Worte, positiver innerer Bilder und Gefühle können sogar jene, die genetisch eher zum Ungücklichsein neigen, ihr Gehirn neu strukturieren und eine optimistischere Einstellung zum Leben gewinnen. Und auch das alte Wissen lehrt uns ja, dass wirkliche Heilung immer auf der mentalen Ebene, also in unseren Gedanken, beginnt.

Schritt 4: Loslassen der neuen Entscheidung (Handeln)

Diesen Schritt vergessen viele und wundern sich dann, warum ihre Ideen sich nicht in ihrem Leben manifestieren. Sie halten ihre Intention in einer geistigen Endlosschleife und lassen sie nicht los. So kann die Erdung und somit das »In-die-Materie-Ziehen« der Intention nicht stattfinden.

Das bewusste Handeln nach Verkündung deiner neuen Entscheidung ist sehr wichtig für die Realisierung einer Veränderung in deinem Leben. Du kommst durch das Tun aus dem Kopf heraus und kannst so sehr viel leichter deine Intention loslassen. Denn: Halten wir an unserer Intention fest, indem wir weiter und weiter darüber nachgrübeln, kann sich unser Wunsch nicht manifestieren! Am besten funktioniert dies übrigens mit Handlungen, die nicht zielgerichtet sind, da wir so der geistigen Welt den Raum geben, uns zu führen. Denn oftmals ist aus unserer menschlichen Perspektive gar nicht zu erkennen, in welche Richtung wir uns bewegen sollten. Handle also, ohne allzu stark zielgerichtet zu sein.

Was soll das für eine Handlung sein, fragst du dich? Beobachte deine Atmung. Spiele mit Kindern oder mit Tieren. Oder tanze. Male. Mach Musik. Gehe spazieren, einfach nur der Bewegung halber. So kommst du aus dem Kopf heraus, und dein Wunsch, deine neue Entscheidung, wird effektiv losgelassen und geht in ihre Bahnen der Manifestation.

Dieser Schritt ist essenziell wichtig für den Manifestationsprozess deiner Intention, und er wird dir im Laufe dieses Weges immer leichter fallen, wenn du erst einmal angefangen hast, die positiven Veränderungen in deinem Leben zu erkennen, die du durch das bewusste Loslassen deines Verstandes ermöglicht hast. Das freudvolle, ziellose Handeln wird schon bald für dich zur genussvollen Normalität werden, da bin ich mir sicher. Damit legst du ein stabiles Fundament für das Leben in der neuen Zeit, denn dieses wird sich auf Freude und Leichtigkeit aufbauen und von dort aus manifestieren.

Natürlich kann auch zielgerichtetes Handeln den Manifestationsprozess unterstützen. Schau dir hierfür mit deinen inneren Augen dein Leben an und frage dich: Was kann ich dafür tun, dass das Leben mir schenken kann, was ich mir wünsche? Was könnte hierbei mein Anteil sein? Wünschst du dir zum Beispiel Freiheit, dann integriere Dinge in deinen Alltag, die auf sanfte Art deinen gewohnten Horizont, deine Komfortzone übertreten. Gehe vielleicht an einen Ort, wo du noch nie warst, oder mach sonst irgendetwas, was du nicht kennst und noch nie gemacht hast.

Übung: Den Zyklus der Wandlung durchlaufen

Schreibe dir den Zyklus der Wandlung in dein heiliges Buch. Verwende dafür deine eigenen Worte. Vielleicht möchtest du einiges ergänzen, was ich nicht aufgeschrieben habe, was aber für dich dazugehört. Dann tue es. Werde dir bewusst, dass es nun gilt, dein Leben zu beobachten und dich in Momenten, wo Probleme und Krisen eintreten, zurückzuziehen und zu fragen: »Was hat das mit mir zu tun? Auf welches alte Glaubensmuster möchte mich diese Situation hinweisen?« Bist du auf ein altes Muster gestoßen, durchlaufe mit ihm den Zyklus der Wandlung und beobachte, was geschieht. Das ist ein sehr großer Schritt hinaus aus der alten Welt, in der wir gewohnt waren, immer im Außen nach den Verursachern der Situation zu suchen. Er verlangt von dir, den Verstand zu verlassen und in die erweiterte Perspektive deines Herzens zu kommen, was wir kollektiv auch noch zu üben haben. Lass dir also Zeit und überstürze nichts.

7
Der Intento
Das machtvolle Werkzeug unserer geistigen Schöpferkraft

Das Wort Intento stammt aus Taguarís Welt und lässt an seinem Wortstamm bereits den uns vertrauten Begriff der Intention erkennen. Der Intento ist aber noch etwas mehr als das: Er ist eine klar formulierte, geistige Entscheidung, die du im Gewahrsein deiner göttlichen Schöpferkraft triffst und so mit der Magie des Lebens zusammenarbeitet. Der Intento ermöglicht es dir, noch kraftvoller aus dem Geist heraus eine neue Tür für dich und deinen Weg zu öffnen. Wir halten uns hierbei unser angestrebtes Ziel innerlich vor Augen, visualisieren und fühlen es. Ein Intento kann im Stillen gesagt oder laut ausgesprochen werden.

Du hast den Intento vielleicht in Taguarís Welt bereits kennengelernt. Ich möchte dir sehr ans Herz legen, ihn von heute an gezielt in deinen Alltag zu integrieren. Es empfiehlt sich, einen Intento so klar, einfach und deutlich wie möglich zu formulieren. Und außerdem im Präsens, also der Gegenwartsform. Stehst du am Anfang deines Weges zurück zu deiner ursprünglichen Wahrheit, empfehle ich dir, deine Intentos zunächst in deinem heiligen Buch aufzuschreiben und dann laut auszusprechen. Später wird dies nicht mehr notwendig sein, aber anfangs hilft diese Vorgehensweise, um deine Intentos so kraft- und wirkungsvoll sein zu lassen, wie du es dir wünschst.

Das Geheimnis der Wirkkraft eines Intentos liegt zum einen in der dahinter verborgenen Gewissheit, dass wir Schöpfer sind. Sie wird stetig zunehmen, wenn du ab jetzt regelmäßig den Intento übst. Denn du wirst anfangen, bewusst Erfahrungen zu sammeln, die dir zeigen, dass du tatsächlich ein Schöpfer bist. Schreibe dir diese Erfahrungen in dein heiliges Buch. Das wird deine Gewissheit wachsen lassen und im selben Maße die Manifestationskraft deiner Intentos.

Das Loslassen eines Intentos ist ebenfalls maßgeblich am erfolgreichen Manifestieren des Intentos beteiligt.

Was sich für mich in den letzten Jahren als wirkungsvollste Methode erwiesen hat, ist das bereits beschriebene ziellose Handeln, nachdem ich einen Intento formuliert habe. Denn aktivieren wir unseren Körper, schaltet sich sein Gegenpol, der Geist, aus, und der Intento wird somit automatisch losgelassen.

Außerdem ist das Wiedereintreten in das Einheitsbewusstsein ebenfalls maßgeblich daran beteiligt, unsere Manifestationskraft zu potenzieren. Die göttliche Quelle, der Große Geist, weiß, wann du wieder im WIR vibrierst und das Wohl des Großen und Ganzen im Blick hast. Und genau in diesem Augenblick wird dir auch dein volles Potenzial an Schöpferkraft wieder zur Verfügung stehen, da du dann mit der vibrierenden, puren Lebenskraft verbunden bist, die wir mit unserem derzeit noch als »normal« empfundenen Egobewusstsein nur im Entferntesten erahnen können.

Der Intento ist also der geistige Same, der gebraucht wird, um im Hier und Jetzt, in der Materie, eine neue Pflanze entstehen zu lassen, die eine Veränderung in unserem Leben initiiert. Später können wir sie durch unsere Taten dann zum Wachsen bringen. Das ist gemeint, wenn die spirituellen Lehrer sagen: »Du bist der Schöpfer deiner Realität.« Sie sprechen hier unter anderem von der Kraft des Intentos, unserer geistigen Kraft, die Resonanzfelder im Außen erzeugt, die dem Intento entsprechende Erfahrungen und Situationen in unser Leben ziehen.

Wie du dir sicher sein kannst, dass du den »richtigen« Intento losschickst

In der vergangenen Epoche ist sehr viel Machtmissbrauch betrieben worden, und viele Eingeweihte haben sich der Kraft des Intentos leider oftmals bedient, um ihr Egobewusstsein zu füttern und unter Beweis zu stellen, dass sie machtvoller sind als andere. Auf diese Art und Weise wurde sehr viel Unheil und Leid verursacht.

Das soll im neuen Zeitalter anders werden und die energetische Versorgung auf Erden tut hierfür sehr viel, indem die Menschen derzeit eine kontinuierliche Bewusstseinserweiterung erfahren. Je mehr wir wieder in das ursprüngliche Feld der Einheit zurückkehren und bei jedem Atemzug spüren, dass wir mit allem, was lebt, verbunden sind, desto größer wird unser Bewusstsein und auch die Manifestationskraft unserer Intentos sein. Das ist auch sinnvoll, denn der göttliche Funke möchte unsere Intentos dazu ermächtigen, das Paradies auf Erden zu erschaffen, wo jedes Wesen gesehen, geachtet und wertgeschätzt wird und wo jeder seinen Platz und seine gleichberechtigte Position hat, egal, ob Mensch, ob Tier, Baum oder Naturwesen. Wir alle sind gleichberechtigte Bewohner des Planeten Erde und nun hier zusammengekommen, um uns gemeinsam an die ursprüngliche Wahrheit des Lebens zu erinnern: dass immer genug Platz, Nahrung, Liebe und alles, was wir uns sonst wünschen, vorhanden ist. Für uns alle! Und dass daher der alte Kampf gegen vermeidliche Konkurrenten keinen Raum und keine Berechtigung mehr hat. Möge sich diese Erkenntnis als Teil der ursprünglichen Wahrheit des Lebens so schnell wie möglich im kollektiven Unbewussten der Menschheit verbreiten.

Von Sabine Sangitar Wenig habe ich voller Dankbarkeit ein Mantra übernommen, welches ich meinen Schülern immer wieder ans Herz lege, wenn sie üben, den Intento zu formulieren. Es lautet: AMIN NORA DE SAN.

Diese Worte kommen aus der Sprache der Elohim und bedeuten: Mein Wille und Gottes Wille sind eins. Es ist manchmal einfach unmöglich für uns, abzuschätzen, ob das, was ich mir wünsche, nicht einem anderen Wesen vielleicht schadet. Hänge ich aber ein AMIN NORA DE SAN an meinen Intento dran, kann ich mir sicher sein, dass er sich auf die Weise manifestieren wird, die für das Große und Ganze und allen beteiligten Wesen das Beste ist. Dies ist sehr wichtig! Ich möchte dir ans Herz legen, dir dies ebenfalls zur Angewohnheit zu machen.

Ein Beispiel hierzu: Ich fahre am Wochenende an die Ostsee und wünsche mir natürlich schönes Wetter für meinen Aufenthalt dort. Nun kann ich mit meinem Intento zwar bewirken, dass die Sonne scheinen wird, aber ist dies auch für alle anderen Wesen das Richtige? Kann ich mir wirklich sicher sein, dass ich nicht einem anderen Wesen damit schade, wenn ich mir wünsche, dass die Sonne scheint? Ich kann es nicht. Und so formuliere ich meinen Intento auf folgende Weise:

Möge an diesem Wochenende dort, wo ich
mit meiner Familie Urlaub mache, bitte schönes Wetter sein.
In Amin nora de san.

Ich weiß, dass der Große Geist aus seiner übergeordneten Perspektive heraus überblicken kann, was für wen wann richtig ist. Also formuliere ich meinen Wunsch, dass die Sonne scheinen möge, und fordere ihn liebevoll auf, dies so zu koordinieren, dass es für alle Wesen stimmig ist. Verstehst du? Es ist ungemein wichtig, dass du dies verinnerlichst und anwendest, damit du nicht ungewollt andere Wesen manipulierst oder ihnen sogar Schaden zufügst.

Die nun folgenden Punkte erleichtern das Loslassen des Intentos, was für seinen Manifestationsprozess von entscheidender Bedeutung ist. Denn halten wir an unserem Wunsch fest und denken einfach weiter: »Es soll die Sonne scheinen, es soll die Sonne scheinen, oh hoffentlich, es soll die Sonne scheinen«, ist der Manifestationsprozess blockiert. Aktiviere ich nach der Formulierung des Intentos aber meine bewusste, ursprüngliche Atmung oder gar meinen physischen Körper, wird der geistige Gedanke losgelassen, was auf sehr einfache Weise unsagbar effektiv ist.

Praktisch soll dies heißen: Fokussiere deine Aufmerksamkeit nach dem Verkünden deines Intentos auf deine Atmung, fasse die Absicht, dass dein Körper so atmen darf, wie er es möchte, und beobachte einige ruhige Atemzüge deines Körpers. Bist du alleine und hast Lust, das »Auf-die-Erde-Ziehen« deines Intentos zu verstärken, dann lass sanfte Bewegungen deines Körpers zu, die im Einklang mit deiner Atmung fließen. Ohne ein bestimmtes Ziel zu verfolgen, ohne Regeln, ohne Sinn und Zweck (siehe: AVATARA FLOW, Seite 158).

Beobachte deinen Körper dabei, wie er sich bewegt, und mische dich so wenig wie möglich ein. So stellst du deinem Intento einen fruchtbaren Manifestationsboden zur Verfügung. Tue dies, solange es sich richtig anfühlt, und kehre mit deiner Aufmerksamkeit immer wieder zum Atem zurück, wenn du bemerkst, dass es in dir denkt und dein Kopf versucht zu steuern. Du weißt, wann es gut ist.

Übung: Dein persönliches Gebet finden

Gehe noch mal zurück zu den Vorbereitungen für deinen Weg (Kapitel 2). Lies dir die Entscheidungen, die du in dein heiliges Buch geschrieben hast – deine Intentos – noch einmal durch und formuliere sie gegebenenfalls um, wenn dir heute einige Formulierungen besser gefallen. Nun nimm dir Zeit, noch einige Sätze hinzuzufügen, die für dich kraftspendende Entscheidungen beinhalten, die deine neuen Erkenntnisse zum Ausdruck bringen und an die du dich immer wieder selbst erinnern möchtest. Wie etwa: ***»Ich bin verbunden mit allem, was ist.«*** Oder: ***»Das Leben trägt und beschützt mich.«*** Lass einige Sätze zu deinem persönlichen Gebet werden. Dieses Gebet integriere auch in dein Morgenritual, von dem später die Rede sein wird. Du kannst es mit der Zeit beliebig ausbauen, verändern und ergänzen. Abschließend verwende wie erläutert das Mantra AMIN NORA DE SAN.

8
Die Praxis der Achtsamkeit
Alte Überzeugungen aufspüren und umformulieren

Unser Ziel ist es also, die in uns ablaufenden Schöpfungsprozesse, die auf den Überzeugungen und Glaubenssätzen unseres spirituellen Körpers basieren, immer mehr ins Licht des Bewusstseins zu holen, um die Dinge in unser Leben und unseren Körper zu ziehen, die wir uns wirklich wünschen.

Die meisten unserer Glaubenssätze sind uns nicht bewusst, dabei rufen sie immer wiederkehrende Gedanken und Gefühle hervor, projizieren sich auf die Leinwand unseres Lebens und auf unseren physischen Körper und bescheren uns interessante Situationen. »Männern kann man nicht vertrauen!« ist etwa eine häufige Überzeugung bei Frauen, die durch das von den Quantenphysikern beschriebene Resonanzprinzip vermehrt Männer in unser Leben zieht, denen wirklich nicht zu vertrauen ist.

Das unbewusste Glaubensmuster projiziert sich also nach außen und baut ein entsprechendes Resonanzfeld auf. Wir können lernen, unangenehme Phänomene im Außen automatisch auf unsere geistigen Prozesse zurückzuführen und sie umzuprogrammieren, sodass wir aufhören, Resonanzfelder im Außen zu kreieren, die wir uns gar nicht wünschen.

Die bewusste, ursprüngliche Atmung und Techniken der Achtsamkeit können uns hierbei sehr dienlich sein, um immer präsenter und wacher im Hier und Jetzt zu werden und so zu mehr Bewusstsein über die in uns ablaufenden Prozesse zu gelangen. Dies ist die einzige Möglichkeit, um alte Überzeugungen und daraus resultierende Gedanken zu entlarven und sie umzuformulieren, bevor sie Situationen in unser Leben ziehen, die nicht wünschenswert sind. Und es macht natürlich viel mehr Spaß, Resonanzfelder zu kreieren, die wir uns wirklich wünschen.

Zur Schulung der Achtsamkeit dient uns alles, was uns dabei hilft, aus immer wiederkehrenden Gedankenspiralen auszusteigen, und was unser Bewusstsein vom Verstand auf die Herzebene verschiebt. Unser Verstand lässt uns fast permanent in die Vergangenheit oder Zukunft abschweifen, sodass wir nicht im Hier und Jetzt anwesend sind. Das sind wir, wenn wir mit unserem Herzen verbunden sind. Es gilt also, aus dem Kopf heraus und in den Körper zu kommen, um unsere Aufmerksamkeit auf das Hier und Jetzt zu zentrieren. Denn wie wir ja bereits wissen: Unser Innenleben (also unsere Gedanken und Gefühle, die Produkt unserer Überzeugungen sind) projiziert sich direkt nach außen und erschafft die Umstände und Situationen um uns herum. Und dies derzeit mit einer höheren Geschwindigkeit als jemals zuvor.

Daher ist es nun, zu Beginn des Goldenen Zeitalters, so wichtig, dass wir uns darüber bewusst zu werden, dass es unsere eigenen Gedanken, Gefühle und Entscheidungen sind, die unsere Realität erschaffen und die unsere Nächsten beeinflussen. Deswegen wiederhole ich das auch so oft. Ich möchte dir unmissverständlich klarmachen, dass du als unbewusster Schöpfer, der nicht im Hier und Jetzt präsent ist, viel Schaden und Unheil in deinem Leben und deinem Umfeld anrichten kannst, und zwar ohne es überhaupt zu bemerken. Was du denkst und wie du über dich und andere Menschen urteilst, wird sich von Tag zu Tag spürbarer manifestieren. So schnell und fühlbar wie heute haben sich Gedanken noch nie in der Materie manifestiert, und somit ist eine tägliche Praxis der Achtsamkeit auch ungemein wichtig. Mach dir ebenfalls bewusst, dass der Weg, auf dem ich dich mit diesem Buch begleite, deine Manifestationskräfte noch um ein Vielfaches potenziert (warum das so ist, wirst du an späterer Stelle erfahren).

Du übernimmst also eine große Verantwortung, wenn du den Weg in Richtung deiner Wahrheit gehst. Sorge für ausreichend Raum in deinem Alltag, um dich der Innenschau und Stille zu widmen. Es gibt viele Menschen, die in mein Zentrum kommen und von mir lernen wollen, wie ihre Manifestationskraft und spirituelle Macht größer werden. Manchmal passiert es, dass mir gezeigt wird, dass ich sie wieder wegschicken soll, da sie nicht dazu bereit sind, sich in Achtsamkeit zu üben und ihre Eigenverantwortung zu übernehmen. Dann schließen sich alle Kanäle bei mir, und ich kann ihnen nicht weiterhelfen.

Im Grunde möchte niemand einem anderen Wesen wehtun. Aber die meisten Menschen haben aufgrund der Vielzahl von äußeren Anforderungen verlernt, die Verantwortung sich selbst gegenüber wirklich ernst zu nehmen und als essenziell wichtigen Lebensinhalt zu behandeln. Und so kriegen wir häufig nicht mit, was wir fühlen, denken und welche Entscheidungen wir treffen. Das ist sehr gefährlich. Ziehe deshalb unter dieses alte Kapitel einen Schlussstrich und beginne, mit dir selbst wieder ehrlich, aufrichtig und achtsam umzugehen. Denn auch deine geistigen Prozesse und ihre Manifestationskraft werden von Tag zu Tag stärker.

Achtsamkeit, so wie ich sie verstehe, bedeutet, Respekt gegenüber sich selbst und allen anderen Wesen zu haben, und die Verantwortung als Schöpfer unserer kollektiven Realität ernst zu nehmen.

Und so lass dich bitte an dieser Stelle von mir erneut dazu einladen, deinen Wochenplan zu überarbeiten und den Räumen, in denen du nur mit dir, deinen Gedanken und Gefühlen bist, einen noch höheren Stellenwert einzuräumen. Ich meine die Zeiten, in denen du ganz bewusst aus dem Verstand aus- und in dein Herzensbewusstsein eintrittst. Das ist kein Egoismus, sondern neuzeitliche Eigenverantwortung. Du wirst, wie du schon bald am eigenen Leib spüren kannst, auf diese Weise zum Geschenk und Leuchtturm für deine Umwelt.

Ich möchte dich ebenfalls dazu einladen, herauszufinden, welche Techniken oder Übungen für dich am wirkungsvollsten sind, um dich ins Jetzt zu holen. Eigentlich alle Übungen dieses Buches schulen deine Achtsamkeit und Präsenz. Probiere sie aus und entscheide dann, welche Übungen du in deinen Alltag mit aufnehmen möchtest und welche nicht. Ich empfehle dir ebenfalls, das Thema Achtsamkeit zu vertiefen, zum Beispiel mit Literatur von Jon Kabat-Zinn (siehe Anhang).

Gönnst du dir auch weiterhin zwei- bis dreimal am Tag Räume der Stille (entweder durch Bewegung im Wald oder passiv auf der Couch), wo du mit dir und deiner Innenwelt allein bist? Diese Räume sollten wie bereits erwähnt anfangs etwa 15 Minuten lang sein und sich in ihrer Länge stetig steigern. Sei dir bewusst, dass dies immense Widerstände in dir hervorrufen kann, da die meisten große Angst davor haben, sich selbst wirklich in aller Tiefe zu spüren und zu begegnen. Aber es ist enorm wichtig, diese Räume nun regelmäßig zu öffnen und sich dabei ganz bewusst mit der eigenen Angst auseinanderzusetzen, in sie hinein zu atmen und ihr zu begegnen. Denn das ist die einzige Möglichkeit, um sie zu verwandeln und schließlich gehen zu lassen.

Und auch die hinter der Angst stehende unwahre Überzeugung wird dir mithilfe von Achtsamkeitsübungen früher oder später begegnen. Denn die Angst ist entstanden, weil dein System noch an eine Unwahrheit glaubt, wie zum Beispiel »Rumsitzen heißt faul sein und das tut man nicht!« oder »So, wie ich bin, bin ich nicht richtig«. Viele von uns kennen diese Aussagen nur zu gut, und es wird Zeit, sie der Wahrheit entsprechend umzuformulieren.

Alle unbewussten Glaubenssätze und Überzeugungen, die auf

Trennung und somit Unwahrheit basieren, werden so lange von deinem System gespeichert, bis der richtige Zeitpunkt gekommen ist, dich auf diese Thematik aufmerksam zu machen. Es tritt jemand oder etwas in dein Leben, was dich auf das Vorhandensein der unwahren Überzeugung stößt. Du wirst auf diese Weise eingeladen, sie mit deinem heutigen Bewusstseinszustand zu betrachten, zu überdenken und gegebenenfalls zu deinem Wohl zu verändern. Deswegen werden wir häufig in den Ferien krank – das Leben wartet einen Moment ab, wo wir unsere Achtsamkeit leichter aktivieren und nach innen lenken können. Es tut dies nicht, um uns zu bestrafen, es tut dies, damit wir uns von alten, für uns schmerzhaften Prägungen und Mustern lösen und aus ihnen herauswachsen können. Denn all die Erfahrungen, die uns wehgetan haben, liegen in Form von unwahren Überzeugungen erschwerend in unserem System. Sie ziehen Dramen und Probleme in unser Leben und warten auf Erlösung für den Neubeginn im jetzigen Augenblick.

Übung: Dankbarkeit und Wertschätzung

Diese Achtsamkeitsübung möchte dir dabei helfen, mit deinem Hier und Jetzt zu verschmelzen und präsenter und wacher zu werden. Wenn du viel sitzt und ruhst, dann gehe jetzt raus und laufe durch die Natur. Wenn du viel in Bewegung und Action bist, dann mach es dir nun auf deiner Couch bequem. Formuliere den Intento: *»Ich bin jetzt dazu bereit, zu hundert Prozent präsent und bei mir zu sein. In Amin nora de san.«* Lenke dann den Fokus deiner Aufmerksamkeit auf deine Atmung und beobachte sie eine Zeit lang, ohne sie verändern zu wollen. Dann lass deinen Fokus auf alle schönen Dinge wandern, die derzeit in deinem Leben, also *jetzt,* gerade da sind. Lass sie vor deinen inneren und äußeren Augen (wenn du draußen bist) erscheinen und atme Dankbarkeit und Wertschätzung in ihre Richtung. Komm immer wieder zur Beobachtung deiner Atmung zurück. Mach weiter mit vielleicht banalen Dingen, an die du schon lange nicht mehr gedacht hast, die aber auch da sind und dein Leben angenehm machen. Vielleicht mit dem Sofa, auf dem du gerade liegst. Oder mit dem Kühlschrank, der immer ausreichend gefüllt ist. Den Bäumen, an denen du gerade vorbeiläufst. Dem Auto oder Fahrrad, die dich jeden Tag dorthin bringen, wohin du möchtest. Praktiziere Dankbarkeit und Wertschätzung für mindestens fünf Minuten und lass dann den Fokus deiner Aufmerksamkeit frei und offen werden. Ruhe oder bewege dich weiter, ohne ein bestimmtes Ziel oder eine Richtung zu haben. Spüre dann ganz bewusst deine gewachsene Lebendigkeit. Atme ruhig und frei fließend.

Ich empfehle dir, diese Achtsamkeitsübung von nun an regelmäßig zu praktizieren. Sie wird dir nicht nur helfen, immer präsenter und wacher im Augenblick zu sein, sondern sie wird auch deine Schöpferkraft auf ein neues Niveau heben, da Dankbarkeit und Wertschätzung unsagbar machtvolle Schlüssel sind, die uns in unsere ursprüngliche Verbundenheit mit den übergeordneten Kräften des Lebens zurückbringen.

Übung: Überzeugungen und Glaubenssätze auffinden

Diese Achtsamkeitsübung möchte dir dabei helfen, zu erkennen, dass alles, was in deinem Leben auftaucht, das Produkt deiner unbewussten Glaubensmuster ist. Es können Glaubensmuster sein, die du in deiner Kindheit kreiert, aus anderen Leben mitgebracht oder von deinen Ahnen übernommen hast. Mach dir klar, dass dich keine Schuld für das Zustandekommen dieser Muster trifft, sondern ihre Präsenz einen guten Grund hat, und zwar, dir den Weg vom Unbewussten zum Bewussten, vom Opfer zum Schöpfer zu ermöglichen.

Setz dich jetzt hin und nimm dir Zeit, deine derzeitige Situation zu überdenken. Lenke deine Aufmerksamkeit dabei auf immer wiederkehrende Probleme, Symptome und Herausforderungen und frage dich, mit welchen unbewussten Glaubenssätzen diese Phänomene zu tun haben könnten. Schreibe dir das wie folgt in dein heiliges Buch:

Das Leben/mein Körper zeigt mir immer wieder …
Daraus schließe ich, dass es in mir glaubt, dass …
Meine neue Entscheidung könnte also lauten, dass …

Je weniger du dich mit einem Glaubenssatz identifizierst, desto leichter wird es sein, ihn umzuwandeln. Fange mit der Thematik an, bei der es dir am dringlichsten erscheint, dich neu zu entscheiden. Formuliere deine neue Entscheidung erst einmal sehr zaghaft und warte ab, was passiert. Das Treffen einer neuen Entscheidung bringt zunächst alles in dir hoch und auf die Leinwand deines Lebens, was dich bisher davon abgehalten hat, ein bestimmtes Ziel zu erreichen und zu leben.

Lass dich von Engpässen oder Herausforderungen, die sich nun in deinem Leben zeigen, nicht entmutigen. Sie möchten dir nur dabei helfen, deine neue Entscheidung wiederholt zu treffen und somit zu bekräftigen. Schreibe groß und in deiner Lieblingsfarbe in dein heiliges Buch die Entscheidung, die du zu treffen bereit bist. Zum Beispiel:

Ich weiß, dass ich so, wie ich bin, genau richtig bin!

Sei dir aber bitte im Klaren darüber, dass es nicht, sobald du deine neue Entscheidung einmal ausgesprochen hast, puff macht und die alte Überzeugung weggezaubert ist. Das funktioniert so leider nicht. Zumindest jetzt noch nicht. Irgendwann wird dieser Moment kommen, denn unsere Manifestationskraft nimmt von Tag zu Tag zu.

Am Anfang des Weges musst du deine neuen Entscheidungen mehrmals wiederholen. Immer und immer wieder. Bis du eines Tages spürst, dass sich in deinem Leben und deinem Körper etwas verändert hat.

Denke daran: Das eine ist das, was dein Verstand als logisch empfindet, und das andere das, was du mit deinem Herzensbewusstsein als Antwort auf deine Frage wahrnehmen kannst. Sie kommt meist aus höheren Sphären. Probiere beides aus und vergleiche die Resultate.

Dieses Achtsamkeitstraining ist zugegebenermaßen manchmal etwas mühselig und anstrengend, denn es kommen derzeit unsagbar viele Themen gleichzeitig in unserem Bewusstsein hoch, wenn wir uns erst einmal dafür entscheiden, zuzuhören. Aber es lohnt sich und ist fundamental wichtig. Und außerdem wirst du später eine weitere Technik erlernen, wie du viel müheloser und kraftvoller alte Glaubenssätze umformulieren kannst. Zunächst einmal ist es aber wichtig, dich mit dieser Grundform vertraut zu machen.

Die Falle des Egos: Schuldzuweisung

An dieser Stelle möchte ich dich dazu einladen, nicht in die Falle zu tappen, die dein Verstand dir stellt, und dich der Empörung hinzugeben, die Gedanken wie »Dann ist das alles meine Schuld, oder was?« in dir hervorrufen könnten. Denn es ist *nicht* deine Schuld. Zum einen, weil deine alten Überzeugungen damals ihren Sinn und Zweck hatten, als du sie in deinem System aufgenommen hast. Damals beschrieben sie deine Wahrheit und Realität und haben dir somit gedient. Du hattest keine andere Wahl, als sie in deinen spirituellen Körper aufzunehmen. Außerdem warst du ein Kind, auch daher trifft dich keine Schuld. Doch auch deine Eltern sind frei von Schuld, denn auch sie gaben ihr Bestes und lebten ihre unbewussten Glaubensmuster, die sie wiederum von ihren Eltern übernommen haben. Es geht hier gar nicht um Schuld, denn dies entspricht dem alten Glauben, dass wir Opfer äußerer Umstände seien. Und das ist nach altem Wissen *nicht* wahr. Wir alle sind machtvolle Schöpferwesen und haben lediglich in der Vergangenheit aus unseren unbewussten Mustern heraus unsere Realität kreiert. Dies darf nun anders werden.

Und natürlich sind wir keine abgeschlossenen Systeme, sondern über das morphische Feld mit allen Menschen auf der Erde verbunden. Aus diesem Grund werden wir auch von unseren Mitmenschen und ihren inneren Überzeugungen am laufenden Band beeinflusst. Dies verstärkt sich momentan noch, was auf die erhöhte Schwingungsfrequenz um uns herum zurückzuführen ist. Wir werden immer dünnhäutiger, und unser System registriert immer deutlicher, was es in unserem Gegenüber denkt und fühlt. Das kann sich auch auf unseren physischen Körper und unsere Lebensumstände auswirken, vor allem, wenn wir dauerhaft mit derselben Person zusammen sind.

Das morphische Feld verbindet uns aber auch mit dem kollektiven Bewusstsein, dem, was derzeit von der Mehrheit der Menschheit geglaubt, gedacht und gefühlt wird. Vor allem, wenn wir in einer Stadt wohnen, ist der Druck des Kollektivs zuweilen sehr hoch, und wir denken Gedanken, die gar nicht zu uns gehören und die oftmals voller Angst und Misstrauen sind. Wir sollten sie schleunigst aufspüren und aus unserem Mentalkörper verbannen.

Auch mit unserem Planetenbewusstsein stehen wir in ständigem Austausch. Einige von uns mehr als andere. Aber wir alle sind mit ihm verbunden: einem lebendigen Wesen, dessen Bewusstsein derzeit einen noch nie da gewesenen Erwachungsprozess durchmacht. Wir machen ihn mit ihm gemeinsam durch, und alles, was wir in uns, vor allem in unserem spirituellen Körper, aufräumen, entlastet auch das Planetenbewusstsein und rückt es ein Stück weiter an seine Ursprünglichkeit heran. Denn auch das Planetenbewusstsein hatte vergessen, wer es in Wirklichkeit ist. Genau wie wir. Und wir gehen nun gemeinsam den Weg des Erinnerns und Wieder-Anknüpfens an unsere Ursprünglichkeit.

Ich schlage vor, dass wir ganz bei uns und unserem Innenleben bleiben. Denn nur so finden wir den goldenen Schlüssel der Macht eines neuzeitlichen Schöpfers, der eine riesige Tür in die Freiheit und die Schönheit des Lebens öffnet. Auf dieser Tür stehen groß die Wörter »Achtsamkeit« und »Eigenverantwortung«.

Übung: Finde den Zugang zu deiner wahren Essenz und stärke sie

Schließe deine Augen und beobachte deine Atmung, wie sie ruhig und gleichmäßig fließt. Formuliere geistig die Absicht, mit deiner wahren Essenz wieder in Kontakt zu treten, und bitte darum, einen inneren Andockpunkt zu finden, der dir dabei hilft. Atme ruhig und gleichmäßig in dein Zentrum hinein und warte ab, was passiert. Vielleicht erscheint ein Bild, oder du hast das Gefühl, dass du dich deinem inneren Andockpunkt näherst. Bitte deinen Körper darum, ein Mudra, also eine Position für beide Hände, zu finden, das dich beim Erspüren und Auffinden deines inneren Andockpunktes unterstützt. Zweifle nicht an dem, was deine Hände nun tun, sondern atme Vertrauen in ihre Richtung. Bleibe bei der Position deiner Hände, bei der du das beste Gefühl hast, und atme weiter. Atme in das Gefühl hinein, mithilfe deines persönlichen Mudras deinen inneren Andockpunkt zu deiner wahren Essenz gefunden zu haben, und verweile hier geistig für einige Atemzüge. Um diesen Zugang zu stärken, wiederhole im Stillen sieben Mal das Mantra aus Taguarís Welt »SO-LA-VA-YA«. Wahrscheinlich wirst du nun viel Licht sehen oder fühlen. Dieses Licht bist du. Es ist deine wahre Essenz. Schreibe dir deine Erfahrungen zu dieser Übung in dein heiliges Buch. Nutze dein Mudra von nun an täglich, um den inneren Zugang zu dir selbst wiederherzustellen, wenn du ihn fühlbar verloren hast. Eine Literaturempfehlung zum Thema Mudras findest du ganz hinten im Buch.

Neuzeitliche Eigenverantwortung

Mit der Achtsamkeitspraxis und der ursprünglichen Atmung (siehe Kapitel 10) kommst du Schritt für Schritt wieder zu dir und ins Hier und Jetzt zurück. Nun ist es an der Zeit, einen weiteren wichtigen Schritt in die neue Zeit zu vollziehen, den du in den nächsten Wochen situationsbezogen immer mehr vertiefen und bekräftigen kannst.

Du hast dich bereits daran erinnern lassen, dass wahre Heilung nur von dir selbst ausgehen kann. Dass also die Verantwortung für deine Gesundheit und dein Lebensglück letztendlich in deinen eigenen Händen liegt. Wünschst du dir wirkliche Freiheit und Selbstbestimmung, so musst du die volle Verantwortung für dein Leben und Wohlergehen übernehmen. Hierfür hast du im Rahmen der vier Vorbereitungsschritte schon einen sehr machtvollen Anfang gemacht, indem du dich für das Vertrauen in dich und deine inneren Wahrnehmungen entschieden hast.

Wiederhole deine Entscheidung zu vertrauen am besten morgens bei Sonnenaufgang. So wird sich deine ursprüngliche Verbundenheit mit deiner Intuition wieder freischalten, und du wirst eine Stimme in dir hören, die weiß, was für dich gut ist und was nicht, und die deshalb leicht und gelassen die Verantwortung für dein Seelenwohl und Leben tragen kann.

Werde dir an dieser Stelle bewusst, dass die hundertprozentige Übernahme der Eigenverantwortung einen wahrlich großen und fast revolutionären Prozess darstellt. Denn unsere Vorfahren haben uns seit vielen Generationen etwas anderes vorgelebt. Nimm dir in den nächsten Tagen die Zeit und beobachte die Menschen in deinem Umfeld unter diesem Gesichtspunkt. Schau, wie schnell es geht, dass sie im Außen nach Verursachern oder Verantwortlichen für die Engpässe in ihrem Leben suchen. Es geht hier nicht ums Anprangern oder Verurteilen. Wir alle sitzen im selben Boot, und es gilt nun, gemeinsam einen Schritt in eine neue Richtung zu machen: zur hundertprozentigen Übernahme der Verantwortung für das, was in unserem Leben geschieht. Denn dann endlich werden Frieden und Freiheit Einzug halten auf Erden. Kannst du dir das vorstellen?

Zunächst wird dich die Praxis der neuzeitlichen Eigenverantwortung zu mehr Licht und Handlungskompetenz führen und dir ein neues und sehr viel höherschwingendes Fundament schenken. Schon sehr bald wirst du in der Lage sein, alte Abhängigkeiten von äußeren Instanzen zu erkennen und zu durchbrechen. Dies wird dazu führen, dass viele externe Faktoren dich nicht mehr negativ beeinflussen können, denn du wirst verstehen, dass du ihnen als Schöpfer deiner Realität nicht ausgeliefert bist! Du kommst vom alten Opfer- ins neuzeitliche Schöpferbewusstsein, mit dem du erfahren wirst, dass du es in der Hand hast, alles in deinem Leben gemäß deinen Herzenswünschen zu verändern.

Aus Hawaii hörte ich eine höchst interessante Geschichte: Der Leiter einer Nervenklinik, Dr. Hew Len, war eines Tages so verzweifelt über den wachsenden »Wahnsinn« seiner Patienten, der auch seine Angestellte zu beeinflussen anfing, dass er von heute auf morgen eine Entscheidung traf: »Es muss auch anders funktionieren«, dachte es vielleicht in ihm, und er erinnerte sich daran, dass er die hundertprozentige Verantwortung dafür in sich trug. Schließlich passierte es in seinem Resonanzfeld, in seinem Leben. So setzte sich dieser Mann in sein Büro und begann, über den Patientenakten Gebete der Vergebung zu sprechen, die er von einer alten Kahuna (einer traditionellen Heilerin) gelernt hatte. Er dockte währenddessen bewusst an die Wahrheit an, dass unwahre Gedanken und Überzeugungen in ihm die Situation kreiert hatten, die Wahrheit aber lautete, dass er pure, göttliche, unschuldige Liebe ist. Diese innere Klärung brachte ganz erstaunliche Ergebnisse in seinem Umfeld zustande, und die Situation in seiner Klinik verbesserte sich drastisch.

Heute wird diese Technik der Vergebung, die auf die Lehren der hawaiianischen Ureinwohner zurückzuführen ist, weltweit unter dem Namen Ho'oponopono gelehrt und angewandt.

Mir ist mein neunjähriger Sohn hier der beste Lehrer: Lass ich zu sehr los und übergib mich den liebenden Wesen der geistigen Welt, fängt er auf sehr eindrucksvolle Weise an, mir auf der Nase herumzutanzen. So lange, bis ich mit den Füßen wieder auf den Boden komme und mich neu dafür entscheide, die Verantwortung für mein Leben zu übernehmen. Aus eigener Erfahrung weiß ich: Es ist ein längerer Prozess hinein in unser ursprüngliches Schöpferbewusstsein. Wir haben es schon so lange nicht mehr gelebt, dass die Programmierungen unseres Unbewussten zunächst erkannt und umformuliert werden müssen. Aber es lohnt sich, denn packen wir diese Herausforderung an, wird alles in unserem Leben leichter. Dann erkennen wir immer leichter, wie uns das Leben durch äußere Herausforderungen stets einladen möchte, uns innerlich wieder neu zu positionieren und auszurichten.

Auch du kannst diesen machtvollen Schritt für dich gehen. Werde dir darüber bewusst, dass du hier wahrhaftige Pionierarbeit leistest, da deine Vorfahren dir hierbei wahrscheinlich nicht behilflich gewesen sind. Zu verbreitet war das Vergessen unserer wahren Fähigkeiten und der damit verbundene unbewusste Glaube, das Opfer äußerer Realitäten zu sein. Es ist nicht ratsam, in der Vergangenheit zu verweilen und darüber zu philosophieren, warum die Dinge damals so waren, wie sie waren. Wir sind diesbezüglich im Land der Dichter und Denker sehr geschult, ich weiß.

Meine Einladung ist stattdessen, dir klarzumachen, dass du genau jetzt, in diesem Augenblick, etwas vollkommen Neues beginnen darfst. Schlage ein neues Kapitel in deinem Leben auf. Am

Anfang mag sich das noch etwas ungewohnt und wacklig anfühlen, doch du hast in diesem neuen Lebenskapitel das Recht dazu, Fehler zu machen, da diese zu allen Neuanfängen dazugehören.

Doch auch wenn du nun die hundertprozentige Verantwortung für dein Leben übernimmst, bedeutet das nicht – und mir ist ganz besonders wichtig, dass ich hier richtig verstanden werde –, dass du keine Ärzte, Medikamente oder Therapeuten mehr brauchst und sie alle sofort von dir wegstoßen solltest. Das ist es *nicht*, was ich dir rate. Ich möchte dir ans Herz legen, weiter die Ärzte und Therapeuten deines Vertrauens aufzusuchen, denn sie haben wertvolles Wissen über die Funktionszusammenhänge des menschlichen Körpers. Sie sollten dir mit ihrer Kompetenz unterstützend zur Seite stehen, wenn es dir nicht gut geht. Gerade in einem Notfall oder akuten Schmerzmoment: Lass dir von ihnen helfen und deine Symptome rechtzeitig abklären. Aber lass dir deine eigene Verantwortung für deinen Körper nicht mehr abnehmen. Denn du bist der/die eigentliche Experte/Expertin deines Körpers, nur du warst in deiner Kindheit dabei. Nur du weißt, was dir alles widerfahren ist, wie deine Eltern gelebt und was sie dir mit auf den Weg gegeben haben. Der Weg zu deiner eigenen Medizin ist ein Weg, der Zeit braucht und daher über einen langen Zeitraum als komplementär zu deiner bisherigen medizinischen Versorgung betrachtet werden sollte. Dein System braucht seine Zeit, um sich auf die neue Ebene eines verantwortungsbewussten Schöpfers erheben zu können.

Neuzeitliche Eigenverantwortung und Freiheit bedeutet also *nicht*, niemanden mehr zurate zu ziehen, sondern dies aus einer veränderten Perspektive heraus zu tun: Äußere Instanzen beraten uns und teilen ihren großen Wissensschatz über den Körper und seine Funktionen mit uns sowie über den Nutzen von Heilpflanzen und andere uns unterstützende Mittel. Oder sie helfen uns, besonders tief sitzende Muster zu erkennen, an die wir manchmal aus gutem Grund nicht alleine herankommen.

Und wir, die Experten für unser System, die die Verantwortung für unser Wohlergehen in unseren eigenen Händen tragen, dürfen eine Entscheidung treffen und diese dann in veränderte Handlungen nach außen hin sichtbar werden lassen. Denn nur so ist laut altem Wissen wirkliche Heilung und langfristige Freiheit von körperlichen Symptomen möglich.

Nicht jeder Arzt und Therapeut ist sich heute schon seiner neuzeitlichen Aufgabe als Berater bewusst. Aber wenn du dir Zeit lässt und dich nicht unter Druck setzt, wirst du Schritt für Schritt dahinterkommen, wie dieser Aspekt in deinem Leben umgesetzt werden kann. Frage dich zum Beispiel, ob du in der Vergangenheit durch die Abgabe deiner Eigenverantwortung oftmals unbewusst nach außen gegangen bist, um etwas oder jemanden zu suchen, das oder der dafür sorgt, dass es dir gut geht.

Ich weiß noch, wie schrecklich es früher für mich war, wenn die Sonne nicht geschienen hat. Heute ist mir das relativ egal und meine Stimmung ist durch klimatische Bedingungen lediglich leicht verfärbbar. Auch in meinen Beziehungen hat sich sehr viel getan, nachdem ich für mich erkannt habe, dass etwas tief in mir drin daran geglaubt hat, dass jemand anders (zum Beispiel mein Partner oder mein Kind) dafür verantwortlich sei, dass es mir gut geht.

Es ist so wichtig, dass uns diese Dinge bewusst werden, denn nur so können wir wirklich Freiheit und Unabhängigkeit erlangen. Nach dem, was ich auf meinem Weg erkennen durfte, haben wir fast alle den Seelenanteil der Eigenverantwortung in frühester Kindheit unbewusst abgegeben. Oder besser gesagt: abgeben müssen, denn wir hatten keine andere Wahl. Dieser Schritt gewährleistete unser Überleben und war daher notwendig. Später werde ich auf diese Thematik noch einmal zurückkommen.

Das hört sich für dich nach einem riesigen Schritt an? Das kann ich gut nachfühlen, und dem ist auch so. Lass dir also Zeit und setze dich nicht unter Druck. Wichtig ist, dass du erkennst, dass es alte Muster in dir gibt, die dich bisher davon abgehalten haben, deine Eigenverantwortung zu leben, und dass du dich dann für deren Rücknahme aus dem Herzen heraus entscheidest.

Entscheide dich ebenfalls für Milde und Sanftmut dir selbst gegenüber, denn dies ist ein wirklich großer Schritt auf neuem Territorium, und du wirst wahrscheinlich hin und wieder etwas sagen oder tun, das sich im Nachhinein als nicht sehr förderlich herausstellt. Wir müssen erst wieder lernen, was Vertrauen in die eigene innere Stimme bedeutet und wie das funktioniert! Schließlich sind wir es alle gewohnt, andere zu befragen, wenn es uns nicht gut geht. Lass nicht zu, dass dein innerer Kritiker dich fertigmacht, wenn du bei Entscheidungen ins Hadern kommst.

Alle Erfahrungen, die du nach Rückholung deiner Eigenverantwortung sammelst, sind ein wichtiger Bestandteil deines Weges. Sie helfen dir, Klarheit darüber zu erlangen, was wirklich gut für dich ist und was nicht. Was dein Körper braucht und was nicht.

Ziehe ruhig weiterhin auch Berater von außen an deine Seite, die dir bei deiner Entscheidungsfindung helfen. Die dir zeigen können, dass dein inneres Wissen recht hatte. Es ist noch kein Meister vom Himmel gefallen, und deswegen wird von dir auch nicht verlangt, dass du von heute auf morgen weißt, was das Richtige für dich bezüglich deiner Gesundheit oder deines allgemeinen Wohlbefindens ist.

Übung: Übernahme der neuzeitlichen Eigenverantwortung für dein Seelenwohl

Schaffe dir zu Hause einen heiligen Raum und sorge dafür, dass du mindestens eine halbe Stunde ungestört bist. Meditiere, so wie du es gewohnt bist. Wenn du keine Meditationstechnik praktizierst, bewege dich etwas und beobachte dabei deine Atmung. Dehne und strecke deinen Körper, beuge den Oberkörper nach vorne, lass den Kopf hängen und schüttele ihn aus, sodass sich Spannungen im Schulter-

Nacken-Bereich sanft lösen können. Atme mehrere Male kraftvoll aus dem geöffneten Mund aus und fasse die Absicht, dass sich deine männlichen und weiblichen Energien ausgleichen mögen. Erde dich und aktiviere deine Füße, indem du den Fokus auf sie verlagerst, sie bewegst, rubbelst, hüpfst. Ganz so, wie es sich für dich richtig anfühlt. Und dann rufe alle deine Chakren zusammen in dein vereinigtes Chakra. Verweile so einige Augenblicke und genieße. Nun rufe deine inneren Helfer herbei und bitte sie darum, dich bei der folgenden Rückholung deines Seelenanteils der Eigenverantwortung zu unterstützen. Bitte sie darum, dass diese Rückholung genau so geschehen möge, wie es derzeit gut für dich ist. Sei dir gewiss, dass du in deinem vereinigten Chakra sicher und geschützt bist. Visualisiere zusätzlich eine Lichtsäule aus weißem Licht und stelle dich in diese Lichtsäule hinein. Und nun spüre gut in dich hinein: Wenn du Ruhe, Vertrauen und Weite im Herzen spürst, dann stelle dich stabil hin, die Füße parallel und etwa hüftbreit auseinander, und atme in dein Zentrum.

Nun sprich die unten stehenden Worte laut aus (fühlst du dich nicht bereit dafür, dann ist das vollkommen okay. Höre auf die Warnzeichen deines Körpers, warte noch ab oder suche dir menschliche Hilfe für diesen Schritt).

Ich bin jetzt dazu bereit, die Verantwortung für mein Leben wieder voll und ganz in meine eigenen Hände zu nehmen. Ich rufe den Seelenanteil meiner Eigenverantwortung zu mir und bitte ihn um Verzeihung, dass ich ihn in der Vergangenheit abgegeben habe. Jetzt ist der Zeitpunkt gekommen, in dem ich ihn in gereinigter und neuzeitlich aufbereiteter Form wieder zu mir zurücknehmen und ihm seinen ursprünglichen Platz in mir zurückgeben möchte. Möge dies in größtmöglicher Leichtigkeit und in Amin nora de san jetzt geschehen. So sei es und so ist es. DANKE!

Hier noch ein wichtiger Hinweis: Es ist fundamental wichtig, die Warnsignale deines Körpers stets aufmerksam zu beachten und dich dementsprechend eigenfürsorglich und -verantwortlich zu verhalten. Befindest du dich momentan in Therapie oder nimmst du Medikamente ein, ist es wichtig, dies zunächst fortzuführen. Dein Körper ist an diese Maßnahmen gewöhnt, und es wäre sehr gefährlich für dich, sie nun einfach abzubrechen. Bitte nimm dir für alle Schritte, die du in Richtung Übernahme der Eigenverantwortung tust, viel Zeit und beziehe deinen Arzt oder Therapeuten mit in deine Entscheidungen ein. Das Allerwichtigste ist, dass du beginnst, auf deinen Körper zu hören; dir hierfür wirklich Zeit und Raum zu schaffen, um in deinen Körper zu spüren und dir darüber klar zu werden, was dir guttut und was nicht. Und was deine neuen Schritte mit dir und deinem Körper tun.

Du solltest niemals in einen wirklich unangenehmen Schmerz hineingehen oder ihn ignorieren. Lass deine Symptome zunächst ärztlich abklären und entscheide dich dann dafür, das zu tun, was sich gut und richtig für dich anfühlt. Und wenn du nicht mehr weiterweißt oder Schmerzen hast: Hole dir auch hier wieder Rat und Hilfe von außen! Oft stehen wir zu dicht vor unseren eigenen Themen, als dass wir sie erkennen könnten. Manche halten uns wie in einem »ätherischen Korsett« gefangen. Da brauchen wir einfach die Hilfe von einem Außenstehenden, der neutral auf unser Thema blicken kann.

Außerdem ist das Bitten um Hilfe ein sehr zentraler Schritt, denn er eröffnet vielen Menschen einen vollkommen neuen Weg – den weiblichen Weg. Viele von uns tragen noch den unbewussten Glaubenssatz in sich, dass sie alles alleine meistern müssten. Aber wir dürfen uns helfen lassen; nur so wird ein Leben in Leichtigkeit und Freude überhaupt möglich. Außerdem sind wir Menschen Rudeltiere, und das Miteinander ist wichtigster Seelenbalsam und Ausdruck unserer Menschlichkeit.

Erinnere dich: Den Weg ins neue Zeitalter gehst du gemeinsam mit deinem Körper. Das bedeutet, dass du dir jeden Tag Zeit für ihn nehmen solltest, um ihn zu beobachten, zu pflegen, zu spüren und ihn zu fragen, wie es ihm geht und was er braucht. Er versteht jeden einzelnen deiner Gedanken und antwortet dir immer. Je öfter du das tust, desto einfacher wird die Kommunikation zwischen dir und deinem Körper sein.

9
Die Reaktivierung der weiblichen Kraft

Mit dem Herzensbewusstsein in Verbindung kommen

Wie wir bereits weiter vorne festgestellt haben, können wir in unsere goldene Mitte, in unsere Ursprünglichkeit, zurückfinden, indem wir ganz gezielt die weibliche Energie in uns reaktivieren, also den Gegenpol des derzeit Gelebten. Das verhindert viele Dramen auf unserem Weg und löst nebenbei eine Bewusstseinserweiterung in uns aus, die wir für unseren Weg zurück in unsere ursprüngliche Größe brauchen.

Das Goldene Zeitalter wird auch das Zeitalter der Weiblichkeit genannt. Nicht, weil die männliche Energie nun nicht mehr wichtig wäre, sondern weil die weibliche Energie wiedererwachen und endlich an ihren ursprünglichen Platz zurückdarf: gleichberechtigt an die Seite des Männlichen, in liebevoller Verbundenheit und Ausgewogenheit. Deshalb ist die »Schlange des Lichtes« laut dem spirituellen Lehrer Drunvalo Melchizedek auch zu Beginn des Goldenen Zeitalters nach Südamerika gewandert und verbindet nun den Mittelpunkt der Erde mit der Erdoberfläche von Nordchile und Peru. Sie wird auch Erd-Kundalini genannt und weist auf die Region der Erde, von der Melchizedek zufolge derzeit der stärkste energetische Impuls zur spirituellen Weiterentwicklung der Menschheit ausgeht. In den letzten 13000 Jahren zeigte die Schlange des Lichtes auf Tibet und Indien. Seit Beginn des 21. Jahrhunderts verweilt sie nun für die nächsten 13000 Jahre an ihrem neuen Standort. Diese Region stellt also das derzeitige spirituelle Zentrum der Erde dar, von wo aus die Erdenergien einen großen Einfluss auf die spirituelle Entwicklung und Ausrichtung der Menschheit haben. Melchizedek spricht in diesem Zusammenhang vom »Übergang der spirituellen Macht vom Männlichen zum Weiblichen«. Was er damit genau meint, konnte ich während meines siebenjährigen Aufenthaltes auf diesem Kontinent gut nachfühlen. Denn die Erdenergie von Südamerika strahlt eine unsagbar hochpotente Yin-Kraft – eine weibliche Kraft – aus.

Die Erdkraft unseres eigenen Kontinents ist aufgrund all unserer Schandtaten der letzten Jahrtausende leider sehr schwach geworden. Daher wirkt für uns Europäer der bloße Aufenthalt auf südamerikanischem Boden bereits wie eine segensreiche und bewusstseinserweiternde Medizin. Warum? Weil wir ein sehr starkes Yang-Extrem aufweisen und leben und die Yin-Kraft Südamerikas uns daher ausgleicht und in das Feld der Ursprünglichkeit führt. Erdenergetisch ist dort also unser derzeitiger Gegenpol zu Hause, deshalb übt dieser Kontinent auch gerade so eine starke Anziehungskraft auf viele von uns aus.

Die Südamerikaner haben durch diese intensive Yin-Kraft, von der sie umgeben sind, eine Lebensweise entwickelt, die von der unsrigen sehr weit entfernt ist. Sie sind daher so etwas wie eine neuzeitliche Medizin für uns und vermögen es wie niemand anderes, unser Herz zu berühren. Warst du schon dort?

Ich gebe dir nun einige Beispiele für die Erscheinungsformen dieser unterschiedlichen Kräfte: Ordnung ist beispielsweise eine Yang-Kraft, die wir Deutschen in einem extrem hohen Maß kultivieren. Das ist uns in einigen Bereichen des Lebens natürlich sehr dienlich, hält uns aber durch das gänzliche Fehlen ihres Gegenpols, des Chaos (Yin-Kraft), vom Feld der Ursprünglichkeit getrennt und entzieht uns somit Lebenskraft. Wir halten ständig an unserer Ordnung fest und verlieren unsagbar viel Kraft und Lebensfreude dadurch. Orientieren wir uns nun am entgegengesetzten Pol, das heißt, in Richtung Chaos, finden wir auf diese Weise in unsere goldene Mitte zurück. (Das fällt uns in den südamerikanischen Ländern leicht, da die Menschen dort die absoluten Chaosexperten sind.) Durch unsere bewusste Entscheidung dafür kann sich beides in unserem System integrieren: die Ordnung und das Chaos. Denn beides gehört zum Leben dazu, und wir brauchen das Chaos, damit eine Neuordnung sich auf breitem Fundament aufbauen kann.

Das Leben besteht aus ständiger Neuordnung, nichts hat von Natur aus ewig Bestand. Und so lösen wir uns aus der alten Illusion der Trennung und werden durch das Andocken am Chaos in das Feld der Ursprünglichkeit gezogen. Logisch, oder?

Die Südamerikaner haben im Allgemeinen einen sehr guten Zugang zu ihrer Intuition und zu ihrer Körperintelligenz, was ebenfalls eine Yin-Qualität darstellt. Beispielsweise wird der Großteil des Autoverkehrs in südamerikanischen Großstädten rein intuitiv geregelt, niemand hält sich hier an Verkehrsregeln. Versucht dies ein Autofahrer und kommt dadurch vom Bauch in den Kopf, läuft er Gefahr, einen Unfall zu verursachen. Der Körper ist der Yin-Pol, der Verstand der Yang-Pol. Ich meine das nicht als Wertung, weder das eine noch das andere ist besser. Beide Pole gehören zum Leben dazu und sind wichtig. Balancieren sie sich gegenseitig aus, werden beide stärker und größer dadurch. Wenn wir Westeuropäer wieder mehr Kontakt mit unserer Intuition haben, können wir zum Beispiel schon sehr bald fühlen, wo heute die beste Route für uns verläuft, um lästigen Staus aus dem Wege zu gehen.

Jeder Kontinent hat seine Stärke, mit der er die anderen bereichern kann. Südamerika ist für mich der Kontinent, der das Herz des Menschen berührt und öffnet.

Welche südamerikanische Qualität mich ebenfalls sehr beeindruckt hat, ist die Fähigkeit der Menschen dort, mit dem, was da ist, zufrieden zu sein. Etwas, was ich in Deutschland nur sehr verhalten beobachten kann. Mir wurde bewusst, wie sehr wir von klein auf daran gewöhnt sind, immer auf die Schwachstelle einer Situation oder Person zu schauen und die Lichtseite des Gegenübers nicht wahrzunehmen. Das macht uns zu sehr fleißigen Menschen, die Großartiges leisten und bauen, da sie immer das Gefühl haben, es müsse noch besser werden. Die Südamerikaner leben das Gegenteil: Sie schauen nur auf die Lichtseite einer Situation und Person, was sie natürlich zufriedener, leichtherziger und glücklicher macht, wodurch sie Konflikte und andere Schwachstellen aber nur schwer beheben können, da diese einfach übersehen werden. Dies ist mir in Kolumbien sehr stark aufgefallen, wo ein ewiger Bürgerkrieg herrscht, der sich schier nicht befrieden lässt. Wir sehen, wie gut wir voneinander profitieren können, damit wir Westeuropäer etwas leichtherziger und zufriedener durch das Leben spazieren und die Kolumbianer vielleicht etwas nachhaltiger konstruieren können.

Ich könnte noch viele weitere Erfahrungen aus meiner Zeit in Südamerika aufzählen, an denen man sehen kann, wie das südamerikanische Yin-Extrem uns »ver-yangten« Westeuropäern zur Rückkehr in unsere goldene Mitte inspirieren kann. Dies verhilft uns zu einem sanften Einstieg in das Goldene Zeitalter, denn versuchen wir an unserer gewohnten Einseitigkeit festzuhalten, muss das Leben zu schmerzhaften Dramen greifen, damit uns der Fluss des Lebens zurück ins Ursprüngliche mitnehmen kann.

Einen großen Schritt in Richtung goldene Mitte machen wir, wenn wir lernen, bewusst aus unserem Verstand herauszutreten und in unser Herzensbewusstsein zu gehen.

Von der Kunst, den Kopf loszulassen

Es ist mittlerweile nicht mehr zu übersehen: Möchten wir zum/zur bewussten Mitschöpfer/-in der neuen Erde werden, müssen wir lernen, bewusst aus dem Kopf und somit aus dem Verstand herauszutreten, um unser Bewusstsein zu seinem Gegenpol zu bringen. Denn nur so werden wir den Weg zurück in das Feld der Ursprünglichkeit finden. Die Notwendigkeit dieser Umpolung konfrontiert die meisten von uns mit einem großen inneren Fragezeichen und fühlt sich schwer umsetzbar an. Zum Glück aber trügt dieses Gefühl, das wirst du bald am eigenen Körper spüren. Alle Übungen und Schritte in diesem Buch werden das für dich erfahrbar machen.

Wir haben nur noch nicht gelernt, aus dem Verstand ins Herz zu kommen – weder im Kindergarten noch in der Schule, geschweige denn auf der Universität wurde uns das beigebracht. Und uns wurde leider auch verschwiegen, dass das phasenweise Austreten aus unserem Verstand unsagbar nützlich für uns sein kann. Zum Beispiel, um ihn einer wirkungsvollen Klärung zu unterziehen und neu auszurichten. Stattdessen wurden wir verbal und nonverbal ständig darum »gebeten«, bloß niemals unseren Verstand auszuschalten. Und deswegen glaubt es unbewusst in den meisten von uns, dass etwas Schlimmes passiert, wenn wir dies tun würden. Dem ist aber nicht so, das Gegenteil ist der Fall. Wir sind nun dazu aufgerufen, uns an dieses große Abenteuer zu wagen, da wir sonst den Weg zurück zu unserem ursprünglichen Sein nicht finden werden! Denn unser Verstand hat keine Ahnung davon, wer wir in Wirklichkeit sind! Für ihn ist Ursprünglichkeit eine Fiktion und nicht greifbar. Daher hat er natürlich auch keinen Plan, wie wir ins Feld der Ursprünglichkeit zurückfinden können.

Der Verstand kann kalkulieren, rechnen, planen und auf äußere Reize sinnvoll reagieren. Seine Stärke ist das Strukturieren und somit Erreichbarmachen unserer Ziele. Er ist also ein sehr wichtiges Werkzeug auf unserem derzeitigen Weg: Haben wir uns daran erinnert, wo wir hinwollen, dann brauchen wir unseren Verstand, damit er uns hilft, an unserem Ziel anzukommen. Doch vor dem Strukturieren unseres Weges müssen wir uns zunächst darüber klar werden, wer wir sind und wo wir überhaupt hinwollen. Und das können wir nicht denkend, sondern nur fühlend und erfahrend wissen. Hierfür brauchen wir unser Herz.

Es ist das Wissen unseres Herzens, was uns wieder zurück zu uns selbst führen wird, denn in unserem Herzen ist die leise, aber mit der Zeit immer deutlicher werdende Stimme unserer Seele zu Hause und mit ihr unser Zugang zu übergeordneten Kräften und übergeordnetem Wissen.

Je öfter wir bewusst die Verstandesebene verlassen und uns mit unserem Herzensbewusstsein verbinden, desto deutlicher werden wir die wegweisende Stimme unserer Seele vernehmen. Es ist wichtig, dass wir uns immer wieder vor Augen führen, dass das bewusste Verlassen des Verstandes etwas ist, was uns mit unserer höheren Intelligenz verbindet. Durch ihre Erfahrungen mit Meditation oder Yoga wissen viele von uns bereits, wie herausfordernd es für uns Westeuropäer ist, aus dem Verstand herauszutreten. Es geht darum, Abstand zu unseren Gefühlen, Gedanken und Überzeugungen zu bekommen, uns nicht länger mit ihnen zu identifizieren und sie dadurch erkennen zu können. Wir müssen in einen Zustand finden, der uns mit unserem inneren Wissen und unserer Weisheit verbindet.

Viele von uns glauben daran, dass der Verstand das Zentrum der Intelligenz sei. Gemäß der ursprünglichen Betrachtungsweise ist dies aber schlicht nicht wahr. Nach allem, was ich in den letzten zehn Jahren erfahren durfte, würde ich es so ausdrücken: Mit dem Verstand können wir ein Buch lesen und versuchen, uns unter mehr oder weniger großen Anstrengungen das gelesene Wissen anzueignen. Über das Herz aber sind wir mit riesigen »Bibliotheken« verbunden, die so ein umfassendes Wissen beinhalten, dass unser Verstand das leider nicht fassen kann und in Abwehrhaltung geht. Das Wissen, das unser Herz in sich aufnimmt, bleibt in uns, mühelos. Es ist stets abrufbar, denn es hat in uns ein Feld geöffnet und ist nun hier zu Hause.

Als kleine Kinder waren wir alle mit unserem inneren Wissen und unserem Herzen verbunden. Wir haben nicht nachgedacht, sondern wussten intuitiv, was wahr ist und was nicht. Wir alle kommen wissend hier auf Erden an, denn bei unserer Geburt sind wir noch vollkommen mit unserer Herzensweisheit verbunden. Wir lieben und vertrauen unserem Körper und seinen Signalen. Einmal abgesehen davon, dass wir motorisch sehr viel zu lernen haben, da der Umgang mit dem Körper noch neu für uns ist. Als neuer Erdenbürger sind wir alle authentische Wesen reinster Liebe und können gar nicht anders, als das, was in uns ist, nach außen hin sicht- oder hörbar machen: Wenn Trauer da ist, weinen wir, wenn Wut da ist, schreien wir. Das ist für uns selbstverständlich, und erst das Ankommen in der Dualität, sprich, in den hier geläufigen Sitten und Gebräuchen, ändert dies. Doch was passiert hierbei genau? Wir rauben unseren Kindern ihren naturgegebenen Zugang zu ihrem intuitiven Wissen, ihrer Weisheit und anderen angeborenen Kraftpotenzialen. Wir konditionieren sie, damit sie gesellschafts- und dualitätsfähig werden und den hiesigen Werten und Normen entsprechen. Damit sie in eine Gesellschaft hineinpassen, in der der Verstand und das Funktionieren die einzigen Dinge sind, die zählen.

Es gibt heute höchst interessante wissenschaftliche Erkenntnisse darüber, was das Herzensbewusstsein, von dem ich sprach, überhaupt ist. Seit Jahrtausenden von vielen spirituellen Lehrern gepredigt, rückt das Herz nun auch in der Wissenschaft in ein völlig »neues« Licht. Und zwar konnten Wissenschaftler auf dem Gebiet der Neurokardiologie am Heart Math Institute in Colorado belegen, dass unser Herz und nicht unser Verstand der eigentliche Chef unseres integralen Systems ist. Sie haben entdeckt, dass unser Herz weit mehr als eine mechanische Pumpe ist, die vom Gehirn ausgehende Impulse in mechanische Arbeit umwandelt, um unseren Körper mit Blut zu versorgen. Wie Ruediger Schache in seinem Buch *Herzverstand* beschreibt, wurde außerdem festgestellt, dass das Herz ein eigenständiges Informationsaufnahme- und -verarbeitungszentrum (wie ein eigenes kleines Gehirn) besitzt, das pro Sekunde mehr als 200 000-mal so viel Informationen aus unserer Umgebung aufnehmen und verarbeiten kann wie das zentrale Nervensystem, also unser Gehirn. Außerdem existieren weitaus mehr afferente Nervenfasern – Fasern, die vom Herzen aus steuernd zum Gehirn führen – als umgekehrt. Wenn dich diese Thematik anspricht, empfehle ich dir zur Vertiefung das Buch von Ruediger Schache (siehe Literaturverzeichnis).

Wollen wir wieder zu unserem eigentlichen Potenzial zurückfinden, müssen wir uns trauen, den Verstand phasenweise abzustellen, und wieder auf unser Herz hören.

Aber wie kommen wir mit unserem Herzensbewusstsein in Verbindung? Hierfür gibt es viele verschiedene Möglichkeiten, zum Beispiel durch achtsame Körperbewegungen und Rituale des Vertrauens und der Liebe für unseren Körper. Auch mit Kindern oder Tieren zu spielen, zu meditieren oder in die Natur zu gehen führt uns in unser Herzensbewusstsein. Mein eigenes Lieblingswerkzeug hierfür ist mein Körper und seine intuitiv ausgeführten Bewegungen. Ich habe sehr viel Zeit damit verbracht, diesen Weg zu erforschen: durch mein Studium der Sportwissenschaft und der Physiotherapie und meine langjährigen Erfahrungen in der Welt des Yoga und des freien Tanzes. Es ist so schön einfach, mit dem Körper in ein höheres Bewusstsein zu treten, auch deshalb liebe ich es so. Du aktivierst deinen physischen Körper und fasst die Absicht, ihm zuhören zu wollen. Und schon verschiebt sich dein Bewusstsein von der rationalen, linken, auf die intuitive, rechte Hälfte deines Gehirns, und du erhältst Zutritt zu der Ebene des Herzensbewusstseins. Auch wenn unser Kopf, der immer »oben« gehalten werden möchte, uns dies einzureden versucht – das ist kein »Abstieg«, sondern nur eine andere Ebene als die rationale. Doch dein Verstand sträubt sich dagegen. Deswegen wird er eventuell versuchen, kleine Unstimmigkeiten oder Fehler in diesem Buch zu finden, um sich daran festzuhalten und zu behaupten, dass dies alles nicht wahr sein könne. Hast du trotzdem den Mut und lässt dich von meinen Worten einladen, aktiv zu werden, wird ihm für seine Behauptungen bald die Grundlage fehlen. Denn du wirst schnell eigene Erfahrungen sammeln, die dich fühlen lassen, was wahr ist und was nicht. Du wirst spüren lernen, mit welch einem großen Schatz du durch dein Herz verbunden bist, wenn deine rechte Hirnhälfte aktiviert ist.

Übung: Füße und Beine aktivieren

Der erste einfache und gleichzeitig machtvolle Schritt, um aus dem Verstand herauszutreten, ist die Entscheidung, deine Atmung zu beobachten. Wie du in späteren Kapiteln noch vertieft erfahren wirst, schlägt die Atmung eine Brücke zwischen Geist und Körper, und dein Bewusstsein verschiebt sich beim bewussten Atmen bereits von der Verstandes- auf die Herzensebene.

Bleibe also bei der folgenden Übung mit einem Teil deiner Aufmerksamkeit stets bei deiner frei fließenden Atmung beziehungsweise komm immer wieder dorthin zurück. Erlaube deinem Körper, so frei, ruhig und sanft wie möglich zu atmen. Das ist sehr wichtig, damit diese Übung die erwünschten Effekte erzielen kann.

Richte deine Aufmerksamkeit nun auf deine Füße und damit auf die Körperteile, die am weitesten entfernt vom Kopf sind. So wird es dir am leichtesten fallen, dem Verstand bewusst eine Pause zu gönnen. Gehe ein paar Schritte auf und ab und beobachte deine Füße, wenn sie laufen, und dann auch, wenn du stehst, sitzt und liegst. Wie fühlen sich deine Füße an? Sind sie kalt, warm, eng, weit, offen, verschlossen? Was brauchen sie vielleicht?

Schreibe dir auf, was du beobachtet hast, und auch, was du fühlst, was deine Füße brauchen könnten. Unsere Füße sind meist durch jahrzehntelang getragenes falsches Schuhwerk und unzureichende Liebe und Wertschätzung in einem jämmerlichen Zustand. Überdenke also deine Schuhwahl und die Art und Weise, wie du deine Füße siehst und behandelst.

Gibt es für dich die Möglichkeit, auch mal barfuß oder in sehr leichten Schuhen zu laufen, die deinen Füßen wieder mehr Bewegungsfreiheit geben? Fange an, dir bewusst Räume für die Reaktivierung deiner Füße zu schaffen. Aus meiner eigenen Erfahrung kann ich dir sagen, dass dies unsagbar wichtig und machtvoll ist, denn unsere Füße führen uns nicht nur zurück in unsere Mitte, sondern verbinden uns auch mit den Kräften und dem Wissen der Erde, die voller Yin-Energie ist.

Ziehe also deine Schuhe und Socken aus und widme dich für einige Minuten voller Wertschätzung und Achtung diesem so wertvollen Bereich deines Körpers. Kreise die Füße sanft, achtsam und langsam in beide Richtungen. Im Stehen, im Liegen oder im Sitzen. Schüttele deinen Körper und atme bewusst durch den Mund aus, wenn du spürst, dass etwas Altes gehen möchte. Sei kreativ hierbei, damit du dich nicht langweilst. Lass diese Bewegungen auch über deine Kniegelenke weiterfließen. Hier ist bei den meisten Menschen sehr viel Spannung zu finden, die du nun loslassen kannst. Bis hoch zu den Hüftgelenken dürfen deine runden und vollkommen schmerzfreien Bewegungen laufen, um deine Füße und deine Beine zu öffnen und zu reaktivieren. Beziehe auch deine Hände in dieses Körperritual mit ein und berühre die Körperteile, die du aktivieren möchtest.

Die Berührungen deiner Hände verhelfen dir zu mehr Bewusstheit, da sie dich bewusster fühlen lassen. Außerdem kannst du so wunderbar Liebe und Dankbarkeit zu den Körperzellen deiner Beine und

Füße bringen, was dazu beitragen wird, die Yin-Kraft von Mutter Erde in Zukunft besser anzunehmen und immer mehr ins Herzzentrum zurückzukehren.

Wenn du das Gefühl hast, dass du nun deinen Füßen, Knien und Hüftgelenken dazu verholfen hast, loszulassen, was nicht mehr gebraucht wird, wenn sie sich warm, vibrierend und offen anfühlen, dann gehe in einen etwa hüftbreiten Stand. Löse deine Zehen vom Fußboden und visualisiere, wie sich deine Fußsohlen weiten und auffächern. Lass dann deine Zehen wieder los und berühre mit größtmöglicher Kontaktfläche der Fußsohle den Fußboden, bis vor in die Zehenspitzen. Du wirst merken, dass deine Füße Zeit brauchen, um aus der »Schuhenge« herauszufinden, und wieder Weite und Offenheit gewinnen. Beuge immer wieder leicht deine Knie und nimm den Druck aus diesem Gebiet heraus. Ebenso aus den Hüftgelenken. Spüre für einige Augenblicke ganz bewusst und wach deine Verbundenheit mit der Erde. Kannst du eine stabile Verwurzelung und ein breites Fundament fühlen? Oder fühlt es sich eher abgeschnitten und wackelig an? Praktiziere Qigong oder Yogapositionen im Stand, bei denen du spüren kannst, dass deine Füße an Stabilität gewinnen.

Diese Übungen können dich von jetzt an auf deinem Weg begleiten. Je öfter du sie praktizierst, desto stabiler verwurzelt wirst du dich fühlen.

Gönne deinen Füßen zusätzlich kleine Ölmassagen oder warme Fußbäder. Je häufiger und je hingebungsvoller du dich um sie kümmerst und ihnen Aufmerksamkeit schenkst, desto leichter wird es für dich, wieder zurück in dein Herz zu kommen.

Du kannst diese Übung gut abends vor dem Einschlafen praktizieren. Ich wünsche dir viel Freude und tiefe Erlebnisse dabei, die dich wieder mit deinem Körper und deinem Herzen verbinden.

Zusammenfassend bleibt an dieser Stelle festzuhalten, dass es vor allem die weibliche Energie ist, die uns derzeit dabei helfen kann, einen sanften Übergang ins neue Zeitalter zu erfahren. Wir ziehen sie durch die Öffnung und Reaktivierung unserer Füße und Beine verstärkt in unser System, da die Yin-Kraft der Erde nun wieder besser zu uns durchkommt. Außerdem vollzieht sich auf diese Weise ein Wechsel vom Verstandes- zum Herzensbewusstsein, wodurch wir einen bewusstseinserweiternden Zustand erfahren, den wir für den Wiedereintritt in das Feld der Ursprünglichkeit nutzen können. Eigentlich sind alle Übungen dieses Buches auf dieses Ziel ausgerichtet. Sie geben dir verschiedene Möglichkeiten an die Hand, um deine weibliche Energie bewusst zu reaktivieren. Es ist wichtig, dass du dich für die Reaktivierung deiner Yin-Kraft entscheidest und diese Entscheidung dann auch als Handlung sichtbar machst. Denn nur so kann ein wirklicher Wandel über einen langen Zeitraum vonstattengehen.

Stelle dich also hin und verkünde:

Ich entscheide mich jetzt dafür, die Yin-Kraft in mir zu reaktivieren, damit sich Yin und Yang in mir optimal ausgleichen.
Denn dann wächst und dehnt sich mein Bewusstsein aus, und ich finde wieder zu meiner ursprünglichen Größe zurück.

Setze dich nun hin und denke über dein derzeitiges Leben nach. Sitzt du schon eine Weile, dann komm jetzt in Bewegung, am besten an der frischen Luft im Wald. Nimm dein heiliges Buch mit und schreibe nach und nach deine Antworten zu folgenden Fragen auf:

Welche Bereiche deines Lebens sind derzeit unausgewogen?
Welchen Gegenpol kannst du dem Extrem, das du lebst, zuordnen?

Welche Möglichkeiten siehst du, an diesem Gegenpol anzudocken und dadurch für Entspannung, höhere Lebensqualität und mehr Freude zu sorgen?

Schreibe dir auf, welche Dinge du von heute an verstärkt in dein Leben ziehen möchtest, um ausgewogener zu leben, und integriere diese Bereiche in deine Wochenplanung.

10
Die ursprüngliche Atmung
Wie wir uns mit dem Hier und Jetzt verbinden

Fangen die Menschen wieder an, in ihren Bauch zu atmen, öffnet sich für sie die Eingangstür zu einer vollkommen neuen Welt!

Don José Ariza

Hier stelle ich dir ein weiteres machtvolles Werkzeug vor, das dir auf deinem Weg zurück in deine goldene Mitte sehr dienlich sein kann. Es ist das wohl am meisten unterschätzte und machtvollste Instrument, das wir Menschen vom Leben geschenkt bekommen haben: unsere Atmung. Viele nehmen sie gar nicht richtig wahr, weil sie einfach immer da ist. Weil sie nichts kostet und daher unbewusst für wertlos gehalten wird. Selbst wenn wir uns nicht um sie kümmern, ist sie stets präsent und füllt uns mit Leben. Oder besser: Wir werden beatmet von den großen Gesetzmäßigkeiten des Lebens.

Es ist die erste körperliche Handlung, die wir auf Erden ausführen, und es wird auch unsere letzte sein. Aber unser wirkliches Leben beginnt erst dann, wenn wir uns dafür entscheiden, bewusst zu atmen!

Direkt in unserer Körpermitte ist das Hara-Zentrum, welches uns mit Energie und einer Fülle von Informationen versorgt, wenn wir mit ihm in Kontakt stehen. Es befindet sich auf der ätherischen, also feinstofflichen Ebene etwa zwei Fingerbreit unterhalb des Bauchnabels und ist voller Prana oder Qi, also voll von purer Lebensenergie. Mir wurde beim Tanzen des Öfteren gezeigt, dass es ein Sammelgefäß von altem Wissen ist, das wir aus anderen Inkarnationen mitgebracht haben. Es stellt also eine wahre Schatztruhe für unseren Weg ins Goldene Zeitalter dar. In meinen Seminaren spreche ich immer von unserem »Ich-Zentrum«, da wir durch dessen Reaktivierung wieder an unsere mitgebrachten Schätze gelangen.

Mithilfe von bewusster, ursprünglicher Atmung können wir ganz einfach unser Hara-Zentrum wieder aktivieren. Dies tun wir, indem wir beim Einatmen bewusst bis in den Unterbauch atmen. Das Tolle daran ist, dass wir dies ohne viel Aufwand tun können, zu jeder Tageszeit und sogar während wir den Verpflichtungen unseres Alltags nachgehen.

Aber was bedeutet der Begriff ursprüngliche Atmung überhaupt? Unsere ursprüngliche Atmung spiegelt unser natürliches Atemmuster wider, das wir kennen, da wir zu Beginn unseres Lebens alle so geatmet haben (zumindest wenn wir mit einem gesunden Körper zur Welt gekommen sind). Die Erinnerung an dieses Atemmuster ist in unserem Körper gespeichert, daher müssen wir nichts Neues erlernen, sondern knüpfen lediglich an die Erinnerung an den natürlichen, ursprünglichen Atem an. Wie dieses Atemmuster aussieht, kann man am besten bei Neugeborenen beobachten: Die Bauchdecke und kurz darauf auch der Brustkorb heben und weiten sich bei der Einatmung in alle Richtungen, da der Hauptatemmuskel, das Zwerchfell, sich hierbei nach unten senkt und von oben gegen die Bauchorgane drückt. Alles senkt und zentriert sich gemeinsam wieder, wenn wir ausatmen. Die Phase des Ein- und des Ausatmens stehen in einem harmonischen

Verhältnis zueinander und sind in etwa gleich lang. Die ursprüngliche Atmung fließt gleichmäßig, ruhig und frei.

Schließe für einen Moment deine Augen und stelle dir diesen Vorgang bildlich vor, denn zum Wiederandocken an dein Erinnerungsfeld ist die bildliche Vorstellung sehr hilfreich.

Wozu ist es noch dienlich, wieder bewusst die ursprüngliche Atmung zu praktizieren? Als Schöpfer unserer Realität formulieren wir hierdurch einen Intento, der von unserem Körper ausgeht und vielschichtige Effekte nach sich zieht. So hat diese Atmung zum Beispiel eine harmonisierende und gleichzeitig mobilisierende Wirkung auf unser System und hilft uns, mit dem Hier und Jetzt in Verbindung zu treten. Sie schlägt eine Brücke zwischen Geist und Körper: Jetzt wird uns bewusst, was in uns denkt, fühlt, glaubt und was unser Körper derzeit zum Ausdruck bringen will. Die ursprüngliche Atmung ist wie ein Scheinwerfer, der die Dinge in das Licht des Bewusstseins taucht. Wir fühlen uns und unseren Körper wieder besser, denn unser Bewusstsein verschiebt sich vom Verstand auf die Körper- und auch auf die Herzensebene und erweitert sich dadurch um ein Vielfaches.

Warum aber atmen die meisten Menschen nur sehr oberflächlich, nutzen lediglich die oberen Atemwege aus?

Dies ist auf die Verletzungen und Traumata zurückzuführen, die wir zu Beginn unseres Lebens oder auch später erlitten haben. Und aus unserer daraus resultierenden, unbewussten Entscheidung, den Schmerz nicht mehr fühlen zu wollen. Viele damals für uns nicht erträgliche Gefühle und Schmerzen wurden in unserem Bauchraum als Information gespeichert. Unser Körper ist nämlich ein riesiger Speicher von Daten, Energien und Informationen und hebt alle Erfahrungen, die wir gesammelt haben, für uns auf. Er ist sehr intelligent und reagiert sofort auf einen Gedanken beziehungsweise eine unbewusste Entscheidung wie: »Es soll nicht mehr wehtun!« Blitzschnell vermag er die nervale Ansteuerung der Atmungsaktivität so umzustellen, dass das Zwerchfell seine

Aufgabe nicht mehr im ursprünglichen Maße ausführt. Dadurch bewirkt er, dass wir keinen Schmerz spüren, was natürlich hilfreich und ein großer Liebesdienst an uns ist.

Seit unseren Kindheitsjahren atmen die meisten von uns lediglich mit den sogenannten Atemhilfsmuskeln. Diese befinden sich um den Schultergürtel herum und haben eigentlich eine ganz andere Aufgabe. Deswegen kommt es im Schulterbereich auch so häufig zu Überlastungssymptomen, da diese Muskeln zusätzlich zu ihrer eigentlichen Funktion nun auch noch den Brustkorb zur Einatmung anheben müssen. Auf diese Weise ist allerdings nur eine flache Atmung möglich, die gerade einmal die Erhaltung der Lebensfunktionen sicherstellt. Diese flache Atmung gewährleistet zudem, dass wir den Schmerz, den wir mit uns herumtragen, nicht fühlen.

Die ursprüngliche Atmung, bei der auch das Zwerchfell mitarbeitet, bringt uns über die Aktivierung unseres Herzensbewusstseins mit unserem Ist-Zustand in Verbindung. Sie lässt uns fühlen, was da ist. Auf diese Weise können wir den ersten Schritt in Richtung Heilung und Wandlung machen.

Die bewusste, ursprüngliche Atmung hat eine sehr zentrale Funktion auf dem Weg zurück zu dir selbst, denn in der Essenz ist es dieser Atem, der die Spuren des Zeitalters der Trennung von dir abblättern lässt und dich wieder mit deinem wahren Ich verbindet. Nach meiner Meinung ist er das größte Wunderwerkzeug, das es neben dem Tanz überhaupt gibt.

Die folgenden Übungen können dir zur Rückverbindung mit deiner ursprünglichen Atmung dienen. Erinnere dich: Sie ist ein naturgegebener Prozess, den dein Körper bereits kennt. Vertraue darauf, dass er sich daran erinnern wird. Versuche diesen Erinnerungsprozess des Körpers so wenig wie möglich vom Kopf her zu kontrollieren, dies ist nicht notwendig, sondern sogar hinderlich.

Folgendes solltest du bei dieser Übung aber auf jeden Fall beachten: Höre auf die Warnsignale deines Körpers und mach Pausen, zum Beispiel wenn dir schwindlig oder komisch wird. Dies ist sehr wichtig, schließlich sollst du die Veränderung gemeinsam mit deinem Körper einleiten und nicht gegen ihn! Sobald du beginnst, dich eigenartig zu fühlen, brich die tiefe Bauchatmung sofort ab!

Meistens ist der Verstand Verursacher dieses Schwindels, weil er sich gewohnheitshalber einmischt und den Körper in Richtung »höher, schneller, weiter« beeinflussen will. Entscheide dich in diesen Momenten dafür, deinem Verstand kein Gehör zu schenken; er möchte deinen Körper dazu bringen, etwas zu tun, wozu dieser noch nicht bereit ist. Mach stattdessen Pausen und entscheide dich, nun wieder ausschließlich auf deinen Körper zu hören und ihn einfach machen zu lassen. Lass deinen Körper ruhig und in seinem gewohnten Atemmuster weiteratmen und lass ihn einige sanfte, schüttelnde Bewegungen ausführen. Dies nennt man eine »aktive Pause«. Es ist sehr wichtig, dass du solche Pausen machst, denn dein Körper weiß, da er mit deiner Seele in Verbindung steht, wie tief du in diesen Klärungsprozess hineingehen solltest. Also höre auf ihn und brich die Übung beim ersten Anzeichen von Überforderung ab.

An dieser Stelle möchte ich dich gern dazu einladen, deine Kleidung zu überdenken. Eine Jeans zum Beispiel wurde so konzipiert, dass sie die ursprüngliche Atmung bis in den Unterbauch erheblich einschränkt beziehungsweise unmöglich macht. Ich persönlich trage schon seit Jahren keine Jeans mehr, was hauptsächlich damit zu tun hat, dass ich die ursprüngliche Atmung wiederentdeckt habe.

Übung: Zurück zur ursprünglichen Atmung

Hole dir noch einmal das Modell der ursprünglichen Atmung vor dein inneres Auge. Setze dich dann bequem auf einen Stuhl und beobachte dein derzeitiges Atemmuster. Werde dir darüber bewusst, dass dein Körper einen guten Grund dafür hat, dass er gerade so atmet, wie er atmet. Lass ihn das also erst einmal so tun. Lege deine Hände dann nacheinander auf die drei sogenannten Hauptatmungsareale deines Körpers. Zuerst auf den Bauch etwas unterhalb des Bauchnabels. Lege deine Hände nur ab, versuche nichts zu beeinflussen oder zu manipulieren. Fühle, was unter deinen Händen passiert. Kannst du eine Bewegung während des Atmens fühlen? Wenn ja: was für eine Bewegung? Wohin bewegt sich die Bauchdecke während der Einatmung und wohin während der Ausatmung? Nimm dies so wertungsfrei wie möglich zur Kenntnis und schreibe es dir unter dem Titel »Mein derzeitiges Atemmuster« in dein heiliges Buch.

Dann gehe zum zweiten Hauptatmungsareal: dem seitlichen Brustkorbgebiet, auch Flanke genannt. Bilde mit beiden Händen den Buchstaben C (Daumen ist etwas gebeugt in Opposition zu den ebenfalls gebeugten Fingern) und umfasse seitlich deinen unteren Brustkorb. Kannst du hier Bewegungen, die von der Atmung ausgehen, beobachten? Wenn ja: welche? Nach vorne, zur Seite oder nach hinten? Schreibe dir auch dies in dein heiliges Buch und gehe dann zum dritten Areal.

Das dritte Atemareal wird meist als Lungenspitzenbereich bezeichnet. Es ist der vordere, obere Rand der Rippen zwischen den Schlüsselbeinen und dem Brustbein. Lege hier beide Hände auf und spüre, was unter den Bedingungen deines derzeitigen Atemmusters unter deinen Händen geschieht. Schreibe auch dies in dein heiliges Buch.

Schlage diese Seite auf deinem Weg immer mal wieder auf und überprüfe, was sich an deinem Atemmuster in der Zwischenzeit verändert hat. Das wird dich dabei unterstützen, dich immer wieder frisch zu motivieren, weil du merken wirst, dass sich etwas hin zum Positiven bewegt. Denn unsere Atmung ist ein Indikator für unsere derzeitige Verbundenheit mit der Lebenskraft.

Übung 2: Kontaktatmung

Nun darfst du bestimmen, in welchem der drei Atmungsareale du mit dem Erinnern anfangen möchtest. Lege dort wie oben beschrieben deine Hände auf und fasse die Absicht, dass du den Atem sanft bis in deine Hände schicken möchtest. Deine Hände erleichtern es dir, deinen Atem gezielt in diesen Bereich hineinzuleiten, weil du durch sie besser fühlen kannst, wo der Atem fließt.

Gehe bitte behutsam und sanft vor und erinnere dich daran, dass der Atem normalerweise ruhig, harmonisch und frei fließt und dass dies das Allerwichtigste ist. Und es ist wirkungsvoller als die perfekte, aber anstrengende Ausnutzung aller Atemareale. Tritt also immer wieder aus deinem Verstand heraus, der dir einreden möchte, dass dein Atem noch tiefer, noch mehr an diese Stellen fließen oder noch schneller sein müsste.

Die Yogis atmen tatsächlich eine Minute lang ein und eine Minute aus. Das nur nebenbei als fernen Orientierungspunkt. Es kommt also nicht darauf an, »mehr« zu atmen, was viele Menschen denken, sondern eigentlich geht es darum, weniger und dafür effektiver zu atmen.

Weder Schnelligkeit noch Kraftanstrengung sind gefordert. Gerade wenn du in den Bauchraum atmest, halte dir bitte vor Augen, dass es muskulär gesehen bei der Einatmungsphase um eine Entspannung, also ein Loslassen der Bauchmuskulatur, geht und nicht um ein kraftvolles Rausdrücken. Wir sind auf Kraftanstrengung programmiert, also mach dir nichts daraus, wenn es anfänglich etwas schwierig für dich ist, deinen Bauch entspannt loszulassen. Du bist nicht der/die Einzige, dem/der es so geht. Die meisten Körper vollziehen die Bauchatmung entweder gar nicht, oder sie atmen sogar in die jeweils entgegengesetzte Richtung während des Ein- und Ausatmens. Unserer Prägung, den Bauch immer schön flach zu halten, dürfen wir nun entgegenwirken. Das kann einige Mühe kosten und eine Weile dauern.

Mach immer wieder Pausen, in denen du deine Atmung frei fließen lässt, und schüttele deinen Körper aus. Stelle dir dabei vielleicht einen Hund vor, der gerade aus dem Wasser kommt. Mach auch dies bitte sanft und gewissenhaft, ohne einen bestimmten Zweck zu verfolgen, und kombiniere das Schütteln mit kleinen, kreisenden Bewegungen aller Gelenke. Diese Kreise sollten sich in deiner Wohlfühlzone befinden und in keiner Weise anstrengend sein. Schüttele, kreise und bewege deinen Körper ganz intuitiv. Die Bewegungen werden dir dabei helfen, alte, nicht mehr dienliche Informationen aus Körper und Geist hinauszubefördern.

Dann kannst du eine zweite Serie der Übung zur bewussten Atemlenkung dranhängen oder dir ein anderes Atemareal zur besseren Belüftung vornehmen. Gehe hierbei intuitiv vor und lass dich von deinem Gefühl führen. Was du tust, sollte sich gut anfühlen, und du solltest das Gefühl haben, geistig geklärt und wacher zu sein. Dann machst du es richtig!

Bleibe dran und übe die ursprüngliche Atmung immer und immer wieder, wo auch immer du bist, was auch immer du tust. Komm immer, wenn du dich daran erinnerst, zurück in das ruhige, ausgewogene, harmonische Atmen und nutze dabei alle drei Hauptatemareale, so gut es geht, aus. Du wirst merken, dass du mit der Zeit deine Hände als taktile Unterstützung gar nicht mehr brauchst, und dann ist es noch unauffälliger, wenn du das physiologische Atmen auch unterwegs »trainierst« oder besser: wieder bewusst zulässt. Ganze Welten werden sich für dich verändern, wenn du die ursprüngliche Atmung wieder in dein Leben integrierst. Ich wünsche dir viel Freude bei der Wiederbelebung deiner natürlichen Atmung.

11
Vom Opfer- zum Schöpferbewusstsein
Ein goldener Schlüssel zur Freiheit

Gehen wir weiter auf dem Weg zurück in das Feld der Ursprünglichkeit. Ich werde dich nun an weitere Eckpfeiler der alten Trennung in dir heranführen – nicht um dich oder deine alte Welt zu kritisieren, sondern um dir ein Trittbrett zur Verfügung zu stellen, damit du dich aus dem Alten heraus in eine »neue« Richtung erheben kannst. Damit dir deine alten »Fesseln« bewusst werden und du die Möglichkeit hast, dich anders zu entscheiden.

Die derzeitigen hochschwingenden Energien machen nichts anderes, und wir alle werden, ob wir wollen oder nicht, momentan mit unseren Mustern der Trennung und der Angst konfrontiert. Die neuen Energien befördern alles an die Oberfläche, was in unserem integralen System noch auf Unwahrheit und Trennung basiert. Die kraftvollen Wellen des Einheitsbewusstseins wollen uns wieder zurück in das Feld der Einheit ziehen, der allerhöchsten Schwingung des gesamten Universums. Sie können dies aber nicht tun, darauf habe ich schon hingewiesen, ohne dass wir hierzu unser Einverständnis in Form einer neuen Entscheidung geben, und dazu müssen wir den alten Schmerz der Trennung und andere unwahre, uns das Leben schwer machende

Muster erkennen. Nur so können wir uns dann für das Neue entscheiden.

Es ist wichtig, dass wir das verstehen und den Vorkommnissen unseres momentanen Lebens mit viel Achtsamkeit begegnen. Sonst haben wir bald ein totales Durcheinander um uns herum und verlieren die Orientierung in unserem Leben. Wir dürfen uns nun wirklich Zeit nehmen für uns selbst und uns um all die Themen kümmern, die derzeit aus unserem Unbewussten hochsteigen und zu Dramen und Herausforderungen in unserem Leben führen.

Denn eines ist klar: Wir kommen auf unserem Weg ins neue Zeitalter nicht an uns selbst vorbei. Das können wir längere Zeit versuchen, aber früher oder später wird uns das Leben mit all seiner Kraft zu den Verletzungen und Unwahrheiten in uns führen, damit wir vergeben, Frieden schließen und loslassen können. Denn nur so kann unser System die hohe Schwingungsfrequenz erreichen, die für den Eintritt in das Feld der Ursprünglichkeit des Goldenen Zeitalters notwendig ist.

Dieses Kapitel ist nicht angenehm, aber es enthält einen goldenen Schlüssel zur Freiheit. Wir wagen uns an eine tief sitzende Wurzel der Trennung in uns heran, wobei der Schmerz von damals, als wir aus der Verbundenheit heraustreten mussten, sich wieder zeigen wird. Das gehört dazu, und mit der ursprünglichen Atmung hast du bereits ein machtvolles Werkzeug erlernt, welches dir im Moment des akuten Schmerzes sehr dienlich sein wird. Denn es legt den Balsam der Akzeptanz auf deine alten Wunden, die dadurch zu heilen beginnen. Trotzdem brauchst du nun Mut, um weiterzulesen. Aber den hast du! Außerdem werde ich dir gleich auch noch das Meisterwerkzeug der Transformation an die Hand geben, das du in akuten Schmerz- und Dunkelheitsmomenten anwenden kannst. Verbinde dich mit dem Krieger in dir und halte dir vor Augen, dass es darum geht, frei zu werden. Es lohnt sich, mutig zu sein. Und hole dir Unterstützung, wenn dein Körper dir signalisiert, dass dies wichtig ist.

Ich wähle in diesem Kapitel bewusst eine sehr bildreiche Sprache, weil ich mir wünsche, dass du die Zusammenhänge, die zwischen unseren Wegen in die Trennung bestehen, vom Herzen her nachempfinden und verstehen kann. Lass dich von den Metaphern und Bildern einfach mitnehmen und spüre nach, ob diese Ausführungen auch deine Wahrheit widerspiegeln. Denn nur so wirst du den Weg zurück in die Einheit finden.

Nimmt der Beobachter in uns eine andere Perspektive auf die Umgebung um uns herum ein, wird uns bewusst, dass wir in einer Welt aufgewachsen sind, in der sich die Menschen seit Generationen stets reaktiv voranbewegen, also indem sie auf äußere Impulse reagieren. Daher sind wir es gewohnt, all unsere Sinne nach außen zu richten, um hier die Informationen zu finden, die wir brauchen.

Jedes Kind kommt als reines, authentisches und höchst kompetentes Einheitswesen auf die Erde, komplett verbunden mit der All-Einheit und der Intelligenz des Lebens. Es läuft noch in den ursprünglichen Bahnen und funktioniert nach den ursprünglichen Gesetzmäßigkeiten des Lebens: Es kann gar nicht anders, als die Gefühle, die es aktuell in sich hat, nach außen zu tragen. Sein energetisches System ist von innen nach außen ausgerichtet (ursprüngliche Gesetzmäßigkeit) und zeigt authentisch und voller Wahrhaftigkeit Trauer, Wut oder Liebe auch im Außen.

Doch dann macht das Kind immer wieder die Erfahrung, dass es hier auf Erden, so, wie es ist, nicht vollkommen geliebt und akzeptiert wird. Das liegt daran, dass seine Bezugspersonen seine pure Authentizität nicht ertragen können. Sie stoßen in ihrem Inneren möglicherweise auf schmerzhafte alte Wunden, denn sie haben in ihrer Kindheit selbst viele unerfreuliche Erfahrungen angesammelt, die eine Umpolung aus der Einheit heraus und in die Trennung hinein zur Folge hatten. Diese Umpolung kommt einer Enteignung gleich, denn wir müssen uns selbst aufgeben und verleumden, um hier auf Erden überleben zu können. Allein wären wir nicht überlebensfähig gewesen, und so haben wir gelernt, unsere natürlichen Impulse zu unterdrücken, um von unserem Umfeld die Liebe und Anerkennung zu erhalten, die wir für unser Überleben brauchten. Wir haben uns geändert und uns den äußeren Anforderungen angepasst. Auch unser energetisches System hat sich umgepolt und funktioniert nun von außen nach innen. Und so haben wir *alle* ein energetisches Nein in unser integrales System gesetzt – also ein Nein gegenüber uns selbst – und haben aufgehört, uns authentisch, aus dem Inneren heraus, zu bewegen, so wie es natürlich und ursprünglich normal ist.

Für mich ist das authentische Bewegen ein Synonym für den eigenen Seelenausdruck im Hier und Jetzt. Doch diese natürliche Art der Bewegung haben wir uns alle abgewöhnt, um in die hiesige Welt zu passen, wo es wichtig war, sich unterzuordnen, zu gehorchen, zu funktionieren und nett zu sein. Um dies erfüllen zu können, haben wir uns selbst und unsere Wahrheit verleugnet und uns von ihr abgespaltet. Wir haben uns von uns selbst und unserer natürlichen Anbindung an das große Ganze getrennt, was für mich ein Synonym für das Abspalten und Alleinlassen unseres inneren Kindes ist. Das war natürlich sehr schmerzhaft, aber es war notwendig, denn es hat es uns ermöglicht, in der hiesigen Welt der Trennung zu überleben!

Dieser Trennungsschmerz sitzt heute noch in uns allen und sorgt oft für Unruhe in uns in Momenten, in denen wir eigentlich zur Ruhe kommen wollen. Denn unser System ist auf Schmerzvermeidung programmiert und will uns daher ablenken. Gleichzeitig aber drücken nun die neuen Energien auf diesen Schmerz, weil er unsagbar niedrig schwingt und unser System belastet. Und wie wir bereits wissen: Er braucht unsere bewusste Annahme und Akzeptanz, um gehen zu können. So etwas wie:

Ja, ich fühle meinen Trennungsschmerz und erkläre mich dazu bereit, ihn anzuerkennen und in die Erlösung zu geben.

Dadurch kommst du wieder in Kontakt mit deinem inneren Kind, welches den Anteil deines emotionalen Körpers darstellt, der den Trennungsschmerz für dich bis zum heutigen Tag aufgehoben hat, um dir jetzt das Tor zurück in die Einheit zu öffnen. Es ist dein göttliches, pures Selbst, das du beim Ankommen in der hiesigen Welt abspalten musstest, um in der Dualität überleben zu können.

Ich weiß, das sind große Worte, und sie machen Angst. Bitte mach immer wieder kleine Pausen und atme in diese Angst ganz ruhig und bejahend hinein, denn es hilft dir nicht, sie nicht fühlen zu wollen. Gib ihr die Erlaubnis, da zu sein, und kämpfe nicht gegen sie an, sonst wird sie nur immer größer. Will etwas in uns heilen, besteht der erste Schritt darin, uns dafür zu entscheiden, wieder zu fühlen, was da ist. Gleich werde ich dir ein Werkzeug an die Hand geben, das diesen Schmerz in Leichtigkeit und Freiheit umzuwandeln vermag.

Erinnerst du dich an Taguarí? Auch er musste sich mehrmals seiner größten Angst stellen, um wieder in die Verbundenheit zurückzufinden. Wenn es einen anderen Weg gäbe, der uns nicht früher oder später durch unseren Trennungsschmerz hindurchführt, hätte ich über diesen geschrieben. Aber nach meinen Beobachtungen ist es aufgrund der natürlichen Gesetzmäßigkeiten der Energien nicht möglich, in die Einheit zurückzugelangen, ohne vorher kurz den Schmerz der Trennung in unser Bewusstsein kommen zu lassen, um ihn dann zu verwandeln. Die Betonung liegt hierbei auf dem Wort *kurz*, denn das reicht aus.

Und noch einmal: Diese Worte unterstützen lediglich den natürlichen Fluss der Energien, die uns zurzeit dazu einladen, uns alles noch einmal anzuschauen, was uns bisher in Trennung gehalten hat. Und da gehört dieser Schmerz zweifelsfrei mit dazu. Denn erst wenn er sich nach unserer bewussten Bereitschaft dazu auflösen kann, können wir uns wirklich in aller Tiefe wieder mit uns selbst verbinden und aus dieser Tiefe heraus das Paradies auf Erden erschaffen.

Setze dich bitte nicht unter Druck und sorge gut für dich. Lies erst einmal in Ruhe weiter, bis du dich ganz sicher und bereit fühlst, dir deinen eigenen Schmerz anzuschauen.

Wenn du dich unsicher fühlst, dann komm zu meinen Seminaren oder hole dir jemanden zur Unterstützung an deine Seite, um weiterzugehen.

Die ursprüngliche Atmung als Träger und Vermittler der Akzeptanz

Du hast dich bereits daran erinnern lassen, dass die bewusste, ursprüngliche Atmung dich mit dem Hier und Jetzt verbindet und Informationen und Energien, die du in dir trägst, in dein Bewusstsein hebt. In Kooperation mit den hochschwingenden neuzeitlichen Energien werden so nach und nach alle Muster der Trennung an die Oberfläche unseres Bewusstseins befördert, die derzeit in uns auf Erlösung warten.

Mir wurde in Momenten der Trance gezeigt, dass bei der ursprünglichen Atmung und beim Tanz bereits viel Altes aus unserem System herausfließen kann, ohne dass uns dies überhaupt bewusst wird beziehungsweise wir uns bewusst für die Akzeptanz der hiermit verbundenen Erfahrung entschieden haben. Das brachte mich zu der Annahme, dass diese Atmung bereits die hierfür notwendige Akzeptanz als »körperlich formulierten Intento« mit in unser integrales System bringt. Später wurde mir dann gezeigt, dass dies tatsächlich so ist, und zwar weil wir auf körperlich-geistiger Ebene ein Ja formulieren, wenn wir uns bewusst dafür entscheiden, wieder zu unserer natürlichen Atmung zurückzukommen. Dieses Ja trägt nun eine sehr hohe, erlösende und mobilisierende Schwingung zu den alten Neins und anderen in uns gespeicherten Informationen.

Überlege einmal, was dein Körper in der Vergangenheit getan hat, wenn dir etwas Schlimmes widerfahren ist. Richtig, er ließ den Atem ins Stocken geraten. Dein Nervensystem blockierte die Aktivität des Zwerchfells, was zu einer Spannungserhöhung des umliegenden Gewebes führte und deine Atmung flacher werden ließ. Dies geschah, um Schmerzen zu vermeiden, denn wenn wir nur noch oberflächlich atmen, fühlen wir uns und unseren Schmerz nicht mehr.

Mach kurz eine Pause und werde dir bewusst, dass dies aus gutem Grund geschieht und dein Körper auf deiner Seite steht. Verbünde dich mit ihm, denn den Weg in die neue Zeit geht ihr gemeinsam!

Sehr bildlich gesprochen kann man also sagen, dass durch das Nicht-mehr-fühlen-Wollen und Stocken der Atmung unbewusst ein Nein auf körperlicher Ebene formuliert wurde, was dazu führte, dass die Information des schmerzhaften Ereignisses in deinem Körpergewebe gespeichert wurde und diese Bereiche nun nicht weiter belüftet oder bewegt werden. Die entsprechenden Informationen liegen hier unbemerkt so lange herum und erschweren dein System, bis du dazu bereit bist, am alten Schmerz wieder anzudocken und dich gemeinsam mit ihm zu neuen Höhen aufzuschwingen.

Der bewusste, frei fließende Atem, zu dem ich dich einladen möchte, ermöglicht dir dies: Er bringt dich wieder in Kontakt mit den alten Informationen in dir, für die nun der richtige Zeitpunkt gekommen ist, um aus deinem System hinauszugehen. Und er kehrt das alte Nein (= Stocken des Atems) in ein neues Ja (= ursprüngliche Atmung) um, was der alten Information Akzeptanz signalisiert. Dieses Ja trägt eine viel höhere Schwingung als das Nein und ist deswegen in der Lage, die alte Information wieder in Bewegung zu bringen.

Die natürliche, harmonische Atmung trägt also die Akzeptanz in unser System hinein und sendet auf körperlich-geistiger Ebene die Nachricht, dass wir annehmen und akzeptieren, was jetzt gerade da ist.

Ich gebe dir zum besseren Verständnis noch ein Beispiel, weil dieser Punkt so essenziell wichtig ist: Denke kurz an ein Ereignis in deinem Leben, das total schwierig für dich war. Wo du dich überfordert gefühlt hast und nicht wusstest, wie du dich richtig verhalten sollst. Versetze dich in deiner Erinnerung noch einmal in die Situation von damals und beobachte deinen Atem. Er ist wieder flach und stockend, nicht wahr? Und nun denke an ein wunderschönes Ereignis, bei dem alles wundervoll und im Fluss war. Einen Moment, wo du die ganze Welt hättest umarmen können. Was geschieht mit deiner Atmung? Jaaaaaa …

Die harmonische und ruhige Atmung, die du nun beobachtest, trägt ein großes Ja in dein System hinein und wieder hinaus. Es wird hell und weit in dir und um dich herum. Ein Ja zu dem, was da ist, öffnet und lässt fließen. Denn wir bringen auf körperlicher Ebene zum Ausdruck: *Ich akzeptiere, was da ist, und will es nicht weghaben.* Ich umarme es mit meinem Atem, mit meinem Ja, welches er in diesem Moment auch nach innen transportiert. Das Ja besitzt die Kraft, ein altes, dort gespeichertes Nein zu umhüllen, zu transformieren und aus meinem System zu beseitigen.

Um langfristig den Trennungsschmerz aus unserem System zu entlassen, bedarf es aber – wie wir bereits wissen – unserer bewussten Entscheidung. Denn du bist Schöpfer/-in deines Lebens, also braucht dein System deine Erlaubnis, um das alte Muster langfristig loszulassen. Die Erlaubnis kannst du in Form von folgendem Intento geben:

Ich bin jetzt dazu bereit, meinen alten Schmerz der Trennung zu fühlen und ihn dann in die Erlösung zu entlassen.
Ich verneige mich vor ihm, übergebe ihn in die Hände meiner geistigen Helfer und lasse ihn jetzt vollkommen los. Denn ich bin entschieden, wieder in Einheit und Verbundenheit zu sein.
In Amin nora de san. Danke!

Formuliere den von mir vorgeschlagenen Intento so um, dass dein eigener entsteht, der sich für dich stimmig anfühlt. Schreibe ihn dir in dein heiliges Buch.

Die Rückverbindung mit deinem wahren Selbst

Jetzt ist es an der Zeit, einen sehr machtvollen Schritt in Richtung Einheitsbewusstsein zu unternehmen – wenn nicht den machtvollsten Schritt überhaupt. Wünschen wir uns etwas im Leben, müssen wir zunächst am Gegenpol andocken und die Kraft, die hier verborgen ist, abholen, um uns dann in die neue Richtung aufzumachen. Wünschen wir uns zurück in das Einheitsbewusstsein, müssen wir uns zunächst um die Spuren der Trennung in uns kümmern. Und das tun wir jetzt. Lass die Worte nun sanft aus deinem Kopf fließen und bereite dich auf eine sehr eindrucksvolle Erfahrung vor, bei der wir die Kraft deines inneren Trennungsschmerzes abholen wollen. Denn das Tun vermag bekanntlich mehr als tausend Worte. Es ist in Ordnung, wenn du etwas Angst davor hast, dem alten Schmerz der Trennung wieder zu begegnen. Lass dir Zeit und überstürze nichts. Wenn deine Angst zu groß wird, dann höre bitte auf dieses Warnsignal deines Körpers. Suche dir für die kommenden zwei Übungen Unterstützung. Manchmal ist das definitiv besser. Also höre auf deine innere Stimme, die dir dies mitteilen wird, und handle in neuzeitlicher Eigenverantwortung zu deinem Wohl.

Ich lege dir ans Herz, die nun folgende Übung in Momenten auszuführen, in denen die Angst oder der Schmerz schon bei dir ist. Ich liebe diese Übung und praktiziere sie bereits seit vielen Jahren. Sie ist unsagbar kraftvoll, um dunkle Spuren der Trennung aus dir herauszulösen und zu etwas Lichtvollem zu verwandeln.

Übung: Lade den Schmerz (oder die Angst) zum Tanzen ein!

Schaffe dir einen heiligen Raum, in dem du Bewegungsfreiheit hast und für eine Zeit nicht gestört wirst. Nimm deine derzeitige Wohnung als perfekt dafür geeignet an (oder den Raum deines Therapeuten). Zünde eine Kerze an und rufe deine Helfer aus der geistigen Welt herbei, deine Krafttiere, deinen Schutzengel sowie alle anderen Wesen der geistigen Welt, die du unterstützend bei dir haben möchtest. Bitte sie um ihre Hilfe, mit der momentanen Situation bestmöglich umzugehen und dir deinen Schmerz (deine Angst etc.) abzunehmen. Sie werden dir liebend gern zur Seite stehen und dich durch die Dunkelheit tragen, wenn du es ihnen erlaubst.

Versuche nun bitte, alles Wollen (vor allem das Weg-haben-Wollen des Schmerzes oder der Angst) loszulassen, und wende die Techniken an, die du bereits gelernt hast, um aus dem Kopf heraus- und in das Herz hineinzukommen. Lade deinen Körper ein, ganz ruhig und gleichmäßig zu atmen. Wenn dies schwierig ist und dein Atem stockt, dann überwinde dich und stehe auf. Bewege dich etwas. Atme. Schüttele sanft deinen Körper aus und lass ihn sich bewegen, so wie er will.

Dann stelle dich breitbeinig hin, deine Füße zeigen parallel nach vorne, führe die Handflächen vor deiner Stirn zusammen und verkünde deinen Intento, den du dir vorher im heiligen Buch notiert hast. Meiner würde zum Beispiel folgendermaßen lauten:

Ich bin jetzt dazu bereit, den alten Schmerz der Trennung
zu fühlen, um ihn dann in die Erlösung zu entlassen.
Ich erkenne ihn an, verneige mich vor ihm,
übergebe ihn in die Hände meiner geistigen Helfer
und lasse ihn dann mit ihrer Hilfe vollkommen los.
Danke!

Gehe dann mit deiner Aufmerksamkeit wieder zu deiner Atmung und beobachte sie. Lass den Körper ganz ruhig und in seinem eigenen Rhythmus atmen. Die Atmung ist der Motor für die nun kommenden Bewegungen. Wenn du willst, lege Musik auf, die du magst und die dich in Bewegung bringt. Lade dann deinen Körper zu sanften, fließenden Bewegungen im Einklang mit deiner Atmung ein (bitte nicht ins kraftvolle Rumfuchteln, Boxen oder Treten). Nur das, was wir annehmen und akzeptieren, geht von uns, und dein Tanz drückt deine innere Haltung nach außen aus. Gib immer wieder bewusst die Einladung an deinen Körper, ganz ruhig und gleichmäßig in alles, was jetzt in dir ist, hineinzuatmen, und lass den Körper sich dazu bewegen.

Entscheide dich immer wieder dafür, bei deinem Schmerz oder der Angst zu bleiben, und atme in die Stellen deines Körpers hinein, die hiermit in Resonanz gehen. Lass den Körper einfach machen und versuche, ihn so wenig wie möglich zu kontrollieren. Ich weiß, dass das am Anfang nicht so leicht ist. Du schaffst das, indem du dich stets aufs Neue dazu entscheidest, wenn du spürst, dass der Kopf sich gerade wieder einmischt. Will er dir einreden, dass du bestimmt irgendetwas falsch machst? Höre nicht auf ihn. Du kannst beim Tanzen nichts falsch machen, es sei denn, du lässt dich von deinem Kopf dazu bringen, die Bewegung deines Körpers abzubrechen oder nach einem bestimmten Schema ablaufen zu lassen. Lass die Bewegungen sanft, mühelos und im schmerzlosen Bereich geschehen. Und beobachte immer wieder deine Atmung, da du so wieder fühlst, was in deinem Körper vor sich geht. Wenn es sich gut anfühlt, was du da tust, dann tust du es genau richtig! Es muss nicht gut aussehen oder irgendjemandem gefallen. Entscheide dich immer wieder für das Vertrauen, dann wird es immer leichter gehen.

Und wenn der Schmerz da ist und die Tränen kullern wollen, dann lass dies bitte unbedingt zu. Lass sie laufen, denn sie bringen dir die ersehnte Erlösung. Erinnere dich in solchen Momenten daran, dass nun die Zeit der Leichtigkeit und Freiheit auf Erden naht, und entscheide dich bewusst, gerade in diesem Moment der Schwere für die Leichtigkeit, für das Vertrauen und die Freiheit. Atme aus dem geöffneten Mund aus und lade den Körper erneut dazu ein, sich zu bewegen. Spüre, wie Atmung und Bewegung immer mehr eins werden. Lass dir helfen. Du bist es nicht, der/die jetzt aktiv sein muss. Lass die Bewegungen sanft ausklingen. So wird es dir schon bald wieder besser gehen.

Lege dich am Ende noch ein paar Minuten eingekuschelt hin und gib alles Tun und Wollen erneut bewusst auf. Nimm beim Liegen eine Haltung ein, die dir bequem ist und dir das Gefühl gibt, deinen gesamten Körper an die Erdanziehungskraft abgeben zu können. Lass nun mindestens fünf Minuten lang alles sich setzen und nachwirken und bedanke dich daraufhin bei dir und deinen geistigen Helfern.

Übung: Die Rückverbindung mit dem inneren Kind

Schließe nun deine Augen und mach drei, vier tiefe Atemzüge. Erinnere dich daran, deinen Körper atmen zu lassen, und streiche dir ein paarmal liebevoll über die Stirn, so, als wolltest du sagen: »Hier oben jetzt ganz fein entspannt, bitte!« Suche dir eine für dich angenehme Haltung. Ich empfehle, es dir in sitzender Position bequem zu machen, lehne dich dabei gern an. Und dann lass deinen Körper während der nächsten vier Male, in denen du ausatmest, vollständig los und spüre, wie er immer tiefer in die Unterlage sinkt. Beobachte deinen ursprünglichen Atem, wie er deinen Körper besucht und ihn wieder verlässt.

Dann rufe erneut deine geistigen Helfer herbei. Günstig wäre nun auch, Mutter Maria zu dir zu bitten, die dir in diesem Ritual besonders hilfreich zur Seite stehen kann. Bitte all deine Helfer darum, dich zu beschützen und dich zu führen auf dieser nun folgenden Reise zu deinem inneren Kind. Dann rufe dein inneres Kind herbei. Rufe es bei seinem Namen (so wie du als Kind genannt wurdest), öffne mit der Kraft deiner Absicht dein inneres Auge und lass die Verbindung zu deinem inneren Kind immer klarer und deutlicher werden. Vertraue, dass du das richtig machst. Vielleicht siehst du nichts und fühlst nur etwas. Atme einige Male tief und ruhig ein und wieder aus, um dich in diesem Raum mit deinem inneren Kind einzufinden, und vertraue auf das, was du wahrnimmst. Spüre die Energie deines Kindes. Wie fühlt sie sich an?

Gib deinem inneren Kind auf geistigem Weg zu verstehen, dass du sehr dankbar bist, dass es gekommen ist. Gib ihm zu verstehen, dass du gekommen bist, um es um Verzeihung zu bitten und wieder nach Hause zu holen. Du hast nun endlich erkannt, dass du es, ohne es zu bemerken, vor vielen Jahren im Stich gelassen hast. Sage ihm, dass dir das sehr leidtut. Sage ihm, dass du dies notgedrungen so tun musstest, weil es damals keine andere Möglichkeit für dich gab. Sage ihm, dass dir all die Jahre nicht bewusst war, wie sehr du es verletzt hast und es verloren hattest. Sage ihm, dass du verstehen kannst, dass es vielleicht etwas schwer ist, dir nun wieder zu vertrauen. Setze dich in die Nähe deines inneren Kindes und beobachte es. Was tut es? Braucht es irgendetwas? Gib deinem inneren Kind etwas Zeit, um dir zu signalisieren, was es braucht. Bedränge es nicht. Mach nach einigen Sätzen immer Pausen, in denen du einfach atmest und geschehen lässt, ohne etwas Bestimmtes zu verfolgen oder gar zu erzwingen. Fühle in die Richtung deines inneren Kindes. Wie geht es ihm? Wie reagiert es auf deine Worte? Dann frage es, ob es deine Entschuldigung annehmen und dir verzeihen kann. Die Antwort kann etwas dauern. Bitte setze dein inneres Kind nicht unter Druck. Sage ihm, dass du es verstehen kannst, dass ihm dies nun nach all der Zeit schwerfällt.

Erst wenn du fühlen kannst, dass dein inneres Kind dir nun wieder vertraut, darfst du dich ihm nähern und es in den Arm nehmen. Sage ihm, dass du es sehr liebst, genau so, wie es ist. Dass es nichts tun muss für diese Liebe. Dass es einfach es selbst sein darf, spielen darf, so viel es will. Frage es, ob es nun dazu bereit ist, dass du es wieder nach Hause zurückbringst. Wenn es noch zögert, versichere ihm, dass du es dort immer besuchen und für es sorgen kannst. Sage ihm, dass es ihm dort sehr gut gehen wird.

Und dann nimm dein inneres Kind an die Hand, nutze die Kraft deiner Absicht, um geistig in dein Herz hinein und in deinen inneren Zaubergarten zu treten. Der Zaubergarten ist ein geschützter Raum in deinem ätherischen Herzen, der keinen Limitationen oder Bedrohungen der Dualität unterliegt. Er stellt das ursprüngliche Zuhause deines inneren Kindes dar. Öffne jetzt durch die Kraft deiner Absicht dein inneres Auge, dann wirst du den Zaubergarten bestimmt sehen können. Gib dir einige Minuten Zeit, um dort anzukommen, und atmet dann gemeinsam, du und dein Kind, in diesen Raum hinein. Wie fühlt er sich an? Beuge dich dann zu deinem inneren Kind hinunter und sage ihm, dass es nun wieder zu Hause ist. Und dass du mit ihm zusammen dafür sorgen wirst, dass es sich hier sicher, geborgen und unermesslich geliebt fühlt.

Dann frage es, was es braucht, um sich wohl und sicher zu fühlen. Eine Höhle? Eine rosa Kuschelcouch mit riesiger Kuscheldecke? Ein weißes, glitzerndes Einhorn? Eine Riesenrutsche? Einen Engel, der immer da ist? Vergegenwärtige dir, dass es hier, in dieser inneren Welt, keinerlei Limitationen gibt. Du kannst alles für dein inneres Kind erschaffen, was es sich wünscht. Lass dir Zeit hierbei und höre gut zu. Natürlich darfst du Vorschläge machen, aber es sollte dein inneres Kind sein, das sich die Dinge wünscht, die es braucht.

Erschafft also zusammen dein kleines, inneres Kinderparadies und achte darauf, dass es gut bewachte Grenzen hat. Hier kommt nichts und niemand herein, der dein inneres Kind verletzen könnte. Das Kinderparadies ist rund um die Uhr von Wächtern und Hütern bewacht. Zeige das dem Kind, damit es sich hier vollkommen sicher und geborgen fühlt.

Stelle nun abschließend deinem inneren Kind die Frage, ob es alles hat, was es sich wünscht. Sage ihm, dass du von nun an immer zu ihm kommst, wenn es dich braucht. Macht ein Erkennungszeichen aus, wie es dich rufen kann. Vielleicht ein Kitzeln im linken Ohrläppchen? Oder ein Kribbeln am Solarplexus? Gib deinem inneren Kind zu verstehen, dass du dein Bestmögliches tun wirst, um immer schnell zu ihm zu kommen, wenn es dich ruft. Dann umarme es noch einmal und komm wieder in deine Welt zurück.

Atme tief in deinen Unterbauch ein und finde in deinen physischen Körper zurück, indem du ihn bewusst schwer werden lässt bei der nächsten Ausatmung. Klopfe deinen Körper ab und massiere deine Füße. Gib dir noch etwas Zeit, das Erfahrene sacken zu lassen, und trinke heute besonders viel Wasser.

Indem du dein inneres Kind nun »nach Hause« geholt hast, bist du wieder fühlbarer mit deiner göttlichen Quelle und deinem wahren Selbst verbunden. Das wird eine große Veränderung in dein Leben ziehen: Du wirst dein Strahlen wieder zurückgewinnen, deine Lebendigkeit, Lebensfreude, deine Kreativität und Ausdruckskraft. Habe keine Angst davor! Und strahle für die neue Erde, so viel du kannst! Es kann sein, dass sich der alte Schmerz ab und an erneut zeigt, denn er ist sehr facettenreich und mit einem Mal oft nicht vollkommen zu erlösen. In diesen Momenten solltest du aufstehen, deinen Intento sprechen und tanzen. Tanze, bis es wieder hell und lichtvoll wird in dir und um dich herum!

Kümmere dich außerdem nun regelmäßig um dein inneres Kind. Du trägst die volle Verantwortung für sein Wohlergehen, und nur du kannst seine Wunden heilen. Reise immer wieder zu ihm und frage, was es braucht. Nutze auch in diesen Momenten den Tanz, um dich aus der Schwere zu ziehen, und tanze gemeinsam mit deinem inneren Kind. Es wird den Tanz lieben! Jedes Mal, wenn du dich um dein inneres Kind kümmerst, beginnt es in deinem Herzen, unter den noch vorhandenen Zwiebelschichten, kraftvoll zu leuchten. Und dein Weg zurück zu dir wird dadurch immer lichter und unmittelbarer.

12
Das Morgenritual
Der bewusste Start in deinen Tag

Taguarí hat mich immer wieder daran erinnert: Der frühe Morgen ist ein ganz besonderer, heiliger Augenblick, wo die Weichen für den gesamten Tag gestellt werden. Fangen wir unseren Tag bewusst an und richten uns in Richtung Einheitsbewusstsein aus, bleibt die Magie dieses Augenblicks den gesamten Tag hindurch bestehen und kreiert ein vollkommen anderes Erleben und Sein.

Das Morgenritual ist für mich ein gutes Mittel, um den Tag bewusst anzufangen und dafür zu sorgen, dass er wirklich zu meinem Tag wird. In den letzten Jahren ist es zum essenziell wichtigen Bestandteil meines Weges zurück zu mir selbst geworden. Ich möchte es niemals mehr missen. Daher möchte ich dich in diesem Kapitel dazu einladen, dir ein ganz persönliches, auf dich abgestimmtes Morgenritual zu erschaffen, von dem aus du jeden Tag beginnen und ausrichten kannst.

Das Morgenritual ist ein Schöpfungs- und Erfahrungsraum, in dem wir uns selbst als göttliches, erwachendes Wesen im menschlichen Körper ins Zentrum unseres Lebens stellen. Und zwar gemäß dem ursprünglichen Energiefluss der neuen Zeit. Es ist ebenfalls ein Raum der natürlichen Ausrichtung, Abgrenzung und

Klärung, den wir bewusst jeden Morgen schaffen, um von hier aus alle Bewegungen des Tages zu initiieren.

Die meisten Menschen um uns herum leben derzeit eher passiv, also auf äußere Faktoren reagierend, ihr Leben. Ihr energetisches System ist fast vollständig nach außen ausgerichtet, und ihnen fehlt der Zugang zu ihrem inneren Kern. Dem Ort, der sie wissen lässt, wer sie sind und was für sie wirklich wichtig ist. Sie sind wie leere Hüllen, die von äußeren Winden hin und her gepustet werden, ihre Handlungen gemäß äußeren Erwartungshaltungen ablaufen lassen und den Zugang zu ihrem eigenen, inneren Navigationssystem verloren haben. Durch das Morgenritual schaffst du dir die Voraussetzung dafür, dass dieser Zugang wieder frei und du so den Anforderungen der neuen Zeit, dein Leben aus dir selbst heraus zu kreieren, gerecht werden kannst.

Du wirst schon sehr bald bemerken, wie sich mit der Entscheidung, den Tag bewusst zu beginnen, dein ganzes Leben verändert. Die Magie und Perfektion des Lebens wird sehr viel spürbarer für dich werden, und du wirst in vielen Augenblicken erkennen, zu welch machtvollem Schöpfer der neuen Welt du bereits geworden bist und wie sehr du vom Leben unterstützt wirst.

Ich bin davon überzeugt, dass Menschen in früheren Zeiten, als sie noch einen Großteil ihrer wahren Fähigkeiten und Potenziale lebten, diese Rituale vollkommen selbstverständlich ausgeübt haben. Es gab damals überall Tempel, wo allmorgendlich Rituale zur Ertüchtigung und Ausrichtung des Geistes und des Körpers praktiziert wurden, um im Anschluss daran wirklich den *eigenen* Tag zu beginnen.

Nehmen wir also unsere Verantwortung als Schöpfer unserer Realität wieder in unsere Hände und manövrieren wir uns täglich aus der alten Opfer- in die neuzeitliche Schöpferposition, die uns die Tür zu Freiheit und Selbstverwirklichung öffnet.

Ich möchte dir nun gerne meine fünf Grundelemente des Morgenrituals vorstellen und dich dazu ermutigen, dich von meinen Erläuterungen inspirieren zu lassen, dein eigenes Morgenritual zusammenzustellen. Denn es ist *dein* Ritual, und kein anderer weiß besser als du selbst, was für dich gut ist und dafür sorgt, dass du alles erhältst, was für deinen Tag wichtig ist. Es soll dir Spaß machen, sodass du jeden Morgen voller Freude aus dem Bett springst, weil du endlich wieder dein Morgenritual vollziehen darfst. Integriere also Dinge, die du liebst, und entwickele dir ein eigenes Konzept, das sich natürlich immer im Wandel befindet. Schließlich entwickelst ja auch du dich jeden Tag weiter, und feste Konzepte langweilen nur. Und dein Ritual möchte dich von heute an dein gesamtes Leben begleiten. Also sorge dafür, dass es immer interessant, freudvoll und »ganz deins« bleibt.

Das Wichtigste ist, zu Beginn des Morgenrituals in bewussten Kontakt zu dir und deinem, wie ich ihn nenne, inneren Andockpunkt zu treten und dich von hier aus zu aktuellen Abläufen und Ausdrucksformen inspirieren zu lassen. Über diesen Andockpunkt erhältst du Zugang zu deinem Körper, deinem Geist und deiner Seele. Du solltest dich daher dafür entscheiden, für die Zusammenstellung deines persönlichen Morgenrituals so wenig wie möglich deinen Verstand zu benutzen, sondern dich vom jeweiligen Augenblick und deinem momentanen Befinden führen zu lassen.

Die Grundelemente meines Morgenrituals sind:

1. Andocken am jetzigen Augenblick, gleichzeitig Aktivierung der göttlichen Quelle und bewusster Einstieg ins Einheitsbewusstsein;
2. Formulierung des Intentos für den Tag;
3. Aktivierung und Schwingungserhöhung des Körpers sowie Ausgleich Körper-Geist-Ebene (AVATARA FLOW);
4. Ruhen/Integrationsphase;
5. Ausrichten auf den Tag (Abgrenzung, Fokus setzen).

Zu Punkt 1: Ich zünde mir Kerzen an und stelle mich in die Mitte meiner Yogamatte. Ich atme bewusst und gleichmäßig in mein Hara- und Herzzentrum hinein und richte mich geistig darauf aus, mich mit mir und meinem Moment zu verbinden. Dann lasse ich meine Hände mein persönliches Mudra einnehmen, welches mich mit meiner Essenz verbindet. Ich wiederhole einige Male das Mantra SO-LA-VA-YA, das die Strahlkraft meiner inneren göttlichen Quelle verstärkt.

Ich entscheide mich dafür, mich mit dem Einheitsbewusstsein der neuen Zeit zu verbinden. Dann begrüße ich Großvater Sonne und Großmutter Mond, sage ihnen einige Worte des Dankes und der Wertschätzung und lade sie ein, meine Wege an diesem Tag zu unterstützen. Anschließend spreche ich mit Mutter Erde. Auch sie lade ich nach Worten des Dankes dazu ein, mit ihrer Kraft und ihrem Wissen an meinem Tag teilzuhaben, mich zu unterstützen und zu begleiten.

Dann richte ich meinen Fokus darauf, zu spüren, was heute wichtig für mich ist und in welche Richtung mein Tag heute gelenkt werden möchte. Dies zu spüren ist nicht jeden Morgen einfach. Manchmal, wenn ich dafür Zeit habe, schreibe ich deshalb vor Beginn des Morgenrituals zunächst in mein heiliges Buch, um mich auf diese Weise zu sortieren und besser erkennen zu können, worum es an diesem heutigen Tag gehen soll. An anderen Tagen wache ich bereits mit der Klarheit auf, welche Richtungen und Themen heute für mich wichtig sein werden. Manchmal nutze ich auch den weiblichen Weg der Absichtsformulierung und ziehe eine Tageskarte (zum Beispiel aus dem Atlantisheilkartenset von Sabine Skala).

Es ist immer wieder eine gute Entscheidung, das Ego und den Verstand zurücktreten und meine höheren Instanzen zu Wort kommen zu lassen, die aus ihrer Perspektive natürlich einen viel umfassenderen Blick auf meinen Tag und mich haben als ich als Mensch.

Zu Punkt 2: Wieder stelle ich mich stabil in die Mitte meiner Yogamatte, lege meine Handflächen ineinander vor meine Stirn und spreche meinen Tagesintento. Am Ende hänge ich stets das »Amin nora de san« an, um mir sicher zu sein, dass die Umsetzung meines Intentos auf meinen Seelenmoment und zum besten Wohle des großen Ganzen abgestimmt ist.

Zu Punkt 3: Nun lasse ich meine Hände sinken und richte meinen Fokus auf meine Atmung. Dadurch lasse ich bereits automatisch meinen Intento los, den ich nun durch körperliche, intuitive Bewegung in die Materie ziehe. Ich treffe die anfangs bewusste, später automatisch ablaufende Entscheidung, auf meinen Körper und seine Empfindungen zu hören, zu vertrauen und sie nach außen hin als Bewegung sichtbar zu machen. Dies öffnet einen weiblichen Raum in mir, der mich mit meiner Intuition in Verbindung bringt und dadurch den Übergang von einem kleinen, egozentrierten zu einem erweiterten und wahrheitsgetreueren Bewusstseinszustand erlaubt.

Ich praktiziere dann das AVATARA FLOW, was ich im Anschluss an dieses Kapitel noch näher erläutern werde. Alle Körperzellen weiten und öffnen sich hierbei. Du kannst darin Elemente deiner Yoga- oder Qigongpraxis integrieren, wenn es sich für dich richtig anfühlt.

Zu Punkt 4: Nun kommen wir zum machtvollsten und wichtigsten Teil des Morgenrituals: dem Nachruhen. Bitte vergiss es niemals. Denn es ist fundamental wichtig, dir zum Abschluss Zeit für einen weiblichen Moment der Hingabe zu nehmen, um Geschehenes nachwirken und sich integrieren zu lassen. Du hast alles getan, was wichtig war, und darfst nun der geistigen Welt den Raum dafür öffnen, alles zu deinem Wohl für diesen Tag zu ordnen und auszurichten. Hierfür solltest du dich mindestens drei bis fünf Minuten in Rücken- oder Seitenlage begeben.

Zu Punkt 5: Abschließend setze ich mich kurz hin, docke erneut an meiner inneren Essenz an und bitte um ausgleichende und erdende Energien. Dann spreche ich mein persönliches Gebet und visualisiere abschließend mein Symbol der natürlichen Abgrenzung (Lichtkegel, -kugel oder -pyramide).

Da ich das Morgenritual für so essenziell wichtig halte, möchte ich hier drei Fragen mit dir teilen, die meine Seminarteilnehmer häufig zum Morgenritual stellen.

Häufige Fragen zum Morgenritual

1. Ist es wichtig, dieses Ritual morgens auszuführen, oder könnte ich es auch abends machen?

Ich kann diese Frage nur allzu gut nachvollziehen, denn auch ich war früher keine Freundin vom Frühaufstehen und bin es auch heute, vor allem im Winter, nicht immer. In den ersten Jahren gab es öfter Momente, in denen ich mit meinem inneren Schweinehund zu kämpfen hatte, der mir weismachen wollte, dass ich doch auch später meine Übungen machen oder sie auch mal ausfallen lassen könnte. Ich habe ihm des Öfteren nachgegeben und kann deswegen aus Erfahrung sagen, dass es wirklich wichtig ist, sein Morgenritual als erste Handlung des Tages zu vollziehen. Es hebt die Qualität aller Bewegungen des Tages um ein Vielfaches. Unser gesamtes System ist morgens besonders sensibel, offen und aufnahmefähig, vor allem kurz vor Sonnenaufgang.

2. Warum ist das Morgenritual so wichtig?

Nach meiner Erfahrung sind die täglich gelebte Achtsamkeit und neuzeitliche Eigenverantwortung die zentralen Themen unserer Zeit. Die Manifestationskraft unserer Gedanken ist erheblich gestiegen, von Tag zu Tag manifestieren sie sich schneller. Gerade deshalb ist es enorm wichtig, *jeden* Tag mit Achtsamkeit, Introversion und Eigenverantwortung zu beginnen, denn diese Qualitäten breiten sich dann über den gesamten Tag aus. Es ist unsere Aufgabe als erwachende Schöpfer der neuen Zeit, dafür zu sorgen, dass wir uns tagtäglich gut nähren und ausrichten. Das *Tun* ist hierbei entscheidend, Wissen und Verstehen reichen nicht aus. Jeden Morgen sollten wir uns also bewusst mit unserer göttlichen Essenz und Wahrheit verbinden und von hier aus in den Tag starten. Wir sollten uns außerdem über den Tag verteilt weitere zwei bis drei Andockzonen gönnen, in denen wir für circa 15 Minuten in die Stille gehen und zu uns selbst zurückfinden.

Jeder durchlebt hin und wieder Krisen und schwere Momente, und gerade diese Phasen, in denen wir unsere guten Vorsätze aus den Augen verlieren, können uns eindrucksvoll den Unterschied spüren lassen – denn häufig docken wir an diesen Tagen wieder am kollektiven Feld an und kreieren aus seinen unwahren Glaubensmustern oft sehr negative Gedanken.

Nachmittags und abends kannst du natürlich auch das AVATARA FLOW üben und dadurch die Schwingungsfrequenz deines physischen Körpers anheben und viel Spaß haben. Aber das Ziel ist dann ein anderes.

3. Wie lang sollte ein Morgenritual ungefähr dauern?
Bei dieser Frage erinnere ich meine Seminarteilnehmer immer daran, dass es unsagbar wichtig ist, sich selbst nicht unter Druck zu setzen. Auch ein zweiminütiges Morgenritual ist tausendmal besser als keines. Das ist wichtig zu verinnerlichen, bevor der oft sehr strenge innere Kritiker uns in Bedrängnis bringt und wir dann ganz in die Passivität fallen. Man kann in zwei Minuten locker alle fünf Phasen durchlaufen, obwohl es natürlich besser ist, sich dafür 20 bis 45 Minuten Zeit zu nehmen, da so eine ganz andere Tiefe erreicht wird als in zwei Minuten.

Versuche also, dir 20 bis 45 Minuten für dein Morgenritual zu reservieren, doch erinnere dich in harten Zeiten daran, dass zwei Minuten besser sind als nichts.

13
AVATARA FLOW
Die kraftvollste Medizin des Menschen

Du hast bereits eine Menge Anregungen und Arbeitsaufträge von mir erhalten, mit denen du in den nächsten Jahren gut zu tun haben wirst, richtig? Eine wichtige Sache fehlt aber noch: mein Lieblingswerkzeug, das AVATARA FLOW. Ich bin im Laufe des Buches ja schon öfter darauf zu sprechen gekommen, und jetzt möchte ich es dir noch etwas näherbringen, denn es ist das machtvollste Werkzeug der Transformation, das ich kenne. Es ist vor allem deshalb so wertvoll für uns, da all die Veränderungen und Arbeitsaufträge, die vor uns liegen, ganz schön anstrengend sein können. Der Tanz hilft uns, alle Herausforderungen in größtmöglicher Leichtigkeit zu bewältigen. Er zündet in den dunkelsten Momenten wieder ein Licht an. Er versüßt die bitterste Zeit des Schmerzes. Er öffnet unsere Tür und lädt übergeordnete Kräfte zu uns ein. Der Tanz ist wie ein Mut machender, vitalisierender Windhauch in unserem Leben, wenn alles zusammenzubrechen und auseinanderzufallen scheint. Er hat die Macht, alles Dunkle der alten Zeit zu durchlichten und zu verwandeln. Und deswegen lade ich dich jetzt zum Tanz in die neue Zeit ein!

Die Wirkkraft des AVATARA FLOW

Der Tanz ist laut Taguarí die kraftvollste Medizin, die der Mensch für sich einsetzen kann. Er ist eine Erweiterung und Vertiefung der ursprünglichen Atmung und verstärkt alle ihre wertvollen Wirkungen um ein Vielfaches. Daher ist er eine Notfallmedizin, die dir in den Momenten, wo dir vor Schmerz der Atem stockt, sehr dienlich sein kann.

Das AVATARA FLOW vermag es, die natürlichen Kräfte in dir und um dich herum zu rufen, zu bündeln und in die von dir vorher formulierte Richtung (Intento) zu lenken. Dies durfte ich auf meinem Weg der Heilung und Ganzwerdung am eigenen Leib erfahren: Nach meinem Bandscheibenvorfall und jahrelangen Schmerzen habe ich beobachtet, dass mein Tanz etwas mit mir tut, was mich wieder gesund und stabil werden lässt. All meine Studien und eigenen körperlichen Erfahrungen haben dazu geführt, dass ich zu dem intuitiven Wissen des kleinen Mädchens von damals zurückgeführt wurde, das für kranke Menschen getanzt hat. Ich habe erlebt, wozu der Tanz als Medizin in der Lage ist. Ich sah Bilder, die mir zeigten, dass der Tanz früher als Medizin in vielen verschiedenen Kulturen verwendet wurde. Auch bei uns. Es gab Zeiten, da galt der Tanz als das höchste Kulturgut. Man wusste damals, dass der Tanz eine göttliche Ausdrucksform des erwachten Menschen ist, der durch ihn Zugang zu übergeordneten Kräften erhält und dann wahre Wunder geschehen lassen kann. Dies bestätigen meine eigenen Erfahrungen der letzten Jahre, wo ich erleben durfte, dass mein Tanz die Befindlichkeit eines Menschen zu verbessern vermag, unabhängig davon, an welchem Ort der Erde sich dieser Mensch gerade aufhält. Oder dass er an Orten, die über Monate nur Dürre und Trockenheit erlebten, für erlösenden Regen sorgen kann.

Ich wende den Tanz seit einigen Jahren für mich selbst und meine Klienten an, um kraftvolle Wandlungen einzuleiten und Sachverhalte zurück in ihre ursprüngliche Balance zu bringen.

Dabei habe ich erlebt, dass der Tanz eine für den Verstand nicht greifbare, magisch-mystische Wirkung zu erzielen vermag, die kraftvoll und mehrdimensional bis in die Materie hineinwirkt und sie verändern kann. Daher können meine Worte auch nur eine vage Annäherung an das wahre Ausmaß der Kraft und Wirksamkeit des Tanzes als Medizin, des AVATARA FLOW, sein, denn Magie lässt sich nicht in menschliche Worte fassen.

Um die Menschen sanft und sachte zu der enormen Heilkraft des Tanzes zurückzuführen, unterrichte ich sie im AVATARA FLOW und ermuntere sie, diese ursprüngliche Bewegungskunst in ihren Alltag zu integrieren. Es ist ganz einfach, und deswegen liebe ich diese Medizin auch so sehr. Du schiebst dein Sofa und deinen Tisch etwas zur Seite, und schon kann es losgehen!

Erinnere dich: Der Tanz gehört zu uns Menschen seit Anbeginn der Zeit. Und es ist nicht wahr, dass du nicht tanzen kannst. Jeder Mensch kann tanzen, denn der Tanz im ursprünglichen Sinne ist etwas, was in dir wohnt und dem du nur gestatten musst, sich wieder nach außen hin zu zeigen. Daher ist AVATARA FLOW für alle Menschen leicht zu erlernen und benötigt keine bestimmten Vorkenntnisse oder Talente.

Auf der Suche nach Antworten, warum das AVATARA FLOW so kraftvoll ist, wurde mir Folgendes gezeigt: Es bedient sich der zwei Königsenergien der Transformation, Vertrauen und Liebe. Diese Energien sind derart hochschwingend, dass sie den alten Schmerz einfach wegfegen. Beim AVATARA FLOW drückst du auf körperlicher Ebene deine Entscheidung für das Vertrauen und die Liebe aus, wodurch du diese Energien inkarnierst, das heißt, du ziehst sie in die Materie. So können sie auf allen Ebenen deines Seins wirksam werden.

Was genau ist das AVATARA FLOW?

Das AVATARA FLOW ist eine neuzeitliche Körperarbeit. Ihre Wurzeln hat sie im Urpool alter Körperarbeiten, die zur Ertüchtigung sowie zur Hygiene des Körpers und Geistes seit Anbeginn der Menschheit praktiziert wurden. Gemeint sind jene Körperarbeiten, die auf das individuelle Seelenwohl eines Menschen ausgerichtet sind. Yoga, Qigong (aus dem das Tai-Chi entstanden ist) und auch der freie Tanz haben sich aus diesem Urpool der Körperarbeit heraus entwickelt und wurden daraufhin bestimmten Kulturen zugeschrieben, die ihre Weiterentwicklung maßgeblich vorangetrieben haben. Was ich auf meinem Weg verstehen durfte, ist, dass sie alle denselben Ursprung haben und ihre gemeinsame Essenz ursprünglich einmal Eigentum des Menschen war. Damit meine ich, dass diese alten Bewegungskünste gemäß der ursprünglichen Betrachtungsweise zu uns Menschen gehören. Wie die Atmung sind sie natürliche Prozesse, die wir nicht erlernen müssen, weil sie uns eigen sind und wir uns lediglich gestatten müssen, sie wieder zuzulassen.

Deswegen praktizieren auch viele indigene Kulturen auf unterschiedlichen Kontinenten sehr ähnliche Bewegungen und Haltungen seit Tausenden von Jahren, ohne dass es zu einem verbalen Austausch zwischen ihnen gekommen wäre. Der Ursprung ist derselbe, und dieses Erbe gehört zu uns Menschen, denn wir sind seit Anbeginn der Zeit eins mit ihm.

Durch die Trennung des Menschen von seinem Körper kam es logischerweise auch zu einer Trennung von den eigentlich zu ihm gehörenden Körperarbeiten oder -ausdrucksformen. Dabei sind sie unsagbar machtvoll und haben eine Schlüsselfunktion, wenn es darum geht, ein Leben in Verbundenheit mit dem eigenen Potenzial zu führen.

Das AVATARA FLOW ist keine Technik oder Methode und es sieht bei jedem Menschen vollkommen anders aus. Denn jeder Mensch ist vollkommen anders, und das AVATARA FLOW baut auf der Basis der Andersartigkeit eines jeden Menschen auf. Es besteht aus frei fließenden Bewegungen, die dadurch entstehen, dass der Ausübende sich dafür entscheidet, seinem Körper zu vertrauen und das, was da ist, zur freien Bewegung und zum freien Ausdruck einzuladen. Der Bewegungsimpuls kommt beim AVATARA FLOW aus dem Inneren des Körpers und wird eventuell unterstützt von Musik, was aber nicht nötig ist. Die Atmung kann ebenfalls als Musik benutzt werden.

Der Atem ist der eigentliche Motor für die Bewegung des Ausübenden, er verbindet ihn mit seinem Körper und dem, was da ist und durch die Bewegung nach außen hin sichtbar wird. Das AVATARA FLOW wirkt, indem der Tanzende ausdrückt, was gerade in ihm vorgeht. Hiermit meine ich die feinstofflichen Informationen, die dieser Mensch in sich trägt, wie seine Gefühle, seine Gedanken und alten Überzeugungen. Sie erhalten durch das »Flowen« gemeinsam mit den neuzeitlichen Energien einen wirkungsvollen Impuls der Neuordnung.

Ein weiterer Aspekt, der beim Flowen nach außen gebracht wird, ist die ursprüngliche Seelenessenz des Tanzenden. Die berühmte Tänzerin und Choreografin Isadora Duncan sagte einmal: »Wenn ich das alles mit Worten ausdrücken könnte, dann müsste ich nicht tanzen!« Nach meinem Empfinden spricht sie hier von unserer Seelenessenz, die der Tanz körperlich auszudrücken vermag. Eine Essenz, von der wir noch gar nicht wissen, wie sie aussieht und für die es keine Worte und Erklärungen gibt. Aber der Tanz vermag genau solche Dinge zum Ausdruck zu bringen und er erzeugt durch diesen Ausdruck ein Resonanzfeld, das Dinge anzieht, die dieser Essenz gebühren. Dinge, die uns helfen, uns selbst in unserer ganzen Größe zu erkennen.

Somit ist ein übergeordnetes Ziel des AVATARA FLOW, den Menschen wieder mit seiner tiefsten Seelenessenz in Verbindung zu bringen, diese nach außen hin sichtbar zu machen und ein entsprechendes Resonanzfeld aufzubauen.

Hierbei kommt es nicht so sehr darauf an, *was* der Tanzende tut, sondern *wie* er es tut. Die Bewegungen können nicht falsch sein, solange er darauf achtet, dass sie sich gut anfühlen, er keine Schmerzen hat und er das, was da passiert, bedingungslos und ohne Analyse und Wertung zulässt.

Erst dann verschiebt sich die Hemisphärenaktivität auf unsere intuitive rechte Seite, was einen Raum für höhere Kräfte, göttliche Inspirationen und übersinnliche Wahrnehmungen schafft. Ich nenne diese Kräfte gern die weiblichen Urkräfte, die wir verstandesmäßig nicht erreichen können. Sie beginnen durch das gezielte Loslassen der verstandesmäßigen Kontrolle über den Körper zu wirken.

Um das zu unterstützen, formulieren wir zunächst einen Intento, der unserem Tanz eine sinnvolle Richtung gibt. Dann entscheiden wir uns geistig dafür, den Körper einfach machen zu lassen. Die Entscheidung, unserem Körper zu vertrauen, öffnet die Tore für die hochschwingenden Energien, die dem AVATARA FLOW seine Wirkkraft geben.

Dies stellt für uns »zivilisierte Menschen« anfangs eine nicht zu unterschätzende Herausforderung dar, da wir seit Generationen gelernt haben, unseren Körper stets durch den Verstand zu kontrollieren, und uns natürlich aufsteigende Emotionen oder instinktive Handlungen untersagen. Wenn du aber versuchst, den Körper kopfgesteuert zu etwas zu bringen, zu dem er nicht in der Lage oder nicht bereit ist, entziehst du dem AVATARA FLOW seine Wirkkraft.

Es ist vollkommen in Ordnung, wenn du dich dabei ertappst, dass du in alte Muster zurückfällst und vom Kopf her die Bewegungen deines Körpers steuerst. Da diese Programmierung tief in unseren Zellen steckt, wird dies anfangs nicht vermeidbar sein. Ärgere dich also nicht darüber. Atme bewusst lange durch den geöffneten Mund aus und entscheide dich in diesen Momenten der Bewusstwerdung einfach erneut dafür, deinem Körper jetzt vertrauen zu wollen. Beobachte deine Atmung, wie sie dir aus dem inneren Takt und Richtung der Bewegung vorgibt, und lass geschehen, was dein Körper nun tun möchte. Halte dir immer wieder vor Augen, dass die Wirkkraft des AVATARA FLOW aus deiner Entscheidung für das Vertrauen entsteht. So kannst du dich über all die Male freuen, in denen du dich wieder und wieder und wieder dafür entscheiden darfst.

Was ebenfalls tief in uns Westeuropäern verankert ist, ist der Glaubenssatz »Ich kann nicht tanzen!«. Dies ist eine weitverbreitete Lüge in unseren Breitengraden, die wir schleunigst vergessen sollten. Denn wir berauben uns unserer kraftvollsten Medizin, wenn wir das weiterhin meinen. Ich glaube, jeder Mensch kann tanzen – tanzen in seiner Urform, die nicht im Entferntesten etwas mit Walzer, Samba oder Rumba zu tun hat. Beim Tanz in seiner Urform gibt es keine Regeln, die du beachten, und keine Schönheitsideale, denen du entsprechen oder nacheifern musst. Tanzen in seiner Urform – AVATARA FLOW – bedeutet, das authentische Ich nach außen zu bringen. Dazu brauchst du kein besonderes Talent, keine Vorkenntnisse, kein bestimmtes Alter und keine bestimmte Figur. Das kann jeder, denn es geht hierbei eher darum, etwas geschehen zu lassen, was sowieso schon da ist, und nicht darum, Dinge zu praktizieren, die wir uns künstlich aneignen müssen. Verstehst du den Unterschied?

Du darfst dich vollkommen frei fühlen, dich so zu bewegen, wie es sich richtig und gut anfühlt. Es soll authentisch sein, ehrlich, ohne Maske und Maßregelung des Körpers. Und das kann und sollte rein intuitiv geschehen.

Wahrscheinlich wirst du dich anfangs noch ziemlich überwinden müssen, um das AVATARA FLOW in den Momenten zu praktizieren, in denen es dir nicht gut geht. Du brauchst Mut, Vertrauen und Stärke hierfür, das ist wohl wahr. Halte dir immer wieder vor Augen, dass du dir Dramen und Krankheiten ersparst, wenn du eigenständig dafür sorgst, dass das, was in dir ist, ins Flowen kommt. Denn wendest du dieses oder ein anderes Mittel zur Schwingungserhöhung nicht von dir aus an, wird das Leben seinerseits dafür sorgen, dass du dir die Zwiebelschichten, die dich noch in der Schwere halten, anschaust. Und das tut meistens weh! Ich möchte dir weiß Gott keine Angst machen. Und es ist auch okay, wenn du mal eine Phase hast, in der du deine neue Körperpflege vernachlässigst. Denn so wirst du immer deutlicher spüren, wie viel schwerer sich dein Leben in solch einer Phase anfühlt, und aus dieser Erfahrung heraus freiwillig wieder zu tanzen beginnen. Da bin ich mir sicher.

Entscheide dich also jetzt gleich für einen Weg in die neue Zeit in größtmöglicher Leichtigkeit und tanze, bis dein inneres Leuchten wieder zu seiner ursprünglichen Kraft zurückfindet.

14
Dein inneres Leuchten
Erinnere dich an deine Hauptverantwortung

Werde dir an dieser Stelle bewusst, dass sich deine Eigenschwingung immens erhöht, wenn du den Weg zurück zu deinem ursprünglichen Potenzial gehst. Immer wenn du mit anderen Menschen zusammen bist, wirkst du schwingungserhöhend auf dein Umfeld ein, was natürlich sehr förderlich ist. Im Sinne deiner Eigenverantwortung solltest du dir allerdings auch Gedanken über das Thema Schutz und Abgrenzung machen.

Denn wenn du viel Zeit mit Menschen verbringst, deren Energiesystem eine niedrigere Schwingung trägt als deine, gleichen sich diese zwei Frequenzen mit der Zeit einander an. Das geschieht bei manchen Menschen stärker als bei anderen, je nachdem, wie gewöhnt deren energetisches System daran ist, sich von äußeren Energiequellen nähren zu lassen. Konkret heißt das, dass dein Energiekörper beginnt, langsamer zu schwingen, und du fühlbar an Kraft verlierst, wenn du nicht vorher für Schutz und Abgrenzung gesorgt hast. Dann kann es vorkommen, dass du dich nach einigen Stunden vollkommen leer und abgeschlagen fühlst und nun anfälliger dafür bist, wieder in das alte Muster der Trennung und ihre unvorteilhaften Gedankenspiralen zurückzufallen.

Deswegen ist es notwendig, dass du dich vorbereitest, damit du ohne energetische Einbußen in der Gesellschaft von anderen Menschen sein kannst. Die wirkungsvollste Methode des Schutzes und der Abgrenzung, die ich kenne, besteht darin, dein eigenes Licht vorher gut zu nähren und es zum Strahlen zu bringen. Das tust du im Morgenritual durch Auffinden und Nähren deiner inneren Essenz und indem du dich stets gut um deine eigenen Bedürfnisse kümmerst: um dein inneres Kind, um das, was dich nährt und dein inneres Leuchten stabilisiert. Werde dir darüber bewusst, dass du zwar energetisch viel Nahrung aus der geistigen Welt und von deiner Seele bekommst, du aber auch menschliche Bedürfnisse hast, die dir die geistige Welt nicht erfüllen kann. Du bist ein hohes Licht auf Erden, aber du bist auch ein Mensch. Du bist Himmel *und* Erde. Und beide Seiten in dir brauchen ausreichend Nahrung, damit es ihnen gut geht und sie gemeinsam strahlen können.

Kümmerst du dich gut um deine eigenen Bedürfnisse und gibst deinem inneren Strahlen dadurch immer mehr Power, sorgst du sehr wirkungsvoll auch für deinen Schutz vor dunklen oder niedrig schwingenden Energien. Denn die Strahlkraft deiner inneren Quelle, die vor Lebendigkeit sprudelt, wird dafür sorgen, dass nicht so leicht etwas an dir anhaften kann, was dir Energie abzieht. Du siehst hier erneut, wie wichtig das Thema neuzeitliche Eigenverantwortung ist.

An manchen Tagen reicht dies aber leider nicht aus, um dich vor Energieverlusten zu schützen. Gerade wenn du dich nicht so gut oder dünnhäutig fühlst. Dann bedarf es etwas mehr, damit du gut geschützt, bei dir und in deiner Schwingung bleiben kannst. Insbesondere, wenn du dich an solchen Tagen über einen längeren Zeitraum an Plätzen oder mit Menschen aufhältst, die eine niedrigere Schwingungsfrequenz tragen. Du kannst das fühlen: Es ist, als würdest du angezapft werden und als ob etwas aus dir herausgezogen würde. Es ist wichtig, dass du nun nicht anfängst, an dunkle

Mächte zu glauben. Du bist kein Opfer, sondern ein machtvoller Schöpfer und du kannst durch einfache Mittel dafür sorgen, dass du in deiner hohen Schwingungsfrequenz bleibst. Fokussiere deine Aufmerksamkeit auf das starke Licht, das aus deinem Herzen strahlt. Rufe deine innere Kriegerin, bitte sie darum, dich wirkungsvoll zu schützen, und atme sieben Mal das Mantra SO-LA-VA-YA in dich hinein. Visualisiere eine ätherische Lichtpyramide oder eine goldene Seifenblase, die dich umhüllt und dafür sorgt, dass deine Energie bei dir bleibt.

Zusätzlich kannst du dir Hilfe aus der geistigen Welt holen. Zum Beispiel von dem aufgestiegenen Meister Maha Cohan, der dir bei dem Thema natürliche Abgrenzung behilflich sein kann. Rufe ihn, bevor du dein Haus verlässt, und bitte ihn um die Energien der natürlichen Abgrenzung. Du kannst ihn auch abends vor dem Schlafen um Schulungen zu diesem Thema bitten, was ich persönlich immer gern tue, bevor meine Seele auf Reisen geht.

Ein weiteres hohes Licht und ein Experte in Sachen Schutz ist der Erzengel Michael. Auch ihn kannst du um Hilfe bitten: Er hüllt dich liebend gern in seine Schutzhüllen und -mäntel, wenn du ihn darum bittest.

Der Erzengel Michael hilft dir auch, dich aus energetischen Verstrickungen mit Personen zu befreien, die dir viel Energie abziehen. Er lehrt dich, wie du dich besser von diesen Personen abgrenzen kannst, ohne sie vor den Kopf zu stoßen. Er kann dir auch dabei helfen, dich zu reinigen und zu klären, nachdem du lange Zeit mit vielleicht kranken oder sehr bedürftigen Menschen zusammen warst. Gerade wir Frauen sind oftmals gut darin, unbewusst die Verantwortung für etwas oder jemanden zu übernehmen, der eigentlich gar nicht zu uns gehört. Das geschieht beispielsweise in den Beziehungen zu unserer Familie, wo es häufig starke Verstrickungen gibt, die uns nicht bewusst sind, aber uns alles andere als guttun.

Unser Weg in die neue Zeit ist nicht immer leicht, da die breite Masse noch dabei ist, aus dem Verstand und der Angst heraus ihre Welt zu kreieren. Wir sind aufgefordert, gegen den Strom zu schwimmen, was eine starke Absicht von uns fordert.

Der Angst hinterherzulaufen ist einfach. Entscheiden wir uns aber dafür, uns vom Vertrauen und der Liebe führen zu lassen, brauchen wir sehr viel Mut und Stärke. Ich glaube, dass wir in über tausend Inkarnationen auf diese eine Meisterinkarnation vorbereitet worden sind, weil sie die herausforderndste ist, die es jemals geben wird. Als wir uns damals dazu entschieden haben, dabei sein zu wollen, wenn der Planet Erde wieder nach Hause findet, wussten wir, dass es nicht leicht werden würde. Nun gibt es kein Zurück mehr, und ich bin davon überzeugt, dass es schon sehr bald leichter wird und du den ursprünglichen Fluss des Lebens wiedererkennen und mit ihm mitfließen kannst – den Strom des Lebens, der dich auf deinem Weg zurück zu dir selbst und deinem wahren Potenzial unterstützt. Und es werden schon bald die Dinge, die in Wirklichkeit zu dir gehören, zu dir gebracht werden. Sie wollen dich einladen, dein Vertrauen erneut zu vertiefen, und dich wieder nach Hause – in das Feld der Ursprünglichkeit – begleiten. Es warten sehr wichtige Aufgaben auf dich, die keiner besser ausführen kann als du. So wie du es dir vor Beginn dieser Inkarnation vorgenommen hast.

Werde dir an dieser Stelle bewusst, wie sehr du in der alten Zeit die Menschen um dich herum ins Zentrum deiner Aufmerksamkeit gestellt hast. Gerade wenn du in großen Städten gewohnt hast oder wohnst, ist dies eine Angewohnheit, die so selbstverständlich für uns ist, dass wir sie gar nicht bemerken. Spüre einmal in dich hinein und beobachte deine Welt: Inwiefern orientierst du dich an anderen Menschen? Inwiefern beeinflusst es dich, was sie tun, was sie erwarten, was sie denken? Spielst auch du in Gegenwart deiner Freunde oder Familie unbewusst verschiedene Rollen, um dazuzugehören? Um zu sein wie sie?

Wir Menschen sind Rudeltiere. Zu einer Gemeinschaft dazuzugehören ist für uns so wichtig wie die Luft zum Atmen. Nun ist es aber an der Zeit, uns bewusst zu werden, dass die Gemeinschaft, in der wir derzeit leben, krank ist. Und dass das, wonach wir uns tief im Inneren so sehr sehnen, unter den momentanen Bedingungen nicht möglich ist. Durch unsere extrem extravertierte Lebensweise haben wir den Kontakt zu uns selbst verloren. Wir laufen als leere Hüllen durch die Gegend und suchen im Außen nach Lösungen, die unsere innere Leere und Orientierungslosigkeit zu mildern vermögen. Wir geben unsere eigene Verantwortung permanent in die Hände von anderen. Denn wer ist der wirkliche Experte unseres Lebens? Ganz genau: wir selbst.

Deswegen ist es derzeit so wichtig, dass wir uns zumindest zeitweise von der Außenwelt zurückziehen und die stillgelegte Leitung zu unserer inneren Sendezentrale wieder in Betrieb nehmen. Wir dürfen lernen, uns selbst, unsere geistigen Helfer und unsere physischen Körper um Rat zu fragen, wenn es uns nicht gut geht, und auf die Antworten, die zu uns kommen werden, zu vertrauen.

Dies darf jeder neu erlernen, bevor wir in wirklicher Freiheit wieder beisammen sein können. Jeder darf lernen, bei sich zu bleiben und seine neuzeitliche Eigenverantwortung zu leben. Wieder eins zu werden mit sich selbst. Anzunehmen, was und wie er ist, und dafür zu sorgen, dass es ihm selbst gut geht und all seine Bedürfnisse befriedigt sind. Nur so können wir aus der Abhängigkeit von Dingen und Personen im Außen heraustreten.

Denn das wünschen wir uns doch eigentlich alle: eine Gemeinschaft, deren Mitglieder ihre wahre Essenz und Einzigartigkeit erkennen, wertschätzen und leben. Die sich immer und immer wieder für das Vertrauen in sich und ihren Körper entscheiden. Und die vor Glück, Gesundheit und Fülle aus sich selbst heraus strahlen und mit anderen Menschen das Leben feiern.

Treten wir nun aus unseren gewohnten Kreisen heraus und entscheiden uns dafür, zurück zu unserer wahren Natur zu finden, verlieren wir erst einmal die Nahrungsquellen, an die wir gewöhnt sind. Damit meine ich unsere Beziehungen zu Menschen, durch die wir uns jahrzehntelang energetisch ernährt haben. Die Bestätigung von anderen Menschen, aber auch das unbewusste Vergleichen mit vermeintlich Schwächeren hat uns energetisch Nahrung geboten, ohne dass wir uns dessen bewusst waren. Doch der Ausstieg hieraus ist unabdingbar für den Eintritt in ein Leben in Selbstbestimmung und Freiheit. Denn nur so machen wir uns frei und unabhängig und sind nicht länger in den Rollen und Aufgaben gefangen, die gar nicht wirklich zu uns gehören.

Und ja, es kann passieren, dass du dich erst einmal allein fühlen wirst. Doch habe Vertrauen und richte deinen Fokus auf den Strom des Lebens, der von Tag zu Tag sichtbarer für dich werden wird, wenn du dir Zeit nimmst, ihn wahrzunehmen. Er wird dich abholen und zu einem Ort führen, an dem du heilen und dich wieder auf das Wesentliche deines Lebens besinnen kannst. Denn wenn du lernst, wieder dir, deinem inneren Wissen und deinem Körper zu vertrauen, kommst du dir und deiner Seele immer näher.

Schließlich erkennst du, dass du nie wirklich allein bist. Dass du über die göttliche Quelle deines Herzens mit allem verbunden bist, was lebt.

Ich weiß noch, wie ein Stadtschamane mir einmal sagte: »Und dann kam der Moment, in dem ich aufhörte, zu den Menschen zu gehen, wenn ich mich allein fühlte. Seitdem gehe ich in diesen Momenten lieber in den Wald.«

Unser Verbundenheitsgefühl bekommt im Wald noch einmal eine andere Tiefe. Dieses Gefühl der Eingebundenheit, das dir bevorsteht, ist ein riesiges, machtvolles Tor in die Freiheit. Kannst du das spüren?

Übung: Lösung der energetischen Verbindungen zur alten Welt

Sorge dafür, dass du eine Zeit lang nicht gestört wirst, und zünde eine Kerze an. Rufe deine geistigen Helfer herbei und alle Wesen des Lichts, die du dabeihaben möchtest. Fasse die Absicht, alles loszulassen, was nicht in der Liebe schwingt und dich davon abhält, deinen Weg des Herzens zu gehen. Komm in das ursprüngliche Atmen hinein und entscheide dich dafür, alles zu akzeptieren und anzunehmen, was jetzt gerade in dir ist. Schließe Frieden mit dir und deinem heutigen Leben und verbeuge dich innerlich vor dir selbst und vor allen Entscheidungen, die du bisher in deinem Leben getroffen hast.

Nimm dir Zeit, deinen eigenen Intento für das bevorstehende Ritual zu formulieren. Meine Version hierfür lautet:

Ich bin nun dazu bereit, alle Verstrickungen und energetischen
Bänder zu äußeren Instanzen und Personen zu lösen,
die mir nicht mehr dienlich sind und die meinem Weg
zurück in das Feld der Ursprünglichkeit im Wege stehen.
In Amin nora de san.

Schreibe dir deinen Intento in dein heiliges Buch und rufe dir das Bild deiner inneren Sonne, das heißt deiner göttlichen Quelle, auf. Nun wende dich an den Erzengel Michael und bitte ihn darum, dich mit der Kraft von Excalibur von allen energetischen Bändern zu befreien, die dir nicht mehr dienlich sind. Und zwar genau so, wie es heute für dich richtig und gut ist.

Sei dir gewiss, dass nur das durchtrennt wird, was nicht in der Wahrheit und Liebe ist, und atme diese Gedanken voller Zuversicht in dich hinein.

Konzentriere dich nun auf deinen Körper. Nimm die Impulse wahr, die er dir zeigt, und lass die Bewegungen synchron mit deiner ursprünglichen Atmung zu, die dein Körper nun machen möchte. Vielleicht möchte er auch ganz still stehen. Auch das ist in Ordnung. Lass geschehen, was geschehen möchte, und mach, wenn der Energiestrom nachlässt, eine Pause der Absichtslosigkeit. Lege dich hin und lass dich tragen. Vergiss nicht, dich abschließend bei Erzengel Michael und all den Helfern aus der geistigen Welt zu bedanken. Wiederhole dieses Ritual, sooft es sich für dich stimmig und gut anfühlt.

Die neuzeitliche Art der Kommunikation

Wenn du den in diesem Buch beschriebenen Weg einschlägst, werden so einige Veränderungen auf dich zukommen, die sich erst einmal seltsam anfühlen. Nicht nur für dich, sondern auch für dein Umfeld. Deine Familie wird merken, dass du dich veränderst, dass eure Beziehung sich anders anfühlt, und du wirst bestimmt auf Verwunderung und manchmal auch auf Unverständnis und Ablehnung stoßen.

Um nicht zu viele liebe Seelen aus deinem Leben verabschieden zu müssen, ist es sehr wichtig, dass du über das sprichst, was mit dir geschieht und was dich beschäftigt. Du gibst deinen Mitmenschen so die Möglichkeit, nachzuvollziehen, warum sich euer Zusammensein anders anfühlt. Versuche aber unbedingt, bei deinen Ausführungen ganz bei dir zu bleiben und nicht ins Missionieren zu verfallen. Das ist sehr wichtig, denn oftmals geraten wir viel zu schnell in dieses alte Muster und wollen andere belehren und sie dazu bringen, auch das zu tun, was sich für uns so gut anfühlt. Damit tust du aber weder dir selbst noch dem anderen einen Gefallen. Dein Gegenüber trägt selbst die Verantwortung für sein Leben und kann nur aus sich heraus für Veränderung darin sorgen.

Befreie dich also ganz bewusst von diesem alten Muster des Missionieren-Wollens und werde dir bewusst, dass du nicht dafür verantwortlich bist, ob die Menschen um dich herum erwachen. Sie sind für sich und ihren Weg selbst verantwortlich und sie werden sich ändern (oder auch nicht), wenn ihre Seele dazu bereit ist. Die Entscheidung hierfür muss aus ihnen selbst heraus geboren werden, du kannst ihnen lediglich durch deine eigene positive Entwicklung ein Vorbild sein. Du bringst deine Beziehungen in Gefahr, wenn du versuchst, dein Gegenüber von etwas zu überzeugen, wozu er/sie noch nicht bereit ist. Du hilfst dir nicht und deinem Gegenüber schon gar nicht. Also bleibe ganz bei dir und erzähle deinen Liebsten, die dich darauf ansprechen, dass du »so anders« bist, was dich beschäftigt. Was du erkannt hast. Was dir guttut. Aber stelle ihnen keine Bedingungen.

Natürlich wünschst du dir, dass sie es dir gleichtun, denn du willst die geliebten Menschen ja nicht verlieren. Aber du kannst ihnen ihren Weg nicht abnehmen. Sie gehen ihn, wenn es so weit ist! Darauf gilt es zu vertrauen, außerdem hast du keine andere Wahl.

Und habe keine Angst davor, für verrückt gehalten zu werden, wenn du über deine neuen Erkenntnisse sprichst. Denke daran: Vor den neuen Energien, die derzeit auf Erden sind, kann sich niemand verstecken, sie arbeiten mit uns allen, jeden Tag und jede Nacht, 24 Stunden lang. Wenn du bei dir bleibst, von deinen Erkenntnissen und deiner Wahrheit erzählst und nicht ins Missionieren verfällst, wirst du bestimmt immer mal wieder von den Reaktionen deiner Mitmenschen positiv überrascht sein. Vielleicht nicht sofort, aber nach ein paar Wochen merkst du womöglich, dass etwas von deinen Erzählungen bei deinem Gegenüber angekommen ist und begonnen hat, aus seinen eigenen tiefsten Tiefen mit ihm zu arbeiten.

Nach meiner Erfahrung ist es wichtig, dass du deinen Mitmenschen erklärst, warum du dich so veränderst und dich oft zurückziehst, damit sie nicht denken, du würdest sie nicht mehr mögen. Und hüte dich vor der Falle des Hochmuts. Vor Gedanken, die dein Verstand dir zuspielt, wie du seist nun »besser« oder »schon weiter« als die anderen Menschen. Damit versucht der Verstand, uns weiterhin in der Trennung zu halten, und wir erzeugen Leid und Schmerz, wenn wir daran glauben. Alle Menschen tragen große Schätze in sich und werden sich zum für sie perfekten Zeitpunkt dafür entscheiden, diese wieder hervorzuholen. Verurteile deine Liebsten nicht dafür, dass ihre Zeit noch nicht gekommen ist, sondern schau auf ihr Licht und auf das, was diese Personen so wertvoll und einzigartig für dich macht. So kannst du ihnen am besten dabei helfen, dies irgendwann auch für sich zu erkennen.

Ich bin mir sicher, es wird bald immer mehr Mutige in deinem Umfeld geben, die es wagen, sich ebenfalls zu neuen Gefilden aufzumachen. Denn du ziehst mit dem, was du tust, immer mehr Gleichgesinnte an. Sie werden kommen, wenn die Dynamik deines Lebens eine 180-Grad-Wendung – synchron zum Wagenrad des Lebens – vollzogen und sich in diesen neuen Bahnen gefestigt hat.

Nach dem, was ich erlebt habe, kann ich dir sagen: Je mutiger du deinen eigenen Weg der Rückverbindung gehst und dabei manchmal auch harte Entbehrungen in Kauf nimmst, desto mehr wird das Leben dich mit Unterstützung und Hilfe segnen.

Und dann werden wir uns nach und nach alle treffen. Gemeinsam mit vielen anderen bewussten Schöpfern, die die Verantwortung für ihr Leben wieder übernommen haben. Die verstanden haben, dass sie es sind, die die Zügel ihrer Realität in den Händen halten und deswegen gut für sich selbst sorgen. Wie wir bereits wissen, ist dies kein Egoismus, sondern neuzeitliche Eigenverantwortung. So und nur so werden wir zusammen eine neue Gesellschaftsform hier auf Erden erschaffen, in der Menschen sich nicht mehr gegenseitig »brauchen«, damit es ihnen gut geht, sondern jeder seine Grundbedürfnisse selbst befriedigt. Dann endlich können wir gemeinsam mit den Tieren, Pflanzen und anderen Kindern unseres Planeten beginnen, das Leben zu feiern.

Die neuzeitliche Kommunikation bereitet uns auch auf die ursprüngliche Kommunikationsart vor, die schon sehr bald wieder Einzug halten wird: die Telepathie. Denn bereits jetzt ist es immer öfter und stärker spürbar für uns, was unser Gegenüber denkt und fühlt. Unsere Masken und anerzogenen Kommunikationsmechanismen, hinter denen wir uns noch zu verstecken versuchen, werden immer schwerer durchzuhalten sein. Denn dies ist der natürliche Lauf der Dinge, die uns in die neue Zeit auf Erden begleiten.

Möge dir diese Vision die notwendige Kraft und das Vertrauen geben, die du brauchst, um dich in herausfordernden Momenten immer wieder für die Wahrheit zu entscheiden. Und dafür, dir helfen zu lassen von deinen Freunden und Begleitern aus der geistigen Welt, die sich darauf freuen, dir in dunklen Momenten ein Licht anzuzünden.

15
Freude
Das Lebenselixier der neuen Zeit

Kommen wir nun zum wichtigsten und machtvollsten Thema dieses Buches. Wir leben seit Generationen in einer Welt, in der Freude und Leichtigkeit als hinderlicher Unfug abgetan werden, da sie dem Ernst des Lebens – also den Dingen, die angeblich wirklich wichtig sind – im Wege stehen. Um glücklich und erfolgreich die neue Zeit zu durchleben, muss sich dieser Glaube um 180 Grad wenden: Wir dürfen die kindliche Freude und den Spaß wieder in uns reaktivieren, denn das Feld der Ursprünglichkeit schwingt in den höchsten Höhen der göttlichen Freude. Welche Energie könnte uns also besser wieder nach Hause führen als sie – die Freude?

In den vergangenen Monaten durfte ich in meinem eigenen Leben und dem meiner Mitmenschen beobachten, dass uns die energetische Konsistenz des Augenblicks diesbezüglich kraftvoll schult. Das Leben wirft uns mittlerweile gnadenlos aus der Bahn, wenn wir in den alten Lebensstil des reinen Abarbeitens unserer Verpflichtungen zurückfallen. Wir sind aufgerufen zu erkennen, dass es in der neuen Zeit energetisch schlicht unmöglich ist, in den Schleifen der Aufopferung zu bleiben. Nun geht es darum, ein neues Gleichgewicht zu finden zwischen verantwortlichem Handeln und Pflichterfüllung auf der einen Seite und der Beschäftigung mit Dingen, die uns ausschließlich Freude bereiten, auf der anderen.

Die Lebensfreude ist einer unserer machtvollsten Schlüssel für unseren Wiedereintritt in das Feld der Ursprünglichkeit. Sie hat eine so unsagbar hohe Schwingung und Kraft wie keine andere Energie. Sie füttert und nährt auf direktem Weg unser inneres Kind, das uns mit den übergeordneten Kräften des Lebens verbindet. Du kannst dir sicher vorstellen, welch bahnbrechende Kräfte durch die Freude für dein bestes Seelenwohl wirken, oder?

Wir alle haben selbst erfahren, dass es über einen sehr langen Zeitraum auf Erden möglich war – und noch ist –, ein Leben ohne Freude zu leben. Wir alle hatten und haben unzählige Vorbilder, die ein Leben ohne Spaß leben. Unser System, aus dem wir unbewusst unsere Realität kreieren, glaubt daran, dass dies normal und wünschenswert sei. Ja, es meint sogar, dass es irgendwie peinlich sei, Spaß zu haben, laut zu lachen, durch die Gegend zu hüpfen und den Dingen nachzugehen, die uns wirklich Freude bereiten. Es heißt, dann seien wir unseriös und unprofessionell. Wer von uns weiß heute schon spontan, was es ist, was ihm am meisten Freude bereitet? Weißt du es?

Dies ist eines der größten und fatalsten Bewusstheitslöcher, das es jetzt aus unserem System zu entfernen beziehungsweise zu füllen gilt. Holen wir uns die Freude wieder zurück in unser Leben, dann kann uns rein gar nichts mehr auf unserem Weg zurück zu unserem wahren Potenzial aufhalten.

Es ist keine Zeitverschwendung, kein Unsinn, nicht unprofessionell und auch nicht bescheuert, wenn du dich wieder der wichtigsten Frage deines Lebens widmest:

Was ist meine Leidenschaft?
Was bereitet mir so unsagbar viel Freude, dass ich wieder zurück zu meinem ursprünglichen Strahlen finde?

Ich denke übrigens immer öfter, dass wir schnellstmöglich ein neuzeitliches Wort für Leidenschaft kreieren sollten. Schon bezeichnend, dass wir in der alten Zeit glauben gemacht wurden, dass Begeisterung uns »Leiden schafft«, oder?

Werde dir bewusst: Du selbst bist dafür verantwortlich, für ausreichend viel Spaß und Freude in deinem Leben zu sorgen. Dein Körper wird dir sonst irgendwann den Energiehahn abdrehen. Ich durfte dies vor Kurzem recht eindrucksvoll erleben, als ich in meinen ersten Burnout hineinsteuerte, nachdem ich viele Monate dem Glauben »Ich muss dieses Buch jetzt fertig schreiben!« erlegen war. Obwohl ich es besser hätte wissen sollen, vergaß ich mich und meine Bedürfnisse und ackerte nach guter alter Tugend vor mich hin. Auch wenn ich das tue, was ich als meine Bestimmung empfinde und was mir Freude macht: Jeden Tag gradlinig Ziele zu verfolgen macht uns nicht glücklich. Es braucht Zwischenräume, Zonen der Weiblichkeit, des Spiels, des Loslassens, des Träumens und des Sich-gehen-Lassens, damit die pure Lebensenergie wieder aus uns heraussprudelt. Und so lernte ich durch meine Erfahrung: In Wirklichkeit sind es gerade die ziellosen Momente, die uns am stärksten mit Lebensenergie versorgen, wenn wir ein straffes Programm zu bewältigen haben. Es hilft, wenn wir Dinge tun, die kein konkretes Ziel ansteuern, die keinen Sinn ergeben, sondern einfach nur Freude machen. Dann dockt unser System am Gegenpol an und findet auf diesem Weg zurück in seine goldene Mitte.

Unsere Kinder und Haustiere sind übrigens die größten Lehrmeister für diese kompensierenden Räume. Wenn wir uns weit weg fühlen von uns selbst, können wir uns sie zum Vorbild nehmen. Leben wir ein reines Pflichtbewältigungsprogramm, wie es früher gang und gäbe war, fühlen wir uns bald selbst nicht mehr, da wir innerlich austrocknen und uns weit von uns entfernen. Dann sucht sich unser Körper ein Symptom aus, um uns einzuladen, wieder zu uns zurückzufinden. Die Liste der möglichen Symptome ist lang, bei mir war es der Burnout. Ein Burnout ist für mich ein Übergangsphänomen in die neue Zeit, da die neuzeitlichen Energien kein fremdbestimmtes, zweckentfremdetes Leben mehr zulassen.

In Südamerika kann man sie noch finden, die einfache, pure Freude. Die Menschen dort haben sich von dem Feld der Ursprünglichkeit noch nicht so weit entfernt wie wir. Ich weiß noch, wie ich eines Nachmittags mit einem Polizisten, einem Lehrer, einigen Kindern und einem Apfelverkäufer auf einem Platz in Ecuador stand und wir gemeinsam geübt haben, mit Äpfeln zu jonglieren. Ich konnte damals noch kein Spanisch und fand auf diese Weise Kontakt zu den Menschen. Ich erinnere mich noch gut daran, wie sehr mich diese Situation berührte und faszinierte: dabei zuzusehen, wie auf den Gesichtern von erwachsenen Menschen durch das Hochwerfen und Auffangen von Äpfeln die reine Begeisterung und Freude erstrahlte. Ich konnte gar nicht aufhören, sie anzuschauen, so überwältigt war ich von der puren Schönheit ihrer Freude; von ihrer Fähigkeit, sich von den kleinen und einfachen Dingen des Lebens verzaubern zu lassen. Wieder zu Kindern werden, auf dem Nachhauseweg von der Arbeit – fantastisch! Angerührt durch diesen Anblick, fragte ich mich: »Was genau brauchst du, um dich wieder so freuen zu können?«

Ich wusste es damals noch nicht, und es dauerte viele Jahre, bis ich diese so wichtige Frage für mich beantworten konnte. Im Laufe der Zeit habe ich bemerkt, dass die Räume der Strukturlosigkeit und des einfachen Seins mir das Tor zu meiner Freude öffnen. Der Gegenpol von dem, was ich meistens gelebt hatte. Und so habe ich begonnen, die kleinen Dinge, die mir Freude machen, wieder in mein Leben zu integrieren.

Bei jedem von uns wird Freude durch etwas anderes ausgelöst. Was ist es bei dir?

Wenn du es noch nicht weißt, dann formuliere doch einen Intento, der dir bei der Klärung dieser Frage helfen wird:

Ich bin jetzt dazu bereit, die wahre, ursprüngliche Freude über die einfachen Dinge des Lebens wieder in mein Leben zu lassen und zu erkennen, was mir am meisten Freude bereitet.

Das Feld der Ursprünglichkeit schwingt also auf den hohen Frequenzen der Freude! Wollen wir wieder in unsere Ursprünglichkeit zurück, ist die Freude für uns ein wichtiger Verbündeter und Führer.

Schau dir einfach die Natur an, die Tiere, die Babys – all die Wesen, die von dem Feld der Ursprünglichkeit noch nicht getrennt wurden. Sie strahlen pure Freude aus, und das war schon immer so. Umgib dich so oft wie möglich mit diesen Wesen, dann ist es nur eine Frage der Zeit, bis du vom Sog ihrer Energien wieder in das Feld der Freude mitgenommen wirst. Sei dir im selben Atemzug aber bitte bewusst, dass es eigentlich deine eigene Verantwortung ist, für ausreichend Freude in deinem Leben zu sorgen.

Früher gab es viele Eltern, die ihre Kinder als Brücken zur Freude gebraucht haben. Heute wird uns dies langsam bewusst, und wir merken, dass wir selbst dafür zu sorgen haben, dass die Freude aus uns heraussprudelt. Nur so ist ein wahrhaft freies und unabhängiges Leben in einer Familie möglich!

Natürlich ist es herausfordernd, diese Aufgabe im Trubel des Alltags nicht aus den Augen zu verlieren, gerade wenn wir in einer Großstadt leben. Es ist auch keine leichte Aufgabe, seinen Alltag so zu gestalten, dass für alles Wichtige der notwendige Raum da ist. Denn es gibt nun einmal Termine und Fristen, die einzuhalten sind, und Rechnungen, die bezahlt werden müssen.

Die Glaubenssätze des Immer-funktionieren-Müssens sitzen tief, und so sind wir gehalten, uns immer wieder aufzumachen, um uns für die »neue« Wahrheit zu entscheiden und der inneren Stimme nicht mehr zuzuhören, die uns weismachen möchte, dass nur das Sinnvolle wichtig ist.

Übung: Inseln der Freude erschaffen

Erstelle dir eine Liste mit Tätigkeiten, die deinen Alltag wirkungsvoll kompensieren, da sie zu deinen Hauptaufgaben einen Gegenpol bilden. Zum besseren Verständnis nenne ich dir ein paar Beispiele aus meinem Leben: Beim Schreiben sitze ich viel und arbeite geistig und zielgerichtet. Damit ich das auch weiterhin tun kann, muss ich mich regelmäßig körperlich bewegen und mir Räume der Ziellosigkeit schaffen. So gehe ich häufig in den Wald, renne mit meinem Hund durch den Park, spiele Verstecken mit meinem Sohn, mache Zumba, nehme mir Zeit zum Träumen und Musikhören oder gehe schwimmen. Oder ich tanze einfach in meinem Ritualzimmer, aber ohne irgendeine Intention. Denn sonst ist es keine wirkliche Kompensation: Die Dinge, die wir tun, um wieder zu uns selbst und unserer inneren Quelle der Freude zurückzufinden, sollten kein direktes Ziel und keinen Sinn haben. Davon haben die meisten Erwachsenen in Deutschland sowieso viel zu viel.

Erstelle dir gleich jetzt eine Liste mit Tätigkeiten, die deinen Alltag effektiv kompensieren und dich so zu deinem inneren Feld der Freude führen. Integriere diese Dinge in deinen aktuellen Wochenplan. Fange vielleicht mit zwei oder drei Mal pro Woche an, bis diese Dinge dich irgendwann täglich in deine Kraft bringen dürfen. Sie werden dich wieder näher zu dir, zu deinem inneren Kind und zu alldem bringen, weshalb dein Leben lebenswert ist. Hänge die Liste der Tätigkeiten an eine Wand, die du täglich siehst, damit sie dich an deine Hauptverantwortung erinnert.

Erst wenn du diese Übung einige Zeit gelebt hast, ist es sinnvoll, die zweite Übung dieses Kapitels anzugehen.

Gut für dich selbst zu sorgen heißt also auch, für ausreichend Freude in deinem Leben zu sorgen. Denn deine Hauptverantwortung in der neuen Zeit besteht darin, die Dinge zu tun, die dein inneres Leuchten stärken. Achte darauf, dass du nicht einseitig wirst und nur eine Sache verfolgst, sondern nähre dich wirklich allumfassend und abwechslungsreich. Denn nur dann kannst du eine wirkliche Bereicherung für die Gemeinschaft sein. In der neuen Zeit sind wir dazu aufgerufen, die Freude wieder in den Mittelpunkt unseres Lebens zu stellen, denn nur so geben wir dem Leben und seinen Kräften die Möglichkeit, dafür zu sorgen, dass wir all das erhalten, was wir brauchen, damit es uns und unserer Familie gut geht.

Diese ursprüngliche Wahrheit bildet zu der gelebten Realität unserer Vorfahren, die stets mit Ernst auf ihr Leben blickten und tagein, tagaus ackerten, um ihre Existenz zu sichern, eine meilenweite Diskrepanz, nicht wahr? Und auch heutzutage geht es meist noch ums Abwägen, Vernünftigsein, Teilen, Rücksichtnehmen und An-die-anderen-Denken. Und deshalb ist es auch kein Wunder, dass viele von uns zunächst vollkommen überfordert sind, wenn wir das Programm wechseln und vermehrt wieder die Dinge tun sollen, die uns Freude bereiten.

Auf meinem Weg durfte ich mir viele alte Muster der Strenge, Disziplin, Enthaltsamkeit und Härte in mir anschauen und nach und nach transformieren. Es war und ist ein langer Prozess, mich von diesen Mustern zu lösen und so immer mehr Leichtigkeit und Freude in mein Leben zu ziehen. Dadurch begann mein Leben immer spürbarer auf den Frequenzen des ursprünglichen Einheitsbewusstseins zu schwingen, weshalb ich auch immer deutlicher die Unterstützung von oben wahrnehmen konnte. Denn die Schwingungsfrequenz der puren Lebenskraft, der uns umgebenden Natur und der Freude liegen sehr dicht beieinander.

Natürlich ist es nicht ratsam, ab heute *nur* noch das zu tun, was uns Freude macht. Das wäre in der Tat verantwortungslos. Aber wir sind dazu aufgerufen, uns diese ursprüngliche Wahrheit – die Freude sollte im Mittelpunkt des Lebens stehen – immer und immer wieder vor Augen zu halten, um unser Leben dementsprechend auszurichten und neue Prioritäten festzulegen.

Und natürlich werden die Momente kommen, die es dir schwer machen, an der oben genannten neuzeitlichen Wahrheit festzuhalten. Das Leben wird prüfen, ob du deine Entscheidung auch wirklich ernst meinst. Nimm in solchen Momenten das Tempo raus und unterziehe dich selbst einem kurzen Realitätscheck. Was ist das wirklich Wesentliche in diesem Augenblick?

Und merke dir: Wenn du tust, was du liebst, öffnen sich dein Bewusstsein und deine Kanäle für göttliche Inspiration!

Also stehe auf und trauere nicht den Dingen hinterher, die sich gerade aus deinem Leben verabschieden. Es ist nun an der Zeit, deine göttliche Schöpfernatur in die richtige Richtung zu lenken: Fange an, das zu tun, was du liebst, und ich verspreche dir, dass etwas Wundervolles geschehen wird. Schaffe dir ausreichend Räume in deinem Alltag, in denen du spielst, lachst und all das tust, was dir Freude bereitet und dich zum Leuchten bringt, ohne deine Verantwortungen und Verpflichtungen links liegen zu lassen.

Übung: Sich auf die Freude ausrichten

Setze dich hin und sorge dafür, dass du eine Weile nicht gestört wirst. Es ist an der Zeit, dass du dich der zentralen Frage deines Lebens in der neuen Zeit widmest und dir darüber klar wirst, was dir am meisten Freude bereitet. Denke an deine Kindheit zurück: Was war es, was du, weise, wie du warst, eigentlich immer machen wolltest? Erinnerst du dich nicht an deine Kindheit, dann gehe mit der Kraft deiner Absicht zu deinem inneren Kind und befrage es. Es wird dir sicherlich mit Vergnügen auf die Sprünge helfen. Schreibe dies alles in den schönsten Farben auf und erstelle dir eine Liste der Glückseligkeit. Setze darauf all die Dinge und Tätigkeiten, die dich nähren, dir Freude bereiten und dich innerlich zum Strahlen bringen. Lass ruhig untendrunter noch viel Platz, damit diese Liste im Laufe der Zeit immer länger werden kann. Hänge die Liste dann an einen Ort wie deinen Badezimmerspiegel, wo du öfter hinguckst, damit du dich so immer wieder an das Wesentliche in deinem Leben erinnern lassen kannst.

Probiere all diese Dinge in deiner Freizeit wieder aus. Wahrscheinlich fühlen sie sich immer noch großartig an. Sie können gar nicht zu verrückt sein, wenn sie dir Freude bereiten und diese Freude nicht auf Kosten anderer stattfindet. Fühlt es sich gut an und kommt dein Leuchten zurück, dann ist es gut für dich.

Wahrscheinlich stößt du beim Ausführen dieser Dinge auf viele alte Muster in dir, die dir bisher den Spaß am Leben genommen haben. Gehe diesen Mustern auf den Grund: An was genau glaubt es da in dir? Und dann durchlaufe den Zyklus der Wandlung mit diesen Mustern. Schreibe all die Widerstände auf, die dich bisher davon abgehalten haben, den Dingen, die dir Freude bereiten, einen festen Raum in deinem Leben zu geben. Schreibe all diese veralteten Glaubenssätze in dein heiliges Buch. (Oder nimm einen Extrazettel, wenn sich das für dich stimmiger anfühlt.) Sätze wie:

»Das, was ich wirklich liebend gern tue, ist leider Zeitverschwendung!« Oder: »Ich habe keine Zeit dafür, Spaß zu haben, denn ich muss an das Geld denken, das ich und meine Familie zum Leben brauchen!«

Dann setze dich wieder hin und prüfe, wie viel Freude du dir jetzt gerade in deinem Leben gönnst. Wann hast du das letzte Mal so richtig herzlich gelacht? So, dass deine Bauchdecke getanzt hat, bis du davon Bauchschmerzen bekommen hast? Falls das schon viel zu lang her ist, sei dir sicher, dass du damit nicht der/die Einzige bist.

Sei bitte nachsichtig und lieb zu dir, aber fasse die klare Absicht, dies nun schleunigst zu ändern. Denn sonst gefährdest du ernsthaft deine Gesundheit, vertrocknest innerlich und hast keine

Kraft, zu wachsen und deine Aufgabe zu erfüllen. Mach dir das wirklich klar! Und denke bitte an die unbändige Kraft, die du durch Freude und Spaß wieder in dein Leben holst, und daran, dass du so wieder in deine eigentliche Größe zurückfindest. Bald schon wirst du bemerken, wie sehr auch deine Arbeit davon profitiert. Denn du wirst das, womit du derzeit dein Geld verdienst, wieder viel leichter und mit mehr Begeisterung tun können. Es sei denn, diese Arbeit ist wirklich nicht mehr zeitgemäß für dich. Dann wird dir das spätestens jetzt klar, was sehr gut ist, denn dann kannst du dich schleunigst nach Alternativen umsehen.

Und lass dich bitte nicht von den ersten Schwindelmomenten irritieren, die du an solchen Tagen vielleicht hast: Mach dir klar, dass Lebendigkeit und die pure Lebenskraft einen aus dem Training gekommenen Organismus schon mal etwas überfordern können. Aber ist es nicht die schönste und lohnenswerteste Aufgabe, die du dir vorstellen kannst, nun dein System wieder an diese so wundervolle Lebenskraft zu gewöhnen?

Formuliere diesbezüglich einen eigenen Intento und schreibe ihn in dein heiliges Buch. Er könnte beispielsweise wie folgt lauten:

Ich bin jetzt dazu bereit, der Freude wieder
ihren ursprünglichen Platz in meinem Leben einzuräumen,
und bitte die höheren Kräfte um Unterstützung,
mir bei der Umorganisation meines Alltags zu helfen,
damit ich dies mit Leichtigkeit umsetzen kann.
Vielen Dank!

16
Die innere Dreieinheit
Die Rückverbindung von Körper, Geist und Seele

Knüpfen wir erneut kurz an dem Moment an, an dem wir als reines, pures, göttliches Wesen hier auf die Erde kamen und durch viele äußere Faktoren und innere Notwendigkeiten dazu gebracht worden sind, in die Trennung zu gehen. Wir trennten uns von unserem natürlichen Zugang zur göttlichen Quelle, an die wir uns bereits gemeinsam mit unserem inneren Kind erinnert haben. Wir trennten uns aber auch von unseren intuitiven Impulsen, die in Form von Handlungen, Bewegungen oder Worten zum Ausdruck kamen und das nach außen hin sichtbar machten, was unserer inneren Wahrheit entsprach. Wir lernten, uns Masken aufzusetzen und künstliche Handlungen und Bewegungen auszuführen und Worte zu sprechen, von denen wir gelernt hatten, dass sie unser Dazugehören und somit unser Überleben auf der Erde gewährleisten.

Unser energetisches System richtete sich zunehmend nach außen hin aus, um die Anforderungen jedes Moments genau wahrzunehmen und adäquat darauf zu reagieren. Dadurch haben sehr viele von uns vollkommen den Kontakt zu sich selbst und zu ihren Wünschen, Sehnsüchten und Träumen verloren und leben nun ein

Leben in Angepasstheit und im Modus des Funktionierens. Das möchte zu Beginn des Goldenen Zeitalters von uns wieder rückgängig gemacht werden, denn die neue Welt baut sich aus uns heraus auf. Das große Wagenrad des Lebens dreht sich wieder in die ursprüngliche Richtung.

Wir können diesen Prozess unterstützen, indem wir die Dinge in uns, die ursprünglich zusammengehörten und zu Beginn unseres Lebens in eine Trennung gebracht worden sind, nun wieder zusammenführen. Schauen wir uns dies am Beispiel der ursprünglichen Einheit von Körper, Geist und Seele an.

In diesem Kapitel möchte ich dich dazu einladen, dir darüber bewusst zu werden, was diese drei Säulen genau sind und in welchem Zustand sie sich derzeit in deinem Leben befinden. Diese drei Säulen sind mit Worten nur unzureichend zu erfassen, da sie eigentlich nicht voneinander zu trennen sind. Ich möchte dich daher dazu ermuntern, nach der Lektüre dieses Kapitels deine eigenen Worte und Bilder zu finden, die deine Wahrheit über Körper, Geist und Seele, ihre ursprüngliche Einheit und ihre derzeitige Trennung zum Ausdruck bringen. Dadurch erhältst du einen direkteren Zugang zu dieser Materie.

Der Körper ist das irdische Gefährt unseres Geistes und unserer Seele. Er sorgt dafür, dass sich diese zwei feinstofflichen Säulen unseres Seins hier auf Erden, in der Materie, zum Ausdruck bringen und erfahren können. Er ist unser Verbindungskanal zur Erde und nicht weniger heilig als der Geist und die Seele. Der Körper steht in ständiger Wechselwirkung mit dem Geist, der Seele und seinem Umfeld. Er tauscht am laufenden Band Energien und Informationen mit diesen Instanzen aus und lässt sie auf materieller, irdischer Ebene sichtbar werden.

Der Geist ist die Gesamtheit unserer kognitiven und feinstofflichen, also nichtmateriellen Prozesse, die sich sowohl in unserem Bewusstsein als auch im Bereich unseres Unbewussten abspielen. Dazu gehören zum Beispiel unsere Gedanken, Gefühle und Überzeugungen. Unser Verstand ist ein Teil unseres Geistes, er umfasst das Planen, Kalkulieren, Entscheiden und Denken. Aber der Geist ist viel mehr als nur der Verstand, da auch viele überirdische Einflüsse mit ihm in Verbindung stehen und ihn ausmachen. Die Absicht ist beispielsweise auch ein Teil unseres Geistes, der die Säule der Seele großflächig berührt.

Die Seele ist unser göttliches Selbst. Das, was wir schon immer waren und immer sein werden: unsere pure und reine Essenz eines reinen Lichtes. Unsere Seele möchte sich durch Anbindung an den Körper und den Geist auf Erden zum Ausdruck bringen. Sie ist so hochfrequent schwingend, dass ihre Essenz nicht durch duale Erfahrungen verändert oder beeinflusst werden kann, sondern lediglich – mein Bild – von einem dunklen Schleier umhüllt und verdeckt wird.

Uns allen ist längst bewusst, dass diese drei Säulen unseres Daseins eigentlich zusammengehören und gleichwertig zu betrachtende Instanzen sind, die es in einem ausgeglichenen Verhältnis zu leben gilt. Wie uns viele Lehrer der letzten Jahrtausende lehrten, führt das zu einem Leben in Balance und Harmonie.

In den letzten Jahrtausenden wurde alles Weibliche vehement unterdrückt, verfolgt und unterbunden. Dies war notwendig, um überhaupt erst die Illusion der Trennung hier auf Erden zu ermöglichen, und hatte somit in der Vergangenheit durchaus seine Berechtigung. (Was nicht heißt, dass ich dies gutheiße, wie könnte ich auch!) Das ursprünglich Männliche – Gottes Bewusstsein – ist ohne das ursprünglich Weibliche – Gottes Liebe – aber nur ein herumirrendes Samenkorn, das keinen Nährboden für seine Manifestation findet.

Wir haben bisher ein sehr vergeistigtes, männlich ausgerichtetes Leben geführt, in dem unser Verstand stets »obenauf« war. Dadurch haben wir vollkommen den Bezug zu unserem Körper, dem weiblichen Pol unseres Seins, verloren. Diese Trennung der beiden Pole, die eigentlich zusammengehören, sorgte dafür, dass wir den inneren Halt und die Stabilität unserer inneren Dreieinheit verloren. Und daraus wiederum resultierte, dass wir auch aus der äußeren Einheit hinausfielen, unserer natürlichen Anbindung zu Mutter Erde und dem Kosmos. Dies verursachte einen latenten Schmerz der Trennung in uns, ein Gefühl der Leere und Sinnlosigkeit, das wir alle kennen und in uns tragen.

Anstelle unserer natürlichen inneren Einheit konzentrierten wir uns auf unseren Verstand, den Yang-Pol, der auf einen äußeren, scheinbar zu uns gehörenden weiblichen Pol ausgerichtet wurde: den materiellen Besitz. Und so lebten wir sehr lange Zeit, in der uns diese zehrende innere Leere und Haltlosigkeit stets antrieb, durch Anhäufung von materiellem Besitz für Sättigung zu sorgen. Natürlich hat dies nicht funktioniert, und so ist die Leere in uns nur noch schlimmer geworden. Großer Geist sei Dank sind wir derzeit dabei, dies kollektiv zu erkennen.

Wie kann der Weg zurück in die Einheit funktionieren?

Dafür gibt es viele verschiedene Möglichkeiten. Ich möchte dir hier eine Variante vorstellen, die ich während des Tanzens von der geistigen Welt in Form von Bildern gezeigt bekommen habe. Um unsere innere Dreieinheit wieder zusammenzuführen, gilt es, zunächst einmal segnend anzuerkennen, dass wir derzeit in einer künstlichen Trennung leben. Erst dann können wir uns wirklich zu neuen Ufern aufmachen, wofür mir die geistige Welt folgendes Bild überbracht hat: Der Geist ist das Yang, der Körper das Yin. Der Geist stellt den männlichen Samen im Schöpfungsprozess dar, der durch den weiblichen Nährboden des Körpers im Hier und Jetzt in der Materie inkarnieren kann. Alles, was du tust, um dich wieder bewusst auf die Seite deines Körpers zu stellen und somit deine und seine Kräfte zu vereinen, hebt die Eigenschwingung deines Körpers an, klärt dadurch auch gleichzeitig deinen Geist und führt sie wieder zusammen zu deiner inneren Einheit. Denn auch dein Geist bekommt über die Reaktivierung und somit Schwingungserhöhung deines Körpers eine höhere Eigenschwingung und sendet deiner hochschwingenden Seele einen anziehenden Inkarnationsimpuls, über den du in Richtung deiner ursprünglichen Funktionalität zurückgeführt wirst.

Dies ist der Weg, der dich auch in die äußere Einheit bringen wird: in die Einheit mit deinem natürlichen Lebensraum, all deinen Geschwistern (Tiere, Steine, Bäume, Menschen etc.) und den kosmischen Kräften. Der Weg dorthin ist lang und kurvenreich, aber es gibt ihn, und auch du kannst ihn gehen.

Es ist wichtig, dass du dir vor Augen führst, dass dies nur möglich ist, wenn du jeden Tag aktiv mithilfst und viele zur Gewohnheit gewordene Verhaltensweisen veränderst oder aus deinem Leben streichst. Denn das Rückverbinden mit deiner wahren Kraft kann nur vonstattengehen, wenn du nach und nach alle den Körper schwächenden Mechanismen stoppst, deinen Geist durch lebendige Achtsamkeit und Umsicht schulst und so aus dem alten, tief schwingenden Teufelskreis ausbrichst und dich zu neuen schwungvollen Höhen aufmachst. Nur so schaffst du die Voraussetzung, um einen Weg im Einklang mit den Energien der Jetztzeit und dem Strom des Lebens einzuschlagen.

Ich habe bereits darauf hingewiesen, dass beide Pole, Geist und Körper, bei den meisten Menschen momentan weder ausgeglichen noch in einem hochschwingenden Zustand sind. Denn der Körper schaut auf eine Jahrtausende währende Tradition der Abwertung, Entwürdigung und Maßregelung zurück, und der Geist ist so überproportional gefordert gewesen, dass auch er in einem sehr schlechten Zustand, im Nebel und in der Unklarheit ist.

Beide Pole sind ebenfalls durch unser Umfeld, unsere Nahrung und unsere Lebensgewohnheiten vollkommen vergiftet, verklebt und mit vielen Unwahrheiten belastet: unser Körper zum Beispiel durch schlechte Ernährung und unsere meist unbewusste, abwertende Einstellung ihm gegenüber und der Geist durch die Informationsflut unserer Medien, die von der Wahrheit und Ursprünglichkeit oft sehr weit entfernt ist.

Nicht nur in spirituellen Kreisen, auch in weltlichen Gefilden wurde der Geist immer über den Körper gestellt, der nun eine neuzeitliche Aufwertung erfahren darf. Denn der Körper ist nicht weniger heilig als unser Geist, und er ist ein wahrer Schatz auf unserem Weg zurück in die Ursprünglichkeit der Energien.

Im Hinblick auf die angestrebte Rückverbindung der inneren Dreieinheit werden wir uns nun also ganz bewusst dem Körper zuwenden. Es gilt, eine ganze Reihe von Lebensgewohnheiten so umzustellen, dass wir unseren Weg gemeinsam mit dem Körper gehen können. Im folgenden Abschnitt werde ich dich dazu einladen, deine Sicht auf deinen physischen Körper zu hinterfragen und dadurch ein vollkommen neues Kapitel deines Lebens zu öffnen. Denn nach der Gesetzmäßigkeit der Energien gilt: Nimmt der Körper wieder seinen ursprünglichen, gleichwertigen Platz neben dem Geist ein, können wir uns einen Großteil unserer ursprünglichen Intelligenz und unseren Zugang zu höheren Kräften zurückerobern.

Auch wird es wichtig sein, beide Pole einem drastischen Entgiftungs- und Säuberungsprozess zu unterziehen, damit sie ihre gesunde und hochschwingende Mitte – unsere Seele – wieder ins Hier und Jetzt einladen. Denn unsere Seele kann derzeit nicht wirklich »bei uns«, in unserem irdischen Dasein, sein. Sie ist zu hochschwingend und kommt durch unsere Masken und Zwiebelschichten, die Schlacken, Verletzungen und anderen energetischen Blockaden einfach nicht zu uns durch. Sie ist unser hochschwingender, göttlich perfekter Anteil, der unser gesamtes Wissen trägt, unser wahres Potenzial, das darauf wartet, von uns wiederentdeckt zu werden.

Ziel dieses Weges ist es also, den Geist und auch den Körper wieder in seinen ursprünglichen, hochschwingenden Zustand zu bringen, damit die Seele sich ihnen wieder annähern kann, um sich in irdischem Leben zu erfahren, zu erkennen und zum Ausdruck zu bringen. Denn das ist der wahre Sinn unserer Existenz in der neuen Zeit auf Erden.

Mach dir klar, dass dies nur ein schrittweiser Prozess sein kann, da du sonst eine wahre Kurzschlussreaktion deines Energiesystems hervorrufen würdest: Die hochschwingende Seele, unser göttliches, pures Selbst, würde deinen Körper und Geist vollkommen lahmlegen, wenn du das Zusammenführen und In-Einklang-Bringen der inneren Dreieinheit künstlich beschleunigen wolltest. Übe dich also bitte in Geduld und Eigenfürsorge und sei dir gewiss, dass deine Seele weiß, in welchem Rhythmus und in welcher Geschwindigkeit dieser Prozess für dich vonstattengehen soll.

Du wirst deine Seele im Laufe der nächsten Wochen immer deutlicher wahrnehmen können. Höre auf diese leise Stimme in deinem Herzen und wisse: Alles wird zum richtigen Zeitpunkt für dich geschehen. Höre auch auf deinen Körper, der von der Seele oft als Sprachrohr benutzt wird, und gönne dir immer wieder Pausen des einfachen Seins und der Leichtigkeit. Denn Wachstum ist gut und wichtig, doch genauso wichtig ist es, hin und wieder stehen zu bleiben und zu genießen. In diesen Momenten vollzieht sich eine Integration, Klärung und Reinigung deiner Innenwelt. Gönne dir also Pausen und Auszeiten auf deinem Weg, zu denen dich dein Körper mit seinen Signalen (wie zum Beispiel Müdigkeit, Schwindel, Fahrigkeit im Denken) auffordern wird.

Es geht jetzt zu Beginn des Goldenen Zeitalters darum, das Überirdische mit dem Irdischen verschmelzen zu lassen und so den Himmel auf Erden zu bringen. Und dies ist nur in der ursprünglichen inneren Dreieinheit von Körper, Geist und Seele möglich.

Was erwartet uns, wenn die innere Dreieinheit wiederhergestellt ist?

Was uns vor allem erwartet, ist die Freiheit und Unabhängigkeit von äußeren Instanzen, was in vielschichtiger Weise für Veränderungen in unserem Leben sorgen wird. Du kannst es dir so vorstellen: Körper und Geist sind wie der Minus- und der Pluspol eines

Magneten. Unter natürlichen Umständen ziehen die beiden sich an und bilden eine Einheit. Zusammen mit der Seele formen sie einen in sich geschlossenen Kreis, der nichts von außen braucht, um vollständig zu sein. Durch eine Reihe von Erfahrungen, die in uns unbewusste, unwahre Glaubenssätze und Überzeugungen prägten, wurden die beiden Pole lange Zeit in Trennung gehalten. Denn Glaubensmuster und Überzeugungen bestimmen, wie bereits erwähnt, unsere innere und äußere Realität. Deswegen surrten die beiden Pole, Körper und Geist, etwas orientierungs- und haltlos durch die Gegend, immer auf der Suche nach etwas im Außen, was sich mit ihnen verband, damit sie endlich ankommen und sich komplett fühlen konnten. Die perfekte Grundlage für eine Konsumgesellschaft, die von dem Gefühl lebt, etwas im Außen zu brauchen, nicht wahr?

Aus dieser inneren Trennung heraus haben wir also konsumiert. Uns mit Dingen und Personen umgeben, von denen wir glaubten, dass sie das uns innewohnende Gefühl der Halt- und Orientierungslosigkeit mindern könnten. Unsere Beziehungen zu anderen Menschen waren oft von dieser inneren Trennung geprägt, ja unser gesamtes Weltbild war durch sie verschoben. Wir fühlten stets diese Rastlosigkeit, dieses Rumsurren und suchten im Außen nach Lösungen, nach einem Partner, nach einem neuen Kleidungsstück, nach irgendetwas, was uns dabei helfen würde, uns endlich wieder ruhig, satt und angekommen zu fühlen. Hast du nicht auch in den letzten Jahren so etwas empfunden?

Was passiert nun, wenn sich die beiden Pole Körper und Geist wieder gegenseitig aufwerten und sie so durch ihre Schwingungsfrequenzerhöhung in ihre ursprüngliche Verschmelzung mit der Seele zurückfinden? Denn das ist es, was die neuzeitlichen Energien derzeit für uns alle vorbereiten: die Aufhebung der Trennung, der Dualität. Das Suchen im Außen wird dann ein Ende haben, dieses unangenehme, haltlose Gefühl des »Brauchens« (allein dieses Wort hat eine so niedrig schwingende Energie!). Brauchen wir nichts mehr im Außen, weil wir uns bereits innerlich komplett fühlen, kann die eigentliche Feier des Lebens endlich beginnen, denn dann sind wir frei. Frei und unabhängig.

Und nun nimm dir etwas Zeit und stelle dir vor, was sich alles in deinem Leben verändern wird, wenn du innerlich komplett und satt bist. Wenn du allen deinen Eigenschaften ihren ausgleichenden Gegenpol gegenübergestellt hast. Was passiert zum Beispiel mit deiner Partnerschaft? Denn auch hier waren die innerlichen umhersurrenden Pole bei den meisten von uns stets aktiv und haben im anderen etwas in uns Fehlendes gesucht. Was passiert, wenn uns innerlich nichts mehr fehlt?

Übung: Dein Wissen über die drei Säulen aktivieren

Schreibe dir deine Gedanken und Visionen zu den drei Säulen in dein heiliges Buch. Verstehst du jetzt, warum es so essenziell wichtig ist, dass du dir ausreichend Zeit für diesen Weg nimmst? Schau dir die mannigfaltigen Veränderungen an, die dir bevorstehen. Was würde geschehen, wenn sie schon morgen alle geschehen wären?

Halte dir vor Augen, dass dies der nun anstehende Initialschritt sein wird, damit deine Seele wieder Einzug halten kann in deinem hiesigen Leben. Im nächsten Kapitel werde ich dir erzählen, wie es meiner Meinung nach zu dem heute vorherrschenden Ungleichgewicht und der Schwingungssenkung von Körper und Geist kam. Mach dir hierzu aber ruhig schon einmal deine eigenen Gedanken, die du später ergänzen kannst. Was glaubst du, warum kam es zu dieser inneren Trennung?

Nimm dir etwas Zeit, gehe raus in die Natur und sorge für Bewegung und frischen Wind. Sammele deinen Geist im Hinblick auf dieses Thema. Trage dann nach und nach deine Gedanken hierzu in dein heiliges Buch ein. Schreibe dir dein eigenes tiefes Wissen zu diesen drei Säulen deines Seins »von der Seele«, denn deine Seele kennt und weiß alles, was diesbezüglich für dich wichtig ist.

Dann klappe dein heiliges Buch zu und fasse die Absicht, nun Frieden mit dem Hier und Jetzt zu schließen, das heißt, den Augenblick und den derzeitigen Zustand deiner drei Säulen voll und ganz anzunehmen. Denn du weißt oder ahnst es bereits: Dich trifft keine Schuld an dem momentanen Zustand und Ungleichgewicht der beiden Pole in dir. Dem liegen Muster der letzten Jahrtausende zugrunde, die wir nun bald ausbuddeln werden, um sie uns anzusehen. Doch zunächst ist es wichtig, deinen Körper und deinen Geist so anzunehmen und zu »durchlieben«, wie sie derzeit sind. Mach deinen Frieden damit, so, wie es sich für dich richtig anfühlt. Am besten du tust etwas, was dies zum Ausdruck bringt. Das ist wirkungsvoller als das reine Affirmieren dieser Absicht. Vollziehe ein kleines Ritual zur Akzeptanz deiner Realität. Schmücke deinen Körper, ehre deinen Geist, male deine Seele oder baue ein Symbol für ihre neuzeitliche Ausgeglichenheit und Einheit. Ich weiß nicht, was und wie du das machen willst. Tu einfach das, was dir als erster Impuls in den Sinn kommt, und nimm dir Zeit dafür. Für alles wirklich Wichtige in deinem Leben wirst du immer ausreichend Zeit haben. Und das hier ist sehr wichtig.

Erst danach öffne die Tür zu einer neuen, ausgewogeneren und höher schwingenden Richtung in deinem Leben, indem du verkündest:

Ich bin jetzt dazu bereit, Körper, Geist und Seele
wieder in ihre ursprüngliche Dreieinheit zurückzuführen.
Möge dieser Prozess in der für mich optimalen
Geschwindigkeit und Intensität vonstattengehen.
In Amin nora de san.
So sei es und so ist es. Danke.

17
Dein physischer Körper
Die neuzeitliche Einweihung des Tempels deiner Seele

Unser physischer Körper ist ein perfekt funktionierendes lebendiges Wesen, das mit einer höheren, uns übergeordneten Intelligenz verbunden ist. Unter natürlichen und ursprünglichen Bedingungen trägt er alles in sich, um ausnahmslos jede Herausforderung des Lebens zu meistern. Sein autonomes Steuerungssystem ist nämlich fehlerlos verschaltet und sorgt bei jedem Atemzug dafür, dass sich unser Bewegungs- und Haltungssystem an die sich ändernden Umwelteinflüsse anpasst und so in seinem natürlichen Gleichgewicht bleibt.

Unser Körper erneuert sich am laufenden Band und befindet sich in ständiger Wandlung. Er hat keinen eigenen Willen, sondern dient uns bedingungslos. Unter natürlichen Bedingungen arbeitet er so bis ins hohe Alter hinein. In der zivilisierten Welt hindern wir ihn aber daran und zwingen ihn durch lang andauerndes Fehlverhalten und einen lebensfernen Lifestyle in eine künstliche Schwäche hinein.

Als ich damals mit kraftvoller Vehemenz von meinem Körper daran gehindert wurde, meine Leistungssportkarriere fortzusetzen, war mir dies alles natürlich noch nicht bewusst. Daher durchfuhr mich ein unsagbar tiefer Schmerz gepaart mit einer riesigen Wut auf meinen Körper und das Leben. Denn für mich nahmen sie mir genau das weg, was ich am meisten liebte. Es dauerte viele Jahre, bis der Moment des größten Schmerzes verebbte und ich mir immer sicherer wurde, dass dieses Trauma einen guten Grund gehabt hatte. Es war eine lange und oft sehr harte Zeit bis dahin, in der ich mich häufig sehr allein fühlte. Denn im Außen fand ich keine mich überzeugenden Antworten auf die Frage, warum mein Körper aufgehört hatte zu funktionieren. Alle Antworten kratzten lediglich an der Oberfläche, beschäftigten sich nur mit meiner Symptomatik. Ich wusste aber intuitiv, dass es da noch viel mehr in Erfahrung zu bringen gab. Die Ärzte und Therapeuten um mich herum zeigten mir, wie ich meinen Körper austricksen und eine kurzfristige Linderung meiner Schmerzen erzielen konnte. Im ersten Augenblick war ich ihnen dafür natürlich sehr dankbar. Jedoch wusste ich immer, dass die eigentliche Wurzel des Geschehens dadurch unberührt blieb und somit auch meine Suche nach Wahrheit. Dies entfachte nach und nach ein Feuer der Empörung, der Wut und des Ärgers in mir, was mir wohl die Kraft verlieh, meinen Weg weiterzugehen und die Dinge selbst in die Hand zu nehmen.

Und so trennte ich mich von meiner Heimat, verließ meine Komfortzone und folgte meiner Intuition bis nach Südamerika. Hier tauchte ich tief in die Welt des Yoga und des Tanzes als Medizin ein. Zwei uralte Welten, die den Körper als heiliges Instrument benutzen, um den Menschen wieder mit den Urkräften des Lebens zu verbinden. Durch meine sich immer mehr vertiefende Praxis öffnete sich schon bald mein Zugang zur Wahrnehmung von höher schwingenden Realitäten: Ich begann Bilder zu sehen und Dinge zu »wissen«, die wie aus heiterem Himmel zu mir kamen und sich im Laufe der Zeit wie Mosaiksteine zu einem vollständigen Bild zusammenfanden. Durch diese Erfahrungen wurde ich an eine ursprüngliche Wahrheit erinnert: Unser physischer Körper ist die Eingangstür zu dem übergeordneten Wissen unserer Seele. Praktizieren wir bewusste Körperarbeit, kommen wir mit unserem mitgebrachten Schatz in Verbindung!

Mir wurde ebenfalls gezeigt, dass es nicht natürlich ist, dass unser Körper so viele Krankheiten und Symptome hat und nach 80 oder 90 Jahren bereits an Schwäche sterben muss. Es ist vor allem unser Glaube, der diese Realität kreiert hat und unseren Körper dadurch zur Schwäche gezwungen hat. Unser Körper reagiert auf unseren Glauben und die Differenz zwischen der ursprünglichen Wahrheit des Lebens und dem, was wir für unsere Realität halten – unsere derzeitige individuelle und kollektive Wahrheit.

Ich erlebte viele sehr erstaunliche Dinge in den letzten Jahren, in denen ich rituelle Körperarbeit praktizierte. Es kamen viele Erinnerungen aus meiner Kindheit hoch. Szenarien mit meinen Eltern, Schulfreunden und manchmal auch Personen, die ich nicht kannte. An anderen Tagen weinte ich einfach zu Beginn des Tanzes oder wurde mit einem Mal wahnsinnig wütend, aus mir nicht nachvollziehbaren Gründen. Manchmal konnte ich »innere Filme« sehen, wo ich Zeuge von Szenarien wurde, die ich nicht zuordnen konnte, die aber trotzdem gefühlt eine heilende Wirkung auf mich hatten.

Und so begann ich zu verstehen, dass unser Körper sämtliche Erfahrungen, die wir im Leben sammeln, abspeichert. Und dass wir durch bewusstes Bewegen und Atmen Zugang zu diesen Erfahrungen und Prägungen erhalten.

Und es geht noch weiter: Aus der systemischen Therapie wissen wir, dass auch die Erfahrungen unserer Vorfahren, von mindestens sieben Generationen vor uns, in unseren Körperzellen gespeichert sind. Alles, was sie an Unwahrheiten nicht selbst umformulieren und erlösen konnten, haben sie an die Nachfahren weitergegeben. Daher gibt es in einer Familie auch häufig ähnliche Symptome. Die Schulmedizin begründet dies mit Erbanlagen, und über einen langen Zeitraum glaubten wir, wir seien ohnmächtig unseren Genen ausgeliefert. Doch dies ist nach meinen Beobachtungen nicht wahr, da uns lediglich die schmerzlichen Erfahrungen unserer Vorfahren als energetische Information weitergegeben wurden, die wir transformieren und erlösen können. Zum Glück ist durch Konsistenz der Jetztzeit die Umformulierung der unbewussten Muster für unsere Generation viel leichter als für die vorangegangenen.

Außerdem ist – das wissen leider noch nicht viele – auch das Wissen um unsere wahre Natur in unseren Körperzellen gespeichert. Unsere wahre Größe und »Porsche-Natur«, wie ich sie in meinen Seminaren gern nenne. Denn wir sind nicht als die knatternden VW-Käfer konstruiert worden, für die wir uns heute häufig halten. Das Wissen darum, wer wir sind und weswegen wir hierhergekommen sind, ist in unserem physischen Körper gespeichert. Mit alldem kommen wir in Kontakt, wenn wir uns auf neuzeitliche Art unseres physischen Körpers wieder annehmen.

Was ich ebenfalls auf diesem Weg der Erinnerung feststellen durfte: Durch Körperarbeit erhalten wir Zugang zu unserem alten Wissen. Es ist in der Blaupause unserer Seele gespeichert und kann durch eine gezielte Schwingungserhöhung des physischen Körpers, zum Beispiel während des Tanzes, reaktiviert und freigelegt werden. Es sind also nicht nur unsere schmerzenden Muster, die während des Tanzes in unser Bewusstsein kommen, sondern es ist auch unser verborgenes Wissen. Nach meinen Beobachtungen liegt es unter und zwischen den »Zwiebelschichten« unserer schmerzhaften Erinnerungen verborgen, die derzeit noch die Schwingungsfrequenz unseres physischen Körpers niedrig halten. Unser altes Wissen hingegen leuchtet und ist voller wichtiger Informationen über die Gesetze des Lebens und über das, was wir sind und aus anderen Leben mitgebracht haben.

Unser physischer Körper ist also eine riesengroße Festplatte voller Informationen, die bei körperlicher Bewegung und ursprünglicher Atmung in Bewegung gesetzt werden und wieder an die Oberfläche unseres Bewusstseins treten können.

Eins kann ich dir aufgrund meiner eigenen Suche nach Heilung voller Überzeugung sagen: Unser physischer Körper ist voller Wissen und Weisheit. Er ist ein göttliches Instrument, das stets perfekt funktioniert. Auch in Momenten des größten Schmerzes. Denn was er tut, hat immer einen Sinn und Zweck. In Momenten der Krankheit möchte er dich an etwas Wichtiges erinnern, was du vergessen hast. Er reagiert spontan auf alle deine Entscheidungen, Worte, Gedanken und Gefühle und lässt sie nach außen sichtbar werden. Hans Kruppa schreibt:

Krankheit ist ein
Symptom verirrten Lebens.
Sie drosselt das Tempo
falscher Bewegung,
denn verlangsamtes Leben
findet den Weg
zu sich zurück.
Der Körper verweigert sich
weiterer Oberflächlichkeit
und zwingt das Leben
in die Tiefe.

Die holistische Medizin hat uns gelehrt, dass alle körperlichen Symptome und Krankheiten einen bestimmten Sinn haben. Der Arzt Ruediger Dahlke hat in dieser Hinsicht Pionierarbeit geleistet, zum Beispiel mit seinem Erstlingswerk *Krankheit als Weg*, welches er gemeinsam mit dem Psychologen Thorwald Dethlefsen geschrieben hat. Auch zahlreiche andere Autoren beschäftigen sich weltweit mit dem tieferen Sinn von Krankheiten. Sie haben in den letzten Jahren immer mehr mit der zu einseitigen Herangehensweise der Schulmedizin aufgeräumt, Symptome durch die

Außerkraftsetzung des körpereigenen Alarmsystems »zu bekämpfen« beziehungsweise »sie auf stumm` zu schalten«. Denn es ist kein Zufall, welches Organ in unserem Körper erkrankt, und das auftretende Symptom hat immer etwas mit dem Menschen, seinem derzeitigen Lebensmoment und seiner Geschichte zu tun.

Jedes Organ weist auf ein spezifisches Feld unseres Lebens hin, das wir »aufräumen« dürfen. Es sind sozusagen unsere Baustellen, die uns durch frühere Erfahrungen, die schmerzhaft waren, heute von unserer ursprünglichen Wahrheit getrennt halten. Ursache hierfür sind, wir wissen es bereits, unsere unerlösten unbewussten Glaubensmuster und die unserer Vorfahren. Diese Muster waren einst sinnvoll, da sie uns beziehungsweise unseren Vorfahren das Überleben hier auf Erden sicherten. Heute erfüllen sie in unserem System aber keine Aufgabe mehr, und der Körper zieht durch Schmerz oder Krankheit unsere Aufmerksamkeit auf das Organ, das diese Muster gespeichert hat, damit wir die dem Muster zugrunde liegenden Themen bearbeiten können.

Mit anderen Worten: Wenn wir Erfahrungen machen, die für uns unangenehm sind und/oder den natürlichen Gesetzmäßigkeiten des Lebens und unserer eigenen Wahrheit widersprechen, sammelt der Körper diese Erfahrungen als energetische Information an einem bestimmten Ort, was sich in einer Tonuserhöhung des Gewebes ausdrückt. Die Schwingungsfrequenz wird an dieser Körperstelle herabgesenkt, und der Energiefluss in den umliegenden Meridianen mindert sich. Nun wartet diese Erfahrung darauf, eines Tages angesehen und erlöst zu werden.

Denn nichts, was existent ist, kann einfach verschwinden, es kann nur durch eine bewusst formulierte Entscheidung umgewandelt werden.

Hierzu noch ein Beispiel: Wenn ich aufgrund meiner Kindheitserfahrungen den Glaubenssatz in meinem spirituellen Körper trage, dass es an erster Stelle darum geht, dafür zu sorgen, dass es anderen Menschen gut geht, dann bewirkt das über die Jahre eine über das Natürliche hinausgehende Offenheit in meinem Ich-Zentrum. Mein Bauch wölbt sich sichtbar nach vorne, und ich bekomme ein Hohlkreuz. So bin ich für alle, die meine Hilfe suchen, besser erreichbar. Logisch, oder?

Mein Körper zeigt das, woran es in mir glaubt, in seiner Haltung und Beschaffenheit nach außen. Und dann kommen immer häufiger Menschen auf mich zu, die es gewohnt sind, sehr viel von anderen anzunehmen. Auf die Dauer gehe ich dadurch natürlich über meine Grenzen hinaus (energetisch, aber auch strukturell). Ich bin ständig müde, und alle ventralen (sich auf der Vorderseite befindenden) Strukturen der Unterbauchgegend erfahren auf Dauer eine enorme Dehnung und Öffnung, wohingegen alle dorsalen (sich auf der Rückseite befindenden) Strukturen viel Kompression, Druck und Enge erfahren. Bleibt diese ungünstige Konstellation durch die mir innewohnende Überzeugung über einen längeren Zeitraum bestehen, führt mein chronischer Energiemangel mich irgendwann in eine heftige Krise hinein, da ich meine Energie ja ständig nach außen abgebe. Und so ist es nur eine Frage der Zeit, bis mein Körper zusammenbricht und mich auf die in mir existente Unwahrheit »Ich muss immer allen helfen« aufmerksam macht, zum Beispiel durch einen Bandscheibenvorfall im unteren Lendenwirbelbereich.

Natürlich kann ich jetzt Übungen zur Stabilisierung der Körpermitte machen. Im Hinblick auf eine Schmerzlinderung ist das auch sinnvoll, doch an der ursächlichen Problematik wird sich nichts ändern, solange der unwahre Glaubenssatz weiter in meinem spirituellen Körper zirkuliert.

Ich möchte an dieser Stelle kurz darauf eingehen, dass das einer Symptomatik zugrundeliegende Glaubensmuster bei jedem Menschen ein anderes sein kann. Es existieren viele Bücher, die körperliche Symptome deuten. Du kannst sie beim Aufspüren deiner unbewussten Überzeugungen zurate ziehen (siehe Literaturverzeichnis).

Hast du einen unwahren Glaubenssatz aufgespürt, dann durchlaufe den Zyklus der Wandlung mit ihm so lange, bis dein Außen dir zeigt, dass dieser Glaubenssatz dich nicht mehr begleitet.

Es bleibt festzuhalten, dass wir uns in der Vergangenheit in Momenten der Krankheit oft unvorteilhaft verhalten haben. Es gilt nun umzudenken und eine neue Herangehensweise für uns zu entwickeln. Denn die Art und Weise, wie wir bisher mit Krankheiten und den Symptomen unseres Körpers umgegangen sind, hat die Trennung in uns immer manifester werden lassen. Wir haben unserem Wahrheitsmelder und Freund, dem Körper, kein Gehör geschenkt und seine wertvollen Botschaften ignoriert. Daher ist er bildlich gesprochen immer weiter von uns, von unserem Geist und unserer Seele, weggerückt.

Übung: Die ursprüngliche Wahrheit deines Körpers zum Ausdruck bringen

Nimm dir Zeit für dich, die Stille und deinen Körper. Werde dir darüber bewusst, dass dein Körper in Momenten des Schmerzes oder der Krankheit versucht, dir wichtige Nachrichten über unbewusste Informationen zukommen zu lassen, die dich derzeit noch von deiner wahren Natur trennen. Oder er möchte dich an Dinge erinnern, die du im Alltagstrubel deines Lebens aus den Augen verloren hast, die aber wesentliche Bestandteile deines Selbst sind und gelebt werden möchten. Wenn wir seinen leisen Versuchen keine Aufmerksamkeit schenken, zwingen wir ihn dazu, drastischer mit uns zu reden, was er dann durch Krankheiten und Unfälle tut.

Erinnere dich daran, dass seine Mitteilungen essenziell wichtig für dich sind, gerade jetzt. Es sind die Themen und Bereiche, die dich daran hindern, wirklich frei und selbstbestimmt dein Leben zu leben und das zu tun, wozu du gerufen worden bist. Demnach ist dein Körper ein äußerst kompetenter Wegweiser auf deinem Weg zurück zu deiner Ursprünglichkeit.

Wenn für dich der Moment kommt, in dem es sich richtig und authentisch anfühlt, formuliere deinen Intento, der dein Erinnern der ursprünglichen Wahrheit über deinen Körper zum Ausdruck bringt. Lass deine Worte, wenn du magst, wie folgt enden:

Jetzt bin ich wieder bereit, meinem Körper in Momenten der Krankheit zuzuhören und ihm zu verstehen zu geben, dass ich seine Nachrichten schätze und empfangen möchte.

Übung: Dem Körper zuhören

Vielleicht hast du derzeit ein Symptom, das dir dein Körper bereits zum wiederholten Mal zeigt? Wenn nicht, dann nimm dir etwas Zeit und forsche, welcher Körperteil bereits sehr häufig zu dir gesprochen hat. Widme dich dann ausführlich diesem Körperteil. Atme hier hinein (mit der Kraft deiner geistigen Absicht geht das) und widme diesem Körperteil deine volle Aufmerksamkeit. Fasse dann die Absicht, in Kommunikation mit den Körperzellen dieses Organs zu treten. Gib ihnen zu verstehen, dass du nun bereit bist zuzuhören.

Gehe mit deiner Aufmerksamkeit dann wieder zur Atmung und versuche, nichts wirklich zu fokussieren oder zu erzwingen. Weite deinen Fokus und atme. Bewege dich, wenn du möchtest. Lass deine Anfrage fließen, sich bewegen und gib dir Raum, um »hören zu üben«. Sei nicht enttäuscht, wenn du nicht sofort eine für dich verständliche Antwort erhältst. Tue einfach gar nichts beziehungsweise nichts Zielgerichtetes und verbinde dich mit dem Bild, sodass sich nun deine »Hörrohre« nach innen öffnen und ausweiten können.

Immer wenn du spürst, dass dein Kopf zu viel verstehen oder wissen will, dann pruste geräuschvoll deinen Atem aus dem geöffneten Mund heraus (Pferdeatmung). Lass den Oberkörper nach vorne kippen und deinen Kopf hängen. Schüttele deinen Oberkörper sanft aus. Deine Beine sollten dabei weit gegrätscht und so weit gebeugt sein, dass deine Fingerspitzen auf den Boden kommen. Veranlasse durch schüttelnde Bewegungen der Beine, dass die Rumpfmuskulatur, die immer so viel halten muss, nun loslassen darf. Lass den Kopf und den Schultergürtel los und bewege den Kopf sanft in einer »Nein-Bewegung« hin und her (Kopfschütteln). Dann kannst du erneut deine Fühler in Richtung des betroffenen Körperteils lenken und weiter zuhören. Je mehr dein Verstand daran gewöhnt ist zu kontrollieren, desto öfter solltest du dich vornüberbeugen, den Nacken entspannen und dich bewusst und sanft mit deiner ursprünglichen Atmung bewegen.

Auch wenn du noch keine klare Nachricht erhältst, sei dir sicher, dass die Frage angekommen ist und sich auch die Antwort auf dem Weg befindet. Manchmal dauert es eine Zeit, bis die Leitung wieder frei wird und die Antwort zu dir durchkommt. Setze dich bitte nicht unter Druck und lass dir Zeit. Sie wird zu dir kommen, darauf kannst du vertrauen. Vielleicht in Form eines Zeitungsartikels oder Buches. Vielleicht erwähnt deine Freundin etwas, und du weißt plötzlich: »Da ist sie, meine Antwort!«

Ich habe mich dazu entschieden, darauf zu vertrauen, dass die Antworten auf meine Fragen immer im für mich optimalen Moment zu mir kommen werden.

Weitere Ursachen für die Schwäche unseres Körpers

Neben den schon erwähnten inneren Faktoren (Gedanken, Gefühlen, Überzeugungen) steht unser Körper auch mit äußeren Faktoren (zum Beispiel lauter Musik, WLAN, Kälte/Wärme, Dunkelheit/Licht oder anderen Menschen) in direkter Wechselwirkung. Er reagiert auf sie, versucht auszugleichen und passt sich an.

Leider haben wir unseren Körper durch unser jahrelanges Fehlverhalten in die Schwäche getrieben, indem wir ihm seine eigentliche Arbeit durch »Hilfsmittel« abgenommen haben. Ob es nun Medikamente waren, die seine natürlichen Kompensationsmechanismen störten, Kosmetika, die ihn verunreinigten und verklebten, oder unser Schuhwerk beispielsweise, das ihm seine Halte- und Stützfunktion bei unserer aufrechten Körperhaltung abnahm. Unser Körper ist für Bewegung konzipiert worden und braucht sie, um in seiner Kraft zu sein. Das ist nichts Neues, ich weiß. Aber halte bitte hier einmal kurz inne und frage dich, wie viel du dich von den 24 Stunden deines Tages in ganzkörperlicher Bewegung befindest? Es gibt unzählige Beispiele für Angewohnheiten, mit denen wir unserem Körper unbewusst den Raum dafür nehmen, selbstständig dafür zu sorgen, dass er sein inneres Gleichgewicht aufrechterhalten kann. Das hat ihn über all die Jahre immer schwächer gemacht, weil er sich daran gewöhnt hat, von außen Kompensationsmaßnahmen zu erhalten. Denn warum sollte er auch weiterhin seine Arbeit tun, wenn wir ihm nicht zuhören, ihm nicht vertrauen und stets äußere Hilfsmittel bevorzugen? Natürlich trägst du selbst keine Schuld daran. Denn unsere ganze Welt war darauf aufgebaut, uns in Trennung zu halten, uns von unserem Körper zu distanzieren und ihn zu schwächen.

In der vergangenen Epoche wurde so einiges auf die Beine gestellt, um den Menschen von seiner naturgegebenen Macht und seinem wahren Potenzial zu entfernen und in Abhängigkeiten zu führen. Als das Dunkle, Ego-Behaftete sich auf Erden ausbreitete, wurde es relativ schnell dem Körper als Träger zugeordnet. Dies ist wohl die Wurzel für die Jahrtausende währende Entwertung des Körpers. Viele Quellen sprechen von der Sündhaftigkeit des Körpers und ziehen ihn in den Nebel des Verruchten, des Tierisch-Barbarischen, des Instinktbehafteten, Verdichteten und Dunklen. Die Weltreligionen, Pharma- und Kosmetikkonzerne, die Lebensmittelbranche und auch unsere öffentlichen Medien haben hierbei erfolgreich zusammengearbeitet und distanzierten so den Menschen systematisch von seinem Körper.

In den letzten Jahrzehnten wurde dieses Phänomen weltweit noch auf die Spitze getrieben: Etliche Industriezweige arbeiteten erfolgreich zusammen, um unseren Körper zu vergiften, zu vernebeln und uns glauben zu machen, dass wir viele Dinge aus dem Außen benötigen, um einen gesunden und glücklichen Körper zu haben. Viele Dinge, die, seitdem wir denken können, vollkommen »normal« zu unserem Leben auf Erden dazugehören, zum Beispiel das Essen aus dem Supermarkt, Kleidung, Schulmedizin, Medikamente, orthopädische Hilfen und vieles mehr, haben zusammengenommen bewirkt, dass wir unseren Körper immer mehr daran gehindert haben, seine ursprüngliche Funktion auszuüben. Dadurch nahmen wir ihm langsam, aber sicher die Möglichkeit, in seiner ursprünglichen Kraft und Perfektion zu verweilen. Das wiederum hatte zur Folge, dass wir uns immer mehr von unserem Körper abgewendet haben und immer weniger auf das hörten, was er uns sagte. Unbewusst fingen wir sogar an, ihm zu misstrauen und ihn vom Kopf her kontrollieren zu wollen. Wenn er Schwäche zeigte, wurden wir missmutig und gönnten ihm nur widerwillig Ruhe. Wir nutzten Tabletten und anderes, um die Schwäche schnellstmöglich wieder zu beseitigen.

Seit sehr langer Zeit schon gehen wir wie selbstverständlich davon aus, dass der Körper, wenn er erkrankt, etwas von außen braucht, um wieder zu gesunden. Das ist dem ursprünglichen Wissen zufolge nicht wahr und beruht lediglich auf der stillgelegten Kommunikationsleitung zwischen uns und unserem Körper.

Meine Wahrheit sagt: Würden wir unserem Körper nicht so würde- und achtlos, voller Misstrauen und Ignoranz begegnen und ihm seine ursprünglichen Funktionen wieder zurückgeben, würden wir ein vollkommen anderes Leben hier auf Erden führen können. Denn wenn wir glauben, dass unser Körper etwas von außen braucht, wenn er mit uns zu reden beginnt (zum Beispiel ein unwahres Glaubensmuster als Symptom oder Krankheit meldet), ist das zwischen den Zeilen jedes Mal ein Misstrauensvotum gegen ihn. Und darauf reagiert er natürlich mit Schwäche. Warum sollte er auch stark bleiben, wenn wir ihm sowieso nicht zuhören und ihm nicht über den Weg trauen?

Unsere Gesellschaft ist meilenweit von der Überzeugung entfernt, dass unser Körper die Macht besitzt, auf alle äußeren Anforderungen adäquat reagieren zu können, und durch diese unbewusste Überzeugung zwingen wir ihn in die Schwäche. Denn wie heißt es in der Bibel: »Dir geschehe nach deinem Glauben.«

Unser Glaube versetzt Berge, und unsere äußere Realität spiegelt ihn wider. Unser Körper reagiert auf all unsere Entscheidungen sofort und passt sich ihnen an. Er hat keinen eigenen Willen und kann deswegen gar nicht anders, als uns immer mehr im Stich zu lassen.

Ich bekam ein neues Verständnis von meinem Körper, als ich vor etwa 20 Jahren den Roman *Traumfänger* von Marlo Morgan las. Die Autorin und Ärztin beschreibt in dieser fiktiven Geschichte, wie sie mit den Aborigines in Australien für einige Zeit durch das Land zieht. In einer Szene stürzt einer von ihnen und fällt einen Abhang hinunter. Das eine Bein ist nach ihrer Beschreibung zweifelsohne gebrochen. Daraufhin kochen die Medizinmänner Kräutersude, besingen das Bein, betanzen und besprechen es, und am nächsten Tag können alle zusammen weiterlaufen, als wäre nichts passiert.

Unser heutiges Medizinverständnis hat für diese Spontanheilung keinerlei Erklärung, denn wir haben vor sehr langer Zeit begonnen, daran zu glauben, dass Heilung in so einem Fall etwa sechs Wochen dauert und der Fuß bis dahin absolute Ruhe und Entlastung benötigt. Ist es denkbar, dass ein offener Bruch innerhalb von 24 Stunden wieder zusammenwächst und verheilt, wenn der Geist und die Seele dieses Menschen zu hundert Prozent davon überzeugt sind, dass dies möglich ist? Ist es wahr, dass unser Geist unseren Körper zu hundert Prozent im Griff hat und der Körper lediglich das nach außen sichtbar macht, woran es in meinem tiefsten Inneren glaubt? Mein Herz hat damals und auch heute Ja zu dieser Frage gesagt, auch wenn mein Verstand hierfür nur wenige Erklärungen hat.

Denke bei deinen eigenen Überlegungen zu dieser Thematik auch an Taguarí und seinen Sprung aus 50 Metern Höhe. Sein Körper zersplitterte damals in tausend Teile, die er nach seinen Erzählungen mit purer Geisteskraft wieder zusammensetzte. Das war seine Abschlussprüfung, die ihn damals zum amazonischen Schamanen werden ließ.

Ist dies wirklich wahr?
Ist das wirklich möglich?
Und was will uns das lehren?
Jetzt, für den Beginn des Goldenen Zeitalters?

Nimm diese Fragen mit auf deinen Weg und schreibe sie in dein heiliges Buch. Befrage dein Herz und höre geduldig zu, was es dir sagt. Ich möchte dich an dieser Stelle dazu einladen, deine Vorstellung davon zu erweitern, was dein physischer Körper eigentlich wirklich ist und welchen Gesetzen er unterliegt. Denn hier liegt für mich ein wichtiger Schlüssel für den Weg zurück ins Feld der Ursprünglichkeit.

Schreibe, wenn du sie gefunden hast, deine eigene Wahrheit in dein heiliges Buch. Finde Worte, die dich Vergangenes abschließen lassen und ein neues Kapitel für dich öffnen. Wie zum Beispiel:

Ich entscheide mich dafür, mir selbst zu vergeben,
dass ich meinen Körper in der Vergangenheit unbewusst
geschwächt und unwürdig behandelt habe.
Ich ziehe heute einen Schlussstrich unter dieses Kapitel und
entscheide mich jetzt dafür, an die Perfektion und tiefe Weisheit
meines Körpers zu glauben. Und daran, dass er zu
viel mehr imstande ist, als ich bisher angenommen habe.

Ich bin bereit, mich zu neuen Ufern aufzumachen,
gemeinsam mit meinem physischen Körper in einer Einheit
der Liebe und gegenseitigen Wertschätzung.
So sei es und so ist es. Danke.

Es ist wichtig, diesem Intento nun entsprechende Handlungen folgen zu lassen. Wie könnten deine nächsten Schritte der Annäherung gegenüber deinem Körper aussehen? Mach dir Gedanken über das Thema Verantwortung in Bezug auf deine Gesundheit. Siehst du hierfür neue Felder und Möglichkeiten der Realisierung in deinem Leben?

Bitte setze dich auch hierbei nicht unter Druck. Veränderungen brauchen Zeit, damit sie sanft und nachhaltig sein können. Halte dir vor Augen, wie lange dein Körper bereits an dein bisheriges Verhalten gewöhnt war. Überfordere dich und deinen Körper also nicht, das wäre gefährlich. Lass dir Zeit und atme in das Gefühl der Ungeduld immer wieder hinein. Entscheide dich für Liebe, Vertrauen und Geduld in Bezug auf die neue Beziehung zu deinem Körper.

Bevor du irgendetwas zu ändern beginnst, erschaffe dir zunächst rituelle Momente, in denen du dich hingebungsvoll um deinen Körper kümmerst, ihn einölst, ihn badest und deine eigene Art findest, dich ihm wieder anzunähern.

Ich habe in meinem Leben lernen dürfen, dass mein Körper ein lebendiges Wesen ist, das meine Gedanken und Worte versteht und sofort darauf reagiert – es antwortet. Mein Leben hat sich um 180 Grad gedreht, seitdem ich begonnen habe, mit meinem Körper bewusst zu kommunizieren. Ich kann dir nur wärmstens empfehlen, dies auszuprobieren. Fange am besten heute noch damit an, dich deinem Körper über sanfte Berührungen, Bewegung und vielleicht hin und wieder einige Worte der Entschuldigung anzunähern. Verwöhne deinen Körper, erzähle ihm Dinge und achte darauf, ob du seine Reaktion fühlen kannst. »Umliebe« deinen

Körper und erwarte, wenn möglich, rein gar nichts von ihm. Welche Signale sendet er dir? Welche Gefühle kommen hoch? Welche Erinnerungen oder Bilder? Schreibe das alles auf, es wird dir später noch sehr helfen und dir großartige Lösungen offenbaren!

Mangelzustände unseres Körpers

Es gibt nach meiner Beobachtung noch einen weiteren wichtigen Grund, warum unser Körper in die Schwäche gezwungen wurde. Und der hat mit der Trennung von unserem natürlichen Lebensraum zu tun und der daraus resultierenden »Verunreinigung« unseres Umfeldes.

Denken wir an die Lebensweise der Piapocos, wird uns ziemlich schnell bewusst, wie sehr wir Zivilisierten uns von unseren natürlichen äußeren Kraftquellen entfernt haben. Die Sonne, der Mond und die Erde sind solche essenziell wichtigen Kraftspender, mit denen viele von uns heute beinahe gar keine Berührungspunkte mehr haben. Wir sind umgeben von Asphalt, Beton, Plastik und Shoppingcentern, wir tragen Turnschuhe und essen industriell verarbeitetes Essen, das vollkommen entkräftet ist und uns nicht im Entferntesten das geben kann, was uns früher unser natürlicher Lebensraum jeden Tag zur Verfügung gestellt hat. Die innere Trennung von Geist, Körper und Seele hat uns auch in eine äußere Trennung gebracht, und zwar von unserem natürlichen Lebensraum. Als Resultat erkranken viele von uns in der Mitte ihres Lebens aufgrund von Mangelzuständen und Energiearmut.

Ich lebe schon mein ganzes Leben in Städten, und daher weiß ich genau, wovon ich hier stellvertretend für den Großteil der Menschen unseres Kontinents rede. Ich habe mich die letzten Jahre, sooft es ging, im Wald oder in der freien Natur aufgehalten, kaufe nur Bio und regionale Produkte, bewege mich viel und verzichte auf herkömmliche Kosmetik und tierische Produkte. Und trotz meiner wieder intakten Anbindung an die geistige Welt und meiner täglichen Yoga- und Tanzritualpraxis ist mein Körper in den letzten Monaten in einen ernst zu nehmenden Mangelzustand geraten. Dies konnte mich viel lehren, daher möchte ich es auch in diesem Buch erwähnen. Viele spirituelle Kreise der letzten Jahrhunderte haben nämlich etwas Entscheidendes vergessen: Wir sind nicht nur geistige Lichtwesen, sondern auch Menschen. Und der Mensch braucht genau wie das Lichtwesen in uns seine Nahrung. Unsere Lichtnatur bekommt durch die geistige Welt alles, was sie braucht. Aber der Mensch in uns möchte auch genährt werden. Er braucht, um seine Substanz aufrechtzuerhalten, essenzielle Nahrung wie Wasser, Sonnenlicht, zwischenmenschliche Beziehungen, körperliche Berührung und Bewegung und viele Mineralstoffe, Vitamine und weitere Nährstoffe.

Früher haben wir dies alles – durch unser Zusammenleben in der Familie/Sippe und die natürliche Verbundenheit mit unserem Lebensraum und seinen Früchten – ganz selbstverständlich erhalten. Doch das ist heute, nach Jahrtausenden der gelebten Trennung, nicht mehr der Fall. Unsere Erde ist vor allem hier in Europa total entkräftet, und unsere zwischenmenschlichen Beziehungen sind bei einem Großteil der Menschen alles andere als nährend. Auch hier gilt es, einen Schlussstrich zu ziehen und sich zu neuen Ufern aufzumachen. Es gilt, sich mit Liebe und Nachsicht um den eigenen Körper und unsere Nächsten zu kümmern und ihnen zuzuhören, wenn sie uns sagen, was ihnen fehlt.

Die Luft, die wir atmen, das Wasser, das wir trinken, das Essen, das wir zu uns nehmen, die Beziehungen, die wir führen – sie alle sind heutzutage in einem sehr besorgniserregenden Zustand.

Es gilt daher, stehen zu bleiben und ganz genau hinzusehen, was jetzt in unserer Macht steht zu verändern: Woher kommt unsere Nahrung? Was ist in unserem Leitungswasser alles enthalten? Welche Möglichkeiten gibt es, uns mehr unserer Art entsprechend zu ernähren? Wir brauchen uns von den derzeitigen äußeren Missständen nicht entmutigen zu lassen. Nimm stattdessen die

Verantwortung für dich selbst wieder bewusst in deine Hände und informiere dich, auf welche essenziellen Bestandteile der Nahrung dein Körper angewiesen ist. Lass körperliche Tests machen, ob es dir an etwas mangelt, und sorge durch Nahrungsergänzungsmittel dafür, dass dein Körper alles bekommt, was er braucht. Denn du brauchst einen schmerzfreien und vitalen Körper, um all die Veränderungen, die jetzt anstehen, zu verkraften. Verliere aber bei allem, was du tust, bitte nicht aus dem Blick, dass es global eigentlich darum geht, unsere Verbindung zu Mutter Erde und Vater Kosmos wieder zu heilen. Denn unter ursprünglichen Bedingungen versorgen sie uns mit allem, was wir brauchen.

Aber bis dahin ist noch ein weiter Weg zu gehen, und dafür benötigen wir einen kräftigen, energiegeladenen und gesunden Körper.

18
Finde deine eigene Medizin
Warum dieser Weg dich zu deiner Seelenaufgabe führen kann

Für mich sind alle Beschwerden und Symptome unseres Körpers ein Zeichen von Trennung, Trennung vom ursprünglich uns zugedachten Leben und von unserer Aufgabe, die wir in dieses Leben mitgebracht haben. Unsere eigene Medizin ist etwas, was uns dabei hilft, uns mit den ursprünglichen Lebensimpulsen – wie Bewegung, Sonnen- und Mondlicht, Freude, Liebe und Gemeinschaft mit Mensch, Tier und Natur – rückzuverbinden, mit denen wir in der alten Zeit in Trennung lebten. Denn sie gehören zu unserer Natur und werden uns nun wieder Schritt für Schritt zu einem gesunden Leben in Gleichgewicht und Harmonie verhelfen.

Der Weg dahin ist überraschend simpel, wir müssen uns lediglich dafür entscheiden, wieder zurück zu uns und unserer wahren Natur zu kommen und daraufhin unsere zur Routine gewordenen Verhaltensweisen zu verändern. Wir dürfen wieder ganz nahe an unseren Körper heranrücken und beginnen, ihm zuzuhören. Denn er ist ein wahrlich meisterhafter Wegweiser in die neue Zeit und zu deiner eigenen Medizin!

Was ich auf meinem Weg erkennen und verstehen durfte, ist Folgendes: Geben wir unserem Körper wieder alles, was er braucht, und lassen ihn auch wieder seine Arbeit tun, gibt es nur noch eins, was wir auf unserem Weg in die neue Zeit beachten sollten – wir müssen wieder damit anfangen, unsere ursprüngliche Wahrheit zu leben. Ja zu ihr zu sagen und sie nach außen hin sichtbar zu machen. Denn dann entziehen wir unserem Körper die Notwendigkeit zu erkranken.

Alle Symptome, die unser physischer Körper nach Beseitigung seiner Mangelerscheinungen zeigt, tragen in ihrer Wurzel die gleiche Aufforderung in sich: Erinnere dich daran, wer du bist und wozu du gerufen wurdest. Fange an, das zu leben, was du bist, in dem natürlichen Umfeld, in das du gehörst. Und lass »dein Sein« und deine Wahrheit wieder nach außen hin sichtbar werden.

Unser Körper erkrankt also lediglich, um uns wieder an unsere wahre Essenz zu erinnern. Und fragen wir ihn, wird er uns darauf hinweisen, was wir Wichtiges über uns vergessen haben. Wie zum Beispiel unsere Seelenaufgabe dieser Inkarnation, denn wir sind alle mit einer essenziell wichtigen Aufgabe hierhergekommen. Und unser Körper ruft uns derzeit massiv in ihre Richtung.

Das AVATARA FLOW kann dir dabei einen wertvollen Dienst leisten, denn mit seiner Hilfe erzielst du eine genussvolle Schwingungserhöhung deines integralen Systems: Dein Körper erhält Impulse, um seine Eigenschwingung zu erhöhen, was sich auch auf deinen Geist auswirkt und auch ihn auf eine höher schwingende Ebene bringt. Das Yin und das Yang tanzen miteinander und schaukeln sich gegenseitig auf ein höheres Niveau. So wird deiner Seele wieder ein ihr würdiges Zuhause geboten.

Dein physischer Körper kann nun deiner Seele wieder einen irdischen Anker zur Verfügung stellen, der dafür sorgt, dass deine Seelenessenz beginnt, über das Resonanzprinzip Personen und Situationen in dein Leben zu ziehen, die deiner höheren Wahrheit entsprechen. Vorher war das nicht möglich, da deine hochschwingende Seele ein Stück über deinem Körper schwebte und die ursprüngliche Einheit aufgrund der Differenzen der Schwingungsfrequenz unmöglich war.

Kommt es beim Flowen zur Verschmelzung von Körper, Geist und Seele, wird die hochschwingende Wahrheit deiner Seele dich im weiteren Verlauf zu deiner wahren Aufgabe in diesem Leben führen. Du musst einfach nur darauf achten, was die Personen von dir möchten, die nun zu dir geführt werden. Worauf lassen sie dich stoßen? Welche Erkenntnisse steigen in dir auf, in den Situationen, die du nun immer häufiger und intensiver in dein Leben ziehen wirst?

Erkenne jeden Tag ein Stückchen mehr von deiner wahren Identität und dem, wozu du gerufen wurdest. Je fließender und freier du beginnst, das auch in deinem Alltag auszudrücken, desto größer ist die Wahrscheinlichkeit, dass du bei deiner eigenen Medizin angekommen bist. Und dann kann deine Feier der neuen Zeit beginnen.

Natürlich geht auch das nicht von heute auf morgen, alle tief gehenden Veränderungen brauchen ihre Zeit. Erinnere dich daran, was ich bereits am Anfang dieses Buches gesagt habe: Deine Seele weiß, in welchem Tempo die Veränderungen in deinem Leben Einzug halten werden. Vertraue also dem übergeordneten Plan, auf den deine Seele Zugriff hat, und entspanne dich. Es wird alles zum rechten Zeitpunkt für dich geschehen.

Es ist so wichtig, dass wir alle zu unserer eigenen Medizin und wahren Seelenaufgabe zurückfinden! Denn wie wir wissen, hat die neue Epoche energetisch gesehen bereits begonnen. Um sie nun auch im Materiellen sichtbar zu machen, wird auf Erden das gebraucht, was wir in uns tragen; was unsere Wahrheit ist und worin wir der Experte sind.

Es ist also an der Zeit, wieder an dem anzuknüpfen, was wir eigentlich sind, und uns im authentischen Seelenausdruck zu üben. Zwei Möglichkeiten hierfür habe ich dir bereits vorgestellt: das tägliche Aufschreiben deines Befindens und das AVATARA

FLOW. Denn hier hast du einen geschützten Rahmen, in dem du beginnen kannst, deine Seele sich ausdrücken zu lassen und auf diese Weise zu deiner eigenen Medizin zu finden.

Erinnere dich immer und immer wieder daran: Niemand außer dir kann deinen Auftrag erledigen. Denn du bist einzigartig und daher wichtig hier auf Erden. Ich weiß, ich wiederhole mich. Aber es ist mir ein ganz besonderes Anliegen, dass du den wahren Liebesdienst deines Körpers erkennen kannst, den er dir in Momenten der Krankheit oder des Traumas erweist.

Unsere eigene Medizin, das sind wir selbst. Das, was wir in Wirklichkeit sind. Was unsere Wahrheit und Bestimmung im Hier und Jetzt ist.

Bist du bereit? Dann spüre in den folgenden Intento hinein, ob du ihn laut aussprechen möchtest:

Ich bin jetzt dazu bereit, meine eigene Medizin zu finden und sie Schritt für Schritt nach außen hin sichtbar zu machen. Ich entscheide mich dafür, meinen Körper von heute an als meinen Wegweiser zu meiner eigenen Medizin anzuerkennen und mein Bestmögliches dafür zu geben, um seine Ratschläge und Hinweise umzusetzen. So sei es und so ist es. Danke!

Den physischen Körper in seine ursprüngliche Funktionalität zurückführen

An erster Stelle ist es notwendig, dass wir geistig wieder nah an unseren Körper »heranrutschen«. Denn wir haben bereits den wahren Grund für unsere körperlichen Beschwerden erkannt und wollen zu ihrer Ursache vordringen. Alle körperlichen Symptome sind reversibel, also umkehrbar, wenn wir an ihre wahre Ursache im spirituellen Körper andocken und sie umschreiben.

Der erste magische Schlüssel hierfür ist unsere Atmung (siehe:

Die ursprüngliche Atmung, Seite 127). Indem wir unsere Atmung beobachten und sanft beeinflussen, können wir unsere drei inneren Säulen wieder näher zusammenrücken lassen. Noch kraftvoller ist dies durch oftmalige Wiederholung des folgenden Intentos möglich:

Ich bitte um Wiederzusammenführung
meiner inneren Einheit in Amin nora de san.

Du kannst dir deinen Atem wie einen Vermittler zwischen Körper, Geist und Seele vorstellen, der eine unsichtbare Brücke zwischen diesen drei Ursäulen deines Seins aufbaut. Atmen wir ausgeglichen und harmonisch, wirkt sich dies harmonisierend auf die Körper-Geist-Ebene aus. Atmen wir hingegen schnell, unregelmäßig und flach, verstärkt das die derzeit »normale« Trennung der drei Säulen. Die bewusste, ursprüngliche Atmung verbindet Körper, Geist und Seele miteinander und löst die real geglaubte Trennung auf. Unsere »Ich bin«-Präsenz – unser göttliches Gewahrsein – steigt an, und wir werden uns viel bewusster über das, was wirklich in uns steckt.

Durch deine bewusste, ursprüngliche Atmung kannst du die Annäherung zwischen Geist und Körper bereits kurzfristig in die Wege leiten. Um eine langfristige und tief gehende Rückverbindung zu gewährleisten, bedarf es jedoch zusätzlich noch deiner oft wiederholten Absichtserklärung (eines Intentos) und entsprechend modifizierter Handlungen, die deine neue Bereitschaft des Zuhörens und Beim-Körper-Seins zum Ausdruck bringen.

Welche Handlungen wären hierfür wohl sinnvoll? Wie alle lebendigen Wesen braucht auch unser physischer Körper vor allem zwei Dinge: Liebe und Vertrauen! Und diese Liebe können nur wir selbst ihm geben. Kreiere dir also zum Beispiel ein Abendritual, bei dem du deinen Tag Revue passieren lässt, deinem Körper und dem Leben für alle Erfahrungen dankst und dann deinem Körper etwas Gutes tust.

In den folgenden Kapiteln stelle ich dir einige Rituale vor, die dir dabei helfen möchten, deine neue Beziehung zu deinem Körper kontinuierlich zu vertiefen und sie von alten, dir nicht mehr dienlichen Mustern der Trennung zu befreien.

Rituale der Liebe und des Vertrauens

Entscheiden wir uns dafür, unserem Körper wieder zu vertrauen, gestützt auf das Wissen, dass er alles in sich trägt, um aus sich selbst heraus zu heilen und in sein natürliches Gleichgewicht zurückzufinden, ändert sich *alles* in unserem Leben. Wie wir bereits zu Anfang dieses Buches festgestellt haben, trägt die Energie des Vertrauens eine unglaubliche Kraft in sich, die sich auf denjenigen überträgt, dem wir unser Vertrauen schenken. Pflanzen wir also den Samen des Vertrauens in unseren Körper, wird dieser seine kraftvollen Selbstheilungskräfte wieder aktivieren. Dies ist nach meiner Beobachtung der wichtigste Schlüssel, um unseren physischen Körper wieder in seine ursprüngliche Funktionalität zurückzubringen.

Entscheide dich also dafür, deinem Körper wieder zu vertrauen. Sei dir aber darüber bewusst, dass nach diesem Intento ein radikales Umdenken und daraus resultierend neue Verhaltensmuster notwendig sind. Du kannst deinem Körper allmählich seine Aufgaben zurückgeben. Und du darfst dich ausruhen, viel mehr, als du das bisher getan hast! Denn Muße, Ruhe und Tatenlosigkeit bringen deine Entscheidung zu vertrauen zum Ausdruck. Dein Körper bekommt nun die Gelegenheit, seine eigenen kompensatorischen Mechanismen in Gang zu setzen und sich so wieder ins Gleichgewicht zu bringen. Im Yoga erreichen wir dies durch das Savasana, die Totenstellung, die jede Yogapraxis abrundet. Wir legen uns in Rückenlage und geben unserem Körper und der geistigen Welt dadurch die Möglichkeit zu integrieren – eine Neuordnung aufzubauen, die wir durch aktives Tun niemals erreichen könnten, da uns die übergeordnete Perspektive hierzu fehlt. Erneut möchte ich dich daran erinnern, dir immer wieder bewusste Ruhepausen in deinem Alltag zu gönnen.

Lege dich also hin und gib deinem Körper den Raum und die Zeit, für dich zu wirken. Sage ihm dies in deinen eigenen Worten und lasse dabei den Atem frei und ruhig fließen, was einen zusätzlichen Impuls des Vertrauens in deinen Körper pflanzt. Und dann lass alles Wollen los und deinen Geist frei.

Lass das Vertrauen gegenüber deinem Körper langsam wieder wachsen und überstürze nichts. Denn dann würdest du dich und deinen Körper nur in unnötige Gefahr bringen. Achte auf mögliche Alarmzeichen und frage ihn, ob er Hilfe von außen benötigt. Und dann zögere bitte nicht, sie dir auch zu holen.

Das AVATARA FLOW ist ein weiteres Ritual des Vertrauens in deinen Körper, denn die Bewegungen entstehen durch deine bewusste Entscheidung, ihm zu vertrauen und ihn machen zu lassen. Schließlich weiß unser Körper viel besser als unser Verstand, was derzeit für uns richtig und gut ist. Darauf zu vertrauen ist zu Anfang überhaupt nicht einfach, denn wir sind seit Generationen dazu erzogen worden, äußeren Instanzen mehr Vertrauen entgegenzubringen als uns selbst, unseren Gefühlen und Empfindungen. Ich weiß genau, wovon ich rede, denn ich gehörte selbst dazu. So oft habe ich mich unbewusst dafür entschieden, in Krisensituationen im Außen Rat und Hilfe zu suchen. Doch dann wurde ich Mutter, und die Stimme meines inneren Wissens wurde sehr viel lauter. Seitdem erinnere ich mich immer wieder daran, dass in mir selbst die wirklich guten Antworten zu finden sind. Aber es ist definitiv ein Prozess, ein Weg, auf den wir uns mit viel Neugierde, Geduld und auch Freude begeben dürfen. Je mehr positive Erfahrungen wir sammeln, nachdem wir auf unsere eigenen Antworten gehört haben, desto lauter wird auch die Stimme unserer Seele, die uns in diesen introvertierten Momenten etwas zuflüstert. Denn das alles und noch viel mehr vermag die Kraft und die Macht des Vertrauens.

Die Liebe ist die stärkste Energie des gesamten Universums und ist deswegen natürlich ebenfalls dazu imstande, unseren Körper wieder zu dem werden zu lassen, was er ist: ein perfekt funktionierendes, göttliches Instrument und ein Tempel unserer Seele. Unseren Körper zu lieben bedeutet für mich, ihn wertschätzend und achtsam zu behandeln, sich wirklich Zeit für ihn zu nehmen, ihm zuzuhören und bereits auf kleine Signale adäquat und fürsorglich zu reagieren. Doch reicht das aus? Was ist noch nötig, damit ehrliche Liebe von meinem Herzen aus in alle Zellen meines Körpers fließen kann?

Wir müssen lernen, ihn genau so zu akzeptieren, wie er derzeit ist – bedingungslos! Dies ist natürlich nicht so einfach, vor allem wenn er im Moment vielleicht viel Schmerz oder Ballast trägt. Hinzu kommt, dass unser Unterbewusstsein sehr daran gewöhnt ist, sich unseren Körper dünner, blonder und langbeiniger zu wünschen, ihn also nicht so anzunehmen und zu akzeptieren, wie er ist. Es ist aber notwendig, aus dieser alten Bequemlichkeitszone herauszutreten und zu lieben, was da ist.

Wir sind dazu aufgerufen, uns mit der Erkenntnis zu verbinden, dass unser Körper einen guten Grund hatte, genau die Form und Beschaffenheit zu haben, die er hat. Wir können dies als Produkt unserer eigenen unbewussten Schöpfung verstehen und annehmen. Und uns selbst vergeben. Denn dies ist wie immer der erste notwendige Schritt, bevor eine Veränderung und Wandlung stattfinden kann (siehe Zyklus der Wandlung).

Dafür dürfen wir gern unsere geistigen Helfer um Hilfe bitten, damit sie uns hierbei unterstützen. Denn es sollte wirklich authentisch sein und von Herzen kommen, wenn wir unsere Liebe unserem Körper gegenüber zum Ausdruck bringen. Sonst funktioniert dieser Schritt nicht. Bitte also um Hilfe, dann wird es leichter.

Übung: Die Liebe zum Körper zum Ausdruck bringen

Kreiere selbstständig einen Intento, der deine Liebe und dein Vertrauen in deinen Körper zum Ausdruck bringt, und wiederhole ihn bitte in den nächsten 30 Tagen in deinem Morgenritual. Dann wird dein System – wenn du authentisch und mit dem Herzen dabei warst – umlernen, und deine Verbindung zu deinem Körper und deinem inneren Wissen wird von Tag zu Tag besser. Lass dir Zeit und kombiniere deinen Intento mit anderen Liebesritualen, die deine neue Entscheidung zum Ausdruck bringen. Nur Mut – du machst das genau richtig!

Die Liebes-Körperrituale haben den Sinn, deinem Körper wieder das zu geben, was er braucht, um voll funktionstüchtig zu sein. Das fängt bei der Nahrung an, die wir achtsam und mitfühlend auswählen sollten. Oft essen wir seit Jahrzehnten bestimmte »Lebensmittel«, da es sie schon immer in unserer Familie gegeben hat. Aber wir sollten lernen, darauf zu achten, was mit unserem Körper geschieht, wenn wir essen. Oft ist es unser Kopf, der glaubt, dass ein bestimmtes Nahrungsmittel gut und wichtig für uns sei. Fühlen wir aber nach dem Essen einmal wirklich in unseren Körper hinein oder fragen ihn sogar, ob er das besagte Nahrungsmittel gerne mag, bekommen wir oftmals eine völlig andere Antwort.

Wichtig ist, sich ganz bewusst vor Augen zu halten: Es ist nicht im Sinne unseres Körpers, dass wir nach dem Essen schläfrig werden, der Bauch sich aufbläht und wir erst einmal eine Siesta brauchen, um den Tag weiter bewältigen zu können. Der ursprüngliche Sinn der Nahrungsaufnahme besteht darin, sich Energie zuzuführen – Liebe in sich aufzunehmen –, und wir sollten uns nach dem Essen voller Energie, Tatendrang und guter Dinge fühlen. Unser Weizen ist beispielsweise so sehr manipuliert worden, dass er unseren Körper belastet und regelrecht zerstört. Das könnte uns zum Umdenken aufrufen, unseren traditionellen Brot- und Brötchenkonsum zu hinterfragen.

Das Wie beim Essen ist ebenso wichtig wie das Was: Nimm dir wirklich Zeit zum Kauen, dein Gehirn benötigt diesen Moment, damit deine Nahrung auch wirklich verdaut und in Energie umgewandelt werden kann. Und trinke nichts während der Essenszeit, sondern maximal eine halbe Stunde vorher und dann wieder erst ein bis zwei Stunden danach. Erst dann kann sich dein Körper das Essen als Energie zunutze machen. Fühlst du dich trotzdem schwer und entkräftet nach dem Essen, dann lohnt es sich, darauf zu achten, welche Nahrungsmittel wirklich einen Liebesdienst für deinen Körper bedeuten. Unser Kopf weiß das nicht – wir dürfen dies fühlen lernen. Es ist wichtig, deine Auswahl an Nahrungsmitteln zu überdenken und zu beginnen, eventuell etwas tiefer in die Tasche zu greifen, dafür aber hochwertige Nahrungsmittel zu erwerben. Ich lernte vor allem durch meine Yogapraxis zu unterscheiden, wann mein Körper nach einem Nahrungsmittel ruft und wann es mein Kopf ist, der zum Beispiel gelernt hat zu glauben, dass mir nun eine Currywurst oder Schokolade guttun würde.

Auch du wirst auf diesem Weg lernen zu differenzieren und dich immer öfter für deinen Körper und seine wahren Bedürfnisse entscheiden. Verliere aber bitte nicht die Freude am Essen – es ist ein Akt der Liebe uns selbst gegenüber. Und auch dein inneres Kind möchte zumindest hin und wieder das Essen aussuchen.

Das Thema liebevolle Nahrung ist so riesig, dass es hier leider den Rahmen sprengen würde, gebührend darauf einzugehen. Für mich ist die roh-vegane Ernährung die ursprünglichste Ernährung, und mein Körper lebt förmlich auf, wenn ich ihn so ernähre und »umliebe«.

Ich möchte dich dazu einladen zu experimentieren. Öffne dir neue Horizonte und habe vor allem viel Freude bei der bewussten

Auswahl, Zubereitung und dem Verzehr deiner Speisen. Die Energie, die du bei der Zubereitung deines Essens in dir hast, kann dessen Wertigkeit um ein Vielfaches anheben. Segne dein Essen, sei dankbar gegenüber Mutter Erde, Großmutter Mond und Großvater Sonne, die dir diese Speisen geschenkt haben, und danke dem Leben, dass es so gut für dich sorgt. Lege deine Lieblingsmusik auf und tanze beim Zubereiten deines Essens. Dies alles wird dazu beitragen, dass dein Körper eine höhere Schwingungsfrequenz erreicht.

Vergiss nicht: Es ist dein Geist, der deinen Körper maßgeblich beeinflusst!

Berührung ist ein weiterer nicht zu unterschätzender Aspekt, wenn es um die Liebe zu unserem Körper geht. In unseren Breitengraden ist die Berührung als Ausdrucksform der Liebe fast vollständig verloren gegangen. Die Assoziation mit Sexualität, Misshandlungen und Verbot ist leider bei uns viel zu schnell da. Dies macht es uns nicht nur schwer, andere Menschen körperlich zu berühren, sondern auch uns selbst. Doch genau das ist ein so wichtiger Teil von gelebter (Selbst-)Liebe, den wir wieder in unseren Alltag bringen sollten. Zum Wohle aller Wesen!

Rituale wie Einölen, Baden oder die Selbstmassage sind hier ein erster wichtiger Schritt in die richtige Richtung. Beziehe auch deine Familienmitglieder mit ein. Über den bewussten Körperkontakt wird die Beziehung zu deinen Liebsten immens aufgewertet und der Prozess der Reaktivierung des Körpers vorangetrieben.

Insbesondere im Kontakt mit unserem Partner, wenn wir in einer Partnerschaft leben, sollten wir uns darauf konzentrieren, dass es gerade nur darum geht, den Körper wertzuschätzen, und dass ein Ritual kein sexueller Lockruf sein muss. Du wirst schon bald merken, wie wohltuend anders sich Berührungen anfühlen können.

Übung: Alltagshandlungen in Rituale der Liebe verwandeln

Kreiere dir täglich Räume, in denen du Alltagshandlungen bewusst in Rituale der Liebe und des Vertrauens umwandelst. Schreibe dir diese Räume als wichtige Termine in deinen Wochenplan und genieße sie. Selbstverständlich können sich deine Liebe und dein Vertrauen zu deinem Körper in Zukunft auch noch öfter in deinem Alltag zeigen.

Rituale der Reinigung und Entgiftung

Unser Körper ist derzeit auf eine tief gehende Reinigung und Entgiftung angewiesen, um sich von jeder Menge Altlasten zu befreien und gleichzeitig der permanenten Aufforderung zur Schwingungserhöhung der neuzeitlichen Energien gerecht zu werden. Ich möchte dir ans Herz legen, dich an anderer Stelle über Formen der Entgiftung, des Fastens und anderer Reinigungsrituale zu informieren, damit du eine für dich passende Methode findest.

Meine Erfahrung hat mir gezeigt, dass mein Körper, wenn ich ihn nur unzureichend bei der Reinigung unterstütze, vermehrt eigendynamisch entladen und reinigen muss. Hierfür braucht er mein Verständnis, Vertrauen und meine Hingabe.

So kam es früher häufiger vor, dass mein Körper sogenannte Erkältungssymptome zeigte, die mit viel Sekretbildung verbunden sind. Unsere Körpersäfte werden als Medium gebraucht, um alte Energien und Informationen, die uns nicht mehr dienlich sind, aus unserem System zu transportieren. Manchmal erhöht der Körper hierfür auch seine Kerntemperatur, um sich noch wirkungsvoller reinigen zu können. Falls du in so einem Fall fiebersenkende oder andere symptomaufhaltende Medikamente zu dir nimmst, denke bitte noch einmal darüber nach. Verbinde dich mit deinem

Herzen und fühle, ob dein Körper wirklich krank ist oder sich lediglich reinigen möchte. Wenn dein Gefühl sagt, dass alles gut ist, dann unterstütze deinen Körper bei dem, was er tut, indem du viel ruhst und viel stilles Wasser trinkst. Kohlensäurehaltiges Wasser oder Tees helfen hier eher wenig, da sie den Körper kein so wirkungsvolles Medium zur Reinigung zur Verfügung stellen wie natürliches, stilles Wasser. Natürlich kannst du zusätzlich auch Kräutertees trinken, die dir guttun. Achte bitte auf jeden Fall darauf, dass dein Wasser gute Qualität hat. Nutze gute Filtersysteme und energetisiere dein Wasser durch Edelsteine, Worte, Mantren, hochschwingende Symbole etc.

Auch Erbrechen oder Durchfälle können durchaus Wege deines Körpers sein, um sich aus eigener Kraft alter Informationen und Energien zu entledigen. Halte dir bitte vor Augen, dass dies in unserem Kulturkreis seit Generationen als eine Krankheit angesehen wird, die es zu bekämpfen gilt. Das ist nach meiner Beobachtung häufig nicht der Fall. Erbricht sich dein Körper oder hat Durchfall, zeigt er meistens, dass er sehr gut funktioniert und deinem Intento, wieder zur ursprünglichen Funktionalität zurückfinden zu wollen, nachgeht. Er befreit sich von Altlasten, die dem noch im Wege stehen. Er hat noch die Kraft dazu, und das ist ein gutes Zeichen!

Bitte überprüfe meine Worte für dich selbst. Übernimm auch hier die Verantwortung für dich und lass dich von deinem Herzen und deiner Intuition leiten. Sagt dein Gefühl, dass du Hilfe brauchst, dann hole sie dir. Sagt es aber: »Alles ist gut«, dann ruhe dich aus und entspanne dich.

In Don Josés Welt gab es übrigens eine Vielzahl von Heilritualen, die die natürliche Selbstreinigung des Körpers ausgenutzt und verstärkt haben, um dem Menschen zur Heilung von vielen Symptomen zu verhelfen. Er nannte diese Medizin »Purgas« und erklärte mir, dass beim Erbrechen nicht nur materiell Sichtbares ausgeschieden wird, sondern sich auch der feinstoffliche Körper kraftvoll dabei reinigen kann. So ließ er eigentlich alle seine Patienten sich in regelmäßigen Abständen einer Purga unterziehen. Auch ich habe einige seiner magischen Rezepte ausprobiert, die den Körper dazu veranlassen, sich auf mehrdimensionale Weise zu entleeren. Ich spreche hier von einem Gemisch aus beispielsweise Orangensaft und der Avellana-Nuss, die (natürlich auch durch den kraftvollen Intento des Schamanen aktiviert), den Körper dazu bringt, sich stundenlang auf höchst eindrucksvolle Weise zu reinigen.

Diese Erfahrung offenbarte mir einerseits meine eigene unglaublich heftige Abneigung gegenüber dieser naturgegebenen Funktion meines Körpers, aber andererseits die unsagbar große Erleichterung danach. Heute bin ich immer noch keine Freundin vom Akt des Sich-Übergebens, aber ich weiß, dass dies in vielen Fällen sehr hilfreich sein kann und es dem integralen Körpersystem hinterher oft deutlich besser geht als vorher. Vor allem wenn der Körper diesen Reinigungsvorgang von allein ausführt, ohne dass ein Mittel hierfür eingenommen wurde.

Viele Menschen fragen mich, wie es sein kann, dass Don José Ariza, der heute 116 Jahre alt ist, so ein hohes Alter erreichen konnte. Neben seinen ausgeprägten magischen Kräften könnte das regelmäßige Reinigen durch Purgas dafür verantwortlich sein.

Und so möchte ich dich einladen, Möglichkeiten zu finden, dich – wenn es sich für dich in dem Moment richtig anfühlt – deinem Körper nicht länger entgegenzustellen, wenn er sich reinigen und entgiften möchte. Ich durfte vielfach lernen, ihn das tun zu lassen, was er tun möchte, und den Akt der Liebe, den er eigentlich gerade vollzieht, dabei zu erkennen. Dies war für mich eine riesige Lektion in Sachen Hingabe und Demut gegenüber meinem Körper.

Halte dir einmal kurz vor Augen, wie viel Gifte unser Körper in den letzten Jahrzehnten ansammeln musste: durch unsere industriell verarbeitete Nahrung, durch eine langjährige Übersäuerung des Organismus (vor allem verursacht durch zu viel Zucker und Stress), durch haufenweise unterdrückte Emotionen, die seit Jahrzehnten kein Ventil finden, durch die Altlasten unserer Vorfahren und durch die Umweltgifte, die wir täglich einatmen.

Hinzu kommt, dass wir in unserem Kulturkreis seit vielen Generationen keine Fastenkuren oder andere Reinigungsrituale mehr vollziehen, wie es unsere Vorfahren noch getan haben. Sie haben aufgrund ihrer natürlichen Anbindung an ihren Lebensraum im Februar/März gefastet, bis wieder frische Nahrung da war. In vielen anderen Ländern und Kulturen sind sowohl Reinigungs- als auch Fastenrituale stärker verankert als bei uns, zum Beispiel in Südamerika oder auch in Russland. Wir dürfen uns nun selbstständig darum kümmern, dass wir uns eigene Reinigungsrituale kreieren, um unserem immens verschlackten Körper und Geist in die neue Zeit zu helfen.

Ich möchte dir an dieser Stelle keinen konkreten Ritualvorschlag machen, sondern dich eher auf deine eigene Forschungsreise schicken. So kannst du die für dich stimmigste Methode in deinem Leben etablieren. Schau, dass es dabei so natürlich wie möglich zugeht und du mit deinem Körper zusammenarbeitest und nicht gegen ihn.

Einen Tipp möchte ich dir aber noch geben: Nutze die Phasen des abnehmenden Mondes oder die Tage deiner Menstruation für bewusste Reinigungsrituale und probiere den folgenden Intento in diesem Zusammenhang aus, den du zu Beginn deines Rituals deinem Körper entgegenbringen kannst:

Lieber Körper, ich öffne dir jetzt voller Dankbarkeit und
Demut einen Raum, in dem du dich wirkungsvoll reinigen darfst.
Ich entscheide mich dafür, dir vollkommen zu vertrauen,
sodass du nun genau das loslassen kannst,
was loszulassen derzeit für dich richtig und gut ist.
Herzlichen Dank!

Trinke in diesen Momenten sehr viel stilles Wasser (das du beispielsweise mit dem Wort »Reinigung« oder »Entgiftung« programmieren kannst) und warte ab, was geschieht. Ziehe dich zurück und gönne dir viel Ruhe. Schließe deine Augen und beobachte dein Innenleben. Wenn der Körper sich von allein zu reinigen beginnt, dann freue dich über deinen starken und gesunden Körper. Lass ihn das tun, was derzeit für ihn wichtig ist. Wende dich bei Bedarf auch hierbei an einen Heilpraktiker deines Vertrauens, der sich auf diese Maßnahmen spezialisiert hat.

Und nimm dir bitte immer wieder Zeit, die Produkte, die du kaufst, zu hinterfragen: Welche Nahrungsmittel oder Kosmetika nähren meinen Körper wirklich und welche verkleben oder vergiften ihn nur? Dein größtes Kontaktorgan, die Haut, über die dein Körper sich auf natürlichem Weg zu reinigen weiß, möchte in diese Überlegung auch mit einbezogen werden. Ich frage mich bei der Wahl meiner Kosmetik immer: »Würde ich das freiwillig essen?« Denn alle Inhaltsstoffe von Cremes, Ölen, Duschgels, Shampoos etc. treten direkt in den Blutkreislauf unseres Körpers ein.

19
Die drei geheimen Zutaten
Kraftvoll das Leben im Hier und Jetzt verändern

Abschließend möchte ich deine Aufmerksamkeit noch einmal auf die Frage richten, wer oder was denn nun dafür verantwortlich ist, dass wir zu Schöpfern unserer Realität werden? Dass unsere Intentos auch wirklich die Kraft haben, unser Leben im Hier und Jetzt zu verändern? Was meinst du? Worauf kommt es an? Was sind nach allem, was du bereits gelesen und erfahren hast, die drei Zutaten, die dafür sorgen, dass dein Lebenstraum in Erfüllung gehen kann?

Auf der einen Seite sind sie ein jahrtausendelang gehütetes Geheimnis und auf der anderen nichts Neues oder Kompliziertes. Denn viele spirituelle Lehrer lehren diese Zutaten schon seit geraumer Zeit. Trotzdem haben sie es noch nicht in unser Alltagsbewusstsein geschafft und sollen daher am Ende dieses Buches noch einmal herausgehoben werden.

Zutat Nummer eins ist für mich nicht mehr und nicht weniger als der Glaube an die eigene göttliche Schöpfernatur. Das tiefe innere Wissen, dass wir mit unserem Geist die Materie zu hundert Prozent im Griff haben und daher hier auf Erden alles zum Guten verändern können, wenn das, was wir uns wünschen, mit unserer

Seelenaufgabe und den übergeordneten Plänen des großen Ganzen übereinstimmt.

Don José Ariza sprach in diesem Zusammenhang immer vom »Ser consciente de Ser«. Zu Deutsch: »sich dessen bewusst sein, dass man ist«, das heißt, ein göttlicher Schöpfer zu sein. Dieses Wissen ist dafür verantwortlich, dass aus unseren alltäglichen geistig-verbalen Entscheidungen kraftvolle Intentos werden, die die Magie des Lebens und die Kräfte der Natur dafür einsetzen, wahre Wunder zu vollbringen.

Glaubst du daran, dass auch du das kannst? Glaubst du, dass im Zentrum deines Herzens ein machtvoller Funke Gottes wohnt, den du entzünden kannst, indem du an seine Präsenz glaubst? Ein Funke, mit dem du auf geistigem Wege fast alles in der Materie beeinflussen und verändern kannst, was du möchtest. Der dir aber gleichzeitig auch eine große Verantwortung ans Herz legt, andere Wesen nicht zu verletzen, zu manipulieren oder dich in Dinge einzumischen, die nicht in deinem Verantwortungsbereich liegen.

Erinnere dich an dieser Stelle bitte an die neuzeitliche Praxis der Achtsamkeit und des Rückzugs: Nur durch sie wirst du dir immer bewusster werden, was es in dir denkt und was somit als Intento in unser kollektives Resonanzfeld geschickt wird. Nur so kannst du zu einem lichtvollen Mitschöpfer der neuen Zeit werden, der aus der Stille und Liebe seines Herzens heraus seine Intentos abschickt.

Der Glaube an dich und deine göttliche Schöpferkraft ist wohl das Machtvollste, was du auf deinem Weg zurück zu deinem wahren Potenzial enthüllen darfst. Er ist im Grunde nicht schwer zu »erlernen«, doch niemand kann ihn dich lehren beziehungsweise ihn dir weitergeben. Er ist etwas, was durch dein Tun und bewusstes Sammeln von Erfahrungen in dir aktiviert wird und sich ausdehnt. Voraussetzung dafür ist, dass du dich in Achtsamkeit übst und dich selbst wertschätzend und anerkennend zur Kenntnis nimmst.

Komm also ins Handeln: ins bewusste Erfahren deiner göttlichen Manifestationskraft. Denn nur so wird die Zutat Nummer eins, der Glaube an dich und die dir innewohnende Schöpferkraft, in dir wachsen und gedeihen. Das kannst du dir nicht rein geistig aneignen oder zurechtlegen. Dein Körper muss dabei sein und fühlen, was du erfahren hast.

Dann kommen wir auch schon zu der Zutat Nummer zwei: der Aktivierung deines physischen Körpers. Dies ist noch nicht vielen Menschen bewusst und deswegen konzentriert sich meine Arbeit gezielt auf dieses Thema. Dein physischer Körper stellt deiner geistigen Manifestationskraft einen Nährboden zur Verfügung, damit sie in der Materie wachsen und sich ausdrücken kann. Vernachlässigen wir unseren Körper und mit ihm unsere menschlichen Bedürfnisse, haben unsere Intentos oftmals nicht die Kraft, sich im Hier und Jetzt zu materialisieren. Ein kranker oder schwacher Körper kann dem göttlichen Samen des Intentos keine Nährstoffe zur Verfügung stellen, um als Pflanze der neuen Zeit zu gedeihen.

Fehlt noch die geheime Zutat Nummer drei, und die lautet für mich: Einheitsbewusstsein. Ich bin felsenfest davon überzeugt: Die Manifestationskraft deiner Intentos wird sich um ein Vielfaches steigern, wenn dir wahrhaftig bewusst wird, dass es Trennung in Wirklichkeit nicht gibt. Dass alles, was du gibst, auf direktem Weg wieder zu dir zurückkommt. Dass dein Gegenüber ein Spiegel deiner selbst ist, auch wenn er dich noch so nervt. Spätestens dann wirst du nur noch Dinge manifestieren, die ein Segen für die Welt sind.

Bevor wir noch nicht vollkommen im Einheitsbewusstsein schwingen, ist unsere Manifestationskraft noch nicht besonders groß. Sie ist trotzdem da, besitzt aber bei Weitem nicht das Ausmaß eines Taguarí, der mit seinem Intento Boote durch die Luft fliegen lassen konnte. Und das ist auch gut so, denn aus dem Egobewusstsein der Trennung und der Unbewusstheit heraus würden wir wohl oft viel Schaden und Chaos anrichten. Und das haben wir ja in der Vergangenheit nun wirklich schon zur Genüge erlebt, oder etwa nicht?

Hier enden meine Ausführungen über den Weg zurück in die Ursprünglichkeit, den du jetzt gehen kannst, wenn du dies möchtest. Ich hoffe, ich konnte dir hiermit dienen und du hast einige Essenzen mitnehmen können für deinen eigenen Weg.

Gemeinsam werden wir etwas vollkommen Neues und Wunderbares auf Erden erschaffen. Ich für meinen Teil habe mich entschieden:

Ich bin die, die ich bin! Ich bin SO HAM.
Ich bin ein göttliches Wesen und bereit, meinen Seelenauftrag
zu erfüllen. Um so meinen Beitrag dafür zu leisten,
dass die Liebe und die Freude in den Herzen der Menschen
wieder Einzug halten und all ihre Gedanken, Worte
und Handlungen ausrichten und lenken werden.
In Amin nora de san.

Ich wünsche dir ganz viel Freude beim Erfahren deiner wahren großartigen Natur. In Liebe.

Danksagung

Viele wundervolle Menschen haben mir auf ihre Art dabei geholfen, den Inhalt dieses Buches zusammenzutragen und zu veröffentlichen. Euch allen gebührt mein tiefster Dank, und ich sende euch, auch denen, die hier nicht namentlich genannt werden, Wertschätzung und Anerkennung für euer Sein.

Zuallererst bedanke ich mich bei meinem großen Lehrer und Weggefährten Don José Ariza. Ich bin so dankbar für die Zeit, die wir gemeinsam in Kolumbien verbringen durften, ich vermisse diese Zeit sehr. Auch für die geistige Begleitung und Lehre, die ich seitdem erhalte, bin ich dankbar.

Weiterhin verneige ich mich vor Sabine Sangitar Wenig, denn auch du hast mit deinem Werk meinen Weg maßgeblich begleitet und bereichert.

Ebenfalls richte ich meinen Dank an all die Teilnehmer, die in den letzten drei Jahren zu meinem Workshop »Wie finde ich meine eigene Medizin?« gekommen sind, denn ohne euer Vertrauen in mich und euren Energieaufwand wäre dieses Buch nicht zustande gekommen.

Ich bedanke mich außerdem bei Andrea Löhndorf, Anne Nordmann, Ulrike Grünberg, Myriam Sofia Lopez, Jürgen Kronen und Ariane Zimmermann.

Literatur

Angelika Selina Braun: *Taguarí – Das Leben findet seinen Weg.* Dierdorf: Smaragd Verlag 2013.

Andrea Christiansen: *Mudras Fingeryoga. Einfache Übungen mit großer Wirkung.* München: Irisiana 2012.

Thorwald Dethlefsen / Ruediger Dahlke: *Krankheit als Weg. Deutung und Bedeutung der Krankheitsbilder.* München: Goldmann Verlag 1989.

Susanne Hühn: *Die Heilung des inneren Kindes. Sieben Schritte zur Befreiung des Selbst.* Darmstadt: Schirner Verlag 2008.

Jon Kabat-Zinn: *Im Alltag Ruhe finden. Meditationen für ein gelassenes Leben.* München: Knaur 2015.

Hans Kruppa: *Zaubersprüche. Aphorismen.* München: Sphinx Verlag 2002.

Jacques Martel: *Mein Körper – Barometer der Seele.* Kirchzarten: VAK Verlag 2003.

Wladimir Megre: *Anastasia.* Jestetten: Govinda Verlag 2003.

Drunvalo Melchizedek: *Die Schlange des Lichts. Das Erwecken der Erd-Kundalini und das Erwachen des weiblichen Lichts.* Isen: KOHA Verlag 2008.

Marlo Morgan: *Traumfänger. Roman.* München: Goldmann Verlag 1991.

Andrew Newberg/Mark Robert Waldman: *Die Kraft der Mitfühlenden Kommunikation. Wie Worte unser Leben ändern können.* München: Kailash 2013.

Sabine Sangitar Wenig: *Die 36 hohen Räte. Offenbarungen der Liebe und des Erwachens.* Rosenheim: Shimaa Verlag 2016.

Ruediger Schache: *Herzverstand. Mit den 4 Schlüsselfragen zu unserem größten Potenzial.* München: Arkana Verlag 2015.

Sabine Skala: *Atlantisheilkartenset.* Dierdorf: Smaragd Verlag 2009.

Alexandra Stross: *Natürliches Entgiften. Freiheit für Körper, Geist und Seele.* München: Riva Verlag 2013.

Kontakt

Wenn du mit Angelika Selina Braun in Kontakt treten möchtest oder dich für Seminare und Ausbildungen interessierst, besuche die Autorin doch auf ihrer Website:

www.avatara-berlin.de

Hier findest du Informationen über die Seminarreihe »Wie finde ich meine eigene Medizin?«, die Ausbildung zum Lichtschamanen der neuen Zeit und vieles mehr. Angelika Selina Braun begleitet dich gern auf deinem Weg der Veränderung – hin zu einem Leben in Fülle, tiefem Sinn und authentischem Selbstausdruck.